문법 교수와 국어 교사가 규칙화 원리화하여
만화로 알기 쉽게 풀어낸
맞춤법하고 싶은 맞춤법

문법 교수와 국어 교사가 규칙화 원리화하여
만화로 알기 쉽게 풀어낸

맞춤법하고 싶은 맞춤법

신승용
안윤주
지음

맞춤법이 어려운 중·고등학교 학생들을 위한
맞춤법 수업 자료가 필요한 선생님들을 위한
맞춤법이 헷갈리는 공무원 시험 준비생들을 위한
맞춤법에 관심 있지만 볼 만한 책을 못 찾은 당신들을 위한

역락

머리말

신승용

　국립 국어원에 편수원으로 근무하던 시절, 〈표준국어대사전〉 원고를 교열하는 일을 하면서 〈한글 맞춤법〉을 늘 옆에 끼고 살았다. 그리고 2004년부터 현재까지 영남대학교 국어교육과에서 제자들에게 문법을 가르치면서도 수시로 〈한글 맞춤법〉과 사전을 확인해 왔다. 그럼에도 여전히 맞춤법이 헷갈릴 때가 있고, 이게 맞는 것 같으면서도 왠지 불안한 마음이 들 때면 꼭 사전을 확인하게 된다. 일반 언중의 입장에서 보면 상대적으로 전문가 축에 든다고 할 수 있는 나 같은 사람에게도 맞춤법은 늘 만만한 상대가 아니다.

　맞춤법에 대한 일반 언중의 인식은 대부분 '어렵다', '헷갈린다', '골치 아프다', '따분하다' 등이다. 그러나 또 맞춤법에 맞게 써야 한다는 인식도 동시에 가지고 있다. 그런데 맞춤법에 맞는지 틀렸는지를 스스로 확인할 수 있는 지식이나 정보가 부족하고, 또 그럴 때 찾아 읽기에 좋은 적절한 책을 고르기도 쉽지 않다.

　사실 나는 사전만 잘 봐도 맞춤법을 스스로 해결할 수 있다고 생각하는 입장이었다. 실제로 그렇기는 하다. 그런데 안윤주 선생님이 지속적으로 많은 사람들은 나처럼 그렇게 사전을 통해 맞춤법 문제를 해결하기 어렵다고, 그래서 딱딱하지 않으면서도 쉽고 재미있게 편하게 읽을 수 있는 맞춤법 책이 꼭 필요하다고 나를 설득하였다. 이런 상황에서 중·고등학교 국어 선생님으로 재직하고 있는 친구, 국어 교사로 재직하고 있는 제자들도 맞춤법을 가르칠 때 교육적으로 활용할 수 있는 맞춤법 책이 있으면 좋겠다고 역시 나를 설득하였다. 결국 일반 언중에게 맞춤법을 친숙하게 느끼게 하고, 또 교육용 자료로도 활용될 수 있는 그런 책을 쓰는 것도 의미 있는 일이겠다는 생각에 이르렀다.

그래서 안윤주 선생님과 힘을 합쳐 기왕에 맞춤법 책을 내는 거면 비록 재미가 없는 내용이지만 그럼에도 재미있게 읽을 수 있는 맞춤법 책을 만들어 보기로 의기투합하였다. 일반 언중이 맞춤법에 대해 느끼는 거리감을 줄이면서, 동시에 규칙화하고 원리화하여 하나를 알면 열을 알 수 있게 하는 그런 책을 목표로 작업에 들어갔다. 본문의 내용은 내가 썼고, 본문의 내용을 한눈에 이해할 수 있게 요약하여 만화로 시각화하는 작업은 안윤주 선생님이 했다. 그리고 고등학교에서 국어를 가르치고 있는 안윤주 선생님의 눈을 통해 전문적인 내용을 독자의 눈높이에 맞게 수정·보완 작업을 하였다. 그렇기에 중등학교 현장에서도 교육 자료로 충분히 활용할 수 있을 것이다.

앞서 『문법하고 싶은 문법』(신승용·안윤주 공저)과 『더 문법하고 싶은 문법』(신승용·안윤주 공저) 두 권의 책을 집필하면서 내가 가진 지식을 대중과 소통하는 일을 시작하였다. 두 권의 책의 독자는 주로 국어 교사나, 국어학을 배우는 대학생, 국어를 배우는 고등학생 정도에 국한되어 있었다. 반면 이 책은 국어를 사용하는 모든 독자를 대상으로 쓴 책이다. 앞서 두 권의 책을 집필한 경험이 일반 언중이 읽고 이해하기에 어렵지 않은 문체로, 그리고 일반 언중의 눈높이에 맞는 내용으로 쓸 수 있게 했던 것 같다. 이 책이 맞춤법이 어려운, 그리고 맞춤법에 관심이 있는 독자들에게 유용한 도구가 될 수 있기를 희망한다.

머리말

안윤주

국어 교사로서 맞춤법 수업을 할 때마다 학생들에게 무엇을 얼마만큼 가르쳐야 하는지 늘 벽에 부딪히게 된다. 예를 들어 한글 맞춤법 규정 제20항 "명사 뒤에 '-이'가 붙어서 된 말은 그 명사의 원형을 밝히어 적는다."처럼 '이것은 맞고 저것은 틀렸다.'와 같은 식의 맞춤법 설명은 처음부터 끝까지 다 외우라고 강요하는 것 같아 마음이 무겁다. 그러나 그 양과 범위가 많아서 무작정 다 외우라고 요구하는 것도 한계가 있어서 "원리나 규칙을 통해 수업할 수 있는 방법"이 없을까 하는 고민을 많이도 했다. 그래서 선생님들은 가르치기 편하고, 학생들은 재미있게 배울 수 있는 맞춤법 교재가 있으면 좋겠다는 생각을 하면서, 그리고 아래 두 가지 기대를 더하면서 이 책을 시작하게 되었다.

첫째, 맞춤법을 지루하고 어렵게 생각하는 학생들, 그리고 졸업하고서 맞춤법과 상관없이 살아오다가 갑자기 맞춤법이 급하게 필요해진 사람들의 고민을 이 책이 덜어 줄 수 있을 것이라는 기대.

둘째, 맞춤법을 가까이 하기에는 너무 멀다고 생각하는 사람들이 이 책을 통해 맞춤법과 한 뼘 정도는 더 친해지게 될 것이라는 기대.

아래 만화는 맞춤법 수업을 하면서 느꼈던 나의 고민을 그린 것이다. 아마도 맞춤법을 가르쳐 본 경험이 있는 국어 선생님이라면 누구나 한 번쯤은 겪어 봤던 고민일 거라 생각한다. 이 책이 나를 포함한 국어 선생님들의 고민을 덜어 주는 데 도움이 되기를 기대한다.

차례

머리말   4

1. 어문 규범 한눈에 이해하기

1.1. 『맞춤법하고 싶은 맞춤법』 사용 설명서   13

1.2. 맞춤법에 울렁증이 있는 그대에게~   15

1.3. "소리대로 적되 어법에 맞도록 함을 원칙으로 한다."가 무슨 말이야?   20

1.4. 어떤 음운 변동은 표준 발음이고 어떤 음운 변동은 표준 발음이 아니지?   25

1.5. 〈외래어 표기법〉 한눈에 이해하기: 주스(○), *쥬스(×)   33

1.6. 표준 발음인지 아닌지 어떻게 확인하지?   41

2. 발음 때문에 헷갈리는 맞춤법

2.1. 돈은 '결제'하고, 서류는 '결재'하고   49

2.2. 겹받침(ㅄ, ㄺ, ㄿ …)의 표준 발음을 한번에 해결하는 법   53

2.3. '경쟁률', '합격률'은 '률'인데, '비율', '할인율'은 왜 '율'이지?   62

2.4. '그러므로'가 맞는지 '그럼으로'가 맞는지?   67

2.5. '금세'는 'ㅔ', '어느새'는 'ㅐ', 어떻게 구별하지?   73

2.6. [나으면]의 표기는 '나으면'? '낳으면'?   77

2.7. '공로패'가 아닌 '*공노패(×)'를 받아 버렸다…   82

2.8. 고무줄은 '늘이고', 수출은 '늘리고', 속도는 '느리게'   87

2.9. 보고서에 틀린 표기가 눈에 많이 '띠네'?, '띄네'?   92

2.10. '반드시' 썰까?, '반듯이' 썰까?   97

2.11. '몹시'를 '*몹씨(×)'라고 써서 틀렸어요.　　101

2.12. 이 학교 '학생이에요'?, '*학생이예요(×)'?　　105

2.13. 하마터면 '하여튼'과 '어떻든'이 헷갈릴 뻔…　　110

2.14. 이 노래를 좋아하지 *안을(×) 수가 없어.　　113

2.15. '어떻게'와 '어떡해'를 어떡하지?　　117

2.16. 오늘은 '왠지'… '웬지' 아니고…　　122

2.17. '의견란'의 표준 발음은 [의견난], 그러면 '온라인'의 표준 발음은?　　125

2.18. 숙제는 '이따가' 하고, 좀 앉아 '있다가' 나가자.　　130

2.19. 갈치 '조림', 가슴 '졸임'　　133

2.20. '조용이'가 아니라 '조용히'라고 하면 조용할게.　　139

2.21. 이거 '살까', 저거 '살까'? 둘 다 '살게'.　　146

2.22. '희망'의 표준 발음이 *[희망](×)이 아니라고요!　　151

3. 문법에 대한 간단한 이해로 쉬워지는 맞춤법

3.1. '갈비찜'은 '갈비찜'인데, '갈빗국'은 왜 '*갈비국(×)'이 아니지?　　157

3.2. 신분증은 없으신 게 아니고 없는 거야.　　163

3.3. '눈같이', '눈∨같은', '눈과∨같이' 흰 꽃　　168

3.4. '옷이 예쁘대.'와 '옷이 예쁜데.'는 어떻게 달라?　　173

3.5. 뭘 먹든지, *먹던지(×) 맛있게 먹네.　　177

3.6. '떡볶이' 먹기 전에 '손톱깎이'로 손톱부터 깎자.　　181

3.7. 불효자는 울음을 욺.　　184

3.8. 오늘이 '몇∨월' 며칠'이죠?　　189

3.9. '빌어먹는' 것이 아니라 '빌려 먹는' 건데요.　　193

3.10. '회상컨대' '간편컨대'와 달리, '생각건대'　　197

3.11. 썬 김치에 불은 라면　　203

3.12. '숟가락'과 '젓가락'은 왜 받침이 달라?　　208

3.13. '맞는' 때문에 '알맞은'을 '알맞는'으로 혼동했군!   213

3.14. '안 되'가 아니라 '안 돼'라고 해야지.   217

3.15. 수도꼭지 좀 잠가. *잠궈(×)   222

3.16. 쳇! '체'와 '채'를 구별 못한다고?   229

3.17. '오십시오' 하면 오고, '가세요' 하면 갈게요.   232

3.18. '런지'는 운동할 때나 쓰고, 어미는 '-는지'만 쓰고.   236

4. 띄어쓰기가 헷갈리는 맞춤법

4.1.   '나밖에'와 '창문∨밖에'   241

4.2.   화 낼 만해, 화 낼 만도∨해.   245

4.3.   하늘만큼, 죽을∨만큼 사랑해.   251

4.4.   만난∨지 오래돼서 네 생각이 나는∨데를 왔어.   254

4.5.   고백하고 말∨테야. 거절 당할지라도.   258

4.6.   심보가 못되면 인간이 못∨되는 거야.   263

4.7.   '큰∨사람'과 '작은∨사람', 하지만 '큰일', '*작은일(×)'   269

4.8.   '할∨만하다', '할만하다', '할∨만은∨하다'   275

5. 표준어인지 비표준어인지 헷갈리는 맞춤법

5.1.   서울은 '메밀국수', 지방은 '모밀국수'   283

5.2.   '서슴지' 말고 출입을 '삼가' 주세요!   286

5.3.   '*닭계장(×)' 말고 '닭개장' 먹자.   289

5.4.   아니요, 내 탓이 아니오~!   293

5.5.   시험은 치르고, 마음은 추스르고.   297

5.6.   [회쑤]는 '횟수'인데 [개:쑤]는 왜 '개수'야?   301

1. 어문 규범 한눈에 이해하기

1.1. 『맞춤법하고 싶은 맞춤법』 사용 설명서

이 책은 중·고등학교 학생들, 수험생들, 그리고 일반인 누구나 맞춤법과 조금이라도 더 친해질 수 있게 내용을 구성하였다. 그래서 기존에 나와 있는 맞춤법 책들처럼 단순히 '며칠'이 맞고 '*몇일(✕)'은 틀렸다는 식으로 기술하지 않았다. 이것은 맞고 저것은 틀렸다는 식의 기술은 결국 이해가 아니라 단순 암기를 요구하는 것이고, 이런 방식으로는 맞춤법과 친해질 수 없다고 판단하였기 때문이다.

그래서 실제 사례 중심으로 설명하여 친근하게 접근할 수 있게 하였다. 또한 헷갈려 하고 어려움을 겪는 문제들에 대해 이를 해결하는 방법을 제시하여 실제로 적용할 수 있게 하였다. 그리고 가능한 경우에는 '왜?'에 대한 의문을 풀어 주는 방식으로 기술하여 누구나 흥미를 가질 수 있게 내용을 구성하였다. 어원에 대해 설명함으로

써 이해를 도울 수 있는 경우에는 어원에 대한 이야기도 함께 기술하였다.

무엇보다 이 책이 기존의 책들과 차별화되는 독보적인 특징은 만화로 관련 내용을 시각적으로 요약하여 보여 준다는 것이다. 그러고 나서 관련된 내용을 최대한 일반인들의 지식 수준에서 읽을 수 있게 친절하고 쉽게 설명하려고 노력하였다. 그래서 맞춤법이 골치 아픈 것이라는 생각에서 벗어나 열린 마음으로 책을 읽을 수 있게 하였다.

이 책의 궁극적인 목표는 이 책을 읽고 나서는 혼자서도 맞춤법 문제를 스스로 해결할 수 있게 하는 것이다. 그래서 설명의 시작은 특정 단어나 사례에서 출발하지만, 해당 단어나 사례와 관련된 것들을 한자리에 모아서 규칙화하고 원리화하여 설명하려고 하였다.

책에서 선정한 항목과 사례들은 중·고등학교 『국어』 교과서, 그리고 『언어와 매체』 교과서에 나오는 것들에서 출발하였다. 그래서 중·고등학교 교육 현장에서 이 책을 맞춤법 교육용 자료로 활용할 수 있도록 하였다. 또한 신문 기사나 인터넷에서 많은 사람들이 헷갈리고 어렵다고 한 항목들, 그리고 공무원 시험 등 각종 시험에서 자주 출제되는 항목들을 추가하였다.

1.2. 맞춤법에 울렁증이 있는 그대에게~

아까 발표할 때 맞춤법 틀린 것이 있어서 너무 부끄러웠어.

맞춤법을 잘하려면 <한글 맞춤법>을 외워야 하나??

<한글 맞춤법> 규정을 통째로 외운다고 맞춤법에 맞게 쓸 수 있는 것은 아니야~~!

그럼 어떻게 해야 해???

맞춤법이 헷갈릴 때마다 <표준국어대사전>을 찾아보면 돼. 어때? 간단하지??

잘 들어 봐~~^^

먼저 "표준국어대사전" 앱을 깔아.

국립국어원 표준국어대사전
Ubimemes Research
광고 포함   열기
4.0★   10만 이상   ③
리뷰 572개   다운로드   만 3세 이상 ①

국립국어원의 표준국어대사전을 스마트폰에서 사용할 수 있도록 개발한 앱입니다.

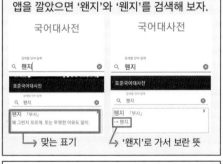

앱을 깔았으면 '왠지'와 '웬지'를 검색해 보자.

국어대사전
Q 왠지
표준국어대사전
Q 왠지
왠지 「부사」
왜 그런지 모르게. 또는 뚜렷한 이유도 없이.
↳ 맞는 표기

국어대사전
Q 웬지
표준국어대사전
Q 웬지
웬지 「부사」
→ 왠지
↳ '왠지'로 가서 보란 뜻

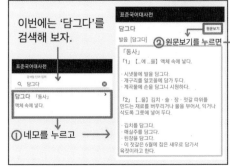

이번에는 '담그다'를 검색해 보자.

표준국어대사전
Q 담그다
담그다 「동사」
액체 속에 넣다.

① 네모를 누르고 →

표준국어대사전
담그다   원문보기
발음 [담그다]
② 원문보기를 누르면

「동사」
「1」 【…에 …을】 액체 속에 넣다.
 · 시냇물에 발을 담그다.
 · 개구리를 알코올에 담가 두다.
 · 계곡물에 손을 담그니 시원하다.
「2」 【…을】 김치 · 술 · 장 · 젓갈 따위를 만드는 재료를 버무리거나 물을 부어서, 익거나 삭도록 그릇에 넣어 두다.
 · 김치를 담그다.
 · 매실주를 담그다.
 · 된장을 담그다.
 · 이 젓갈은 6월에 잡은 새우로 담가서 육젓이라고 한다.

담그다
발음 [담그다]
활용 [담가]담가, 담그니[담그니]

「동사」
「1」 【…에 …을】 액체 속에 넣다.
 · 시냇물에 발을 담그다.
 · 개구리를 알코올에 담가 두다. 예문도 보기
 · 계곡물에 손을 담그니 시원하다.
「2」 【…을】 김치 · 술 · 장 · 젓갈 따위를 만드는 재료를 버무리거나 물을 부어서, 익거나 삭도록 그릇에 넣어 두다.
 · 김치를 담그다.
 · 매실주를 담그다.
 · 된장을 담그다.
더 보기 ▾

'담가'가 맞는지 '담궈'가 맞는지 확인하려면 이렇게 하면 돼!

'담가'가 맞군!!

'맞춤법'이라는 말만 들어도 아래와 같이 반응하는 사람들이 적지 않다.

"그건 나랑 안 친해."
"그거 골치 아프고 헷갈리고 어려운 거."
"그건 문법 전공자들이나 하는 거고, 나랑은 상관없는 거."

그런데 이렇게 반응하는 게 특별히 이상하지 않다. 이게 맞는지 저게 맞는지 헷갈리는 게 많은데, 그럴 때 이를 해결하는 방법을 모르는 경우가 많기 때문이다. 방법을 모르니까 맞춤법과 친해질 수가 없다.

그리고 일부의 사람들은 맞춤법에 맞네 틀렸네 하고 말하는 사람을 깐깐하고 쪼잔한 사람으로 취급하는 경향도 있다. 이렇게 하면, 설령 내가 맞춤법은 틀릴지언정, 적어도 깐깐하고 쪼잔한 사람은 아니라는 자기 합리화가 가능해지고, 그래서 스스로 위로도 된다. 그러나 맞춤법에 맞게 써야 하는 상황에서는 맞춤법에 맞게 쓸 수 있어야 하지 않겠는가?

맞춤법이 쉬운 것이냐 하면 당연히 그렇지는 않다. 친해지기에는 꽤나 많이 까탈스러운 게 사실이다. 복잡하고, 헷갈린다. 그러나 그렇다고 또 무시하고 마음대로 쓸 수도 없고, 맞춤법에 맞게 쓰자니 불안하기도 하고 짜증이 날 수도 있다. 하지만 이는 종이로 만들어진 국어사전을 넘겨 가면서 일일이 뒤져서, 그리고 〈한글 맞춤법〉 규정 조항을 찾아서 그렇게 맞춤법을 해결해야 하던 옛날 시절의 얘기이다. 누구나 손에 핸드폰이라는 인터넷 세상을 들고 다니는 지금 이 시점에서 맞춤법이 어렵다고 하는 것은 진짜 어려워서 어려운 게 아니라 귀찮음의 결과일 수 있다.

왜? 이제는 컴퓨터에서 〈표준국어대사전〉을 검색할 수도 있고, 핸드폰에서 앱을 통해서도 〈표준국어대사전〉을 검색할 수 있는 세상이기 때문이다. 그러니까 이것이 맞춤법에 맞는지 틀렸는지 확인하고자 하는 마음만 있다면, 손 안에서 바로 해결할 수 있는 세상이 되었다.

사실 문제는 맞춤법에 맞는지 틀렸는지를 알아보기 위해 사전을 찾아봐야 한다는 생각을 하는 게 어렵다는 점이다. 그것은 초등학교에서 고등학교를 졸업할 때까지 영어 사전은 열심히 찾으면서 공부했지만, 정작 국어사전을 찾아봐야 하는 일은 별로 없었기 때문이다. 그러다 보니 사전을 찾는다는 것 자체가 낯설고 어색한 경우가 많다.

보통의 일반 언중이 〈한글 맞춤법〉 규정 조항의 내용을 보고 바로 이해하기는 쉽지 않다. 쉽지 않을 뿐만 아니라 무슨 말인지 모르는 것도 있을 수 있고, 무슨 말인지 알 수 있다 하더라도 설명이 병렬적으로 나열되어 있기 때문에 간명하게 정리해서 이해하기도 어렵다. 당연히 일반 언중이 〈한글 맞춤법〉을 공부하기는 어려우며, 사실 일반 언중이 〈한글 맞춤법〉 규정을 공부해야 할 이유도 없다.

왜? 〈한글 맞춤법〉 규정을 통째로 다 외운다고 맞춤법에 맞게 쓸 수 있는 것도 아니기 때문이다. 그래서 가능한 나는 학생들에게 〈한글 맞춤법〉을 공부하라고 권하지는 않는다. 사실 그건 어쩌면 무식한 일일지도 모른다. 그러면 맞춤법을 어떻게 해결하라는 말이냐? 아주 간단하다. 만화에서처럼 〈표준국어대사전〉 앱을 핸드폰에 깔아 놓고 검색만 한번 하면, 보통의 사람들이 헷갈려 하는 대부분의 맞춤법은 혼자서 해결할 수 있다.

앱을 깔았으면 이제 검색을 하나 해 보자. 아래는 각종 언론 매체나 국립 국어원에서 실시한 설문 조사 등에서 많은 사람들이 헷갈려 한다고 소개한 맞춤법 사례 몇 개이다.

맞는 표기	틀린 표기
왠지	*웬지(X)[1]
찌개	*찌게(X)
개수	*갯수(X)
담가 먹는다	*담궈(X) 먹는다

---

1   이후부터 맞춤법에 맞지 않은 표기를 나타낼 때는 기호 '*'과 '(X)'을 사용해서 '*○○(X)'와 같은 형식으로 나타낸다.

〈표준국어대사전〉검색창에서 '왠지'를 검색하면 검색이 되고, 뜻풀이도 나온다. 하지만 '*웬지(X)'를 검색하면 뜻풀이가 나오지는 않고 '→ 왠지'라고만 되어 있다. 여기서 '→ 왠지'는 현재 당신이 검색한 '*웬지(X)'는 맞춤법에 맞는 표기가 아니니까, '왠지'로 가서 뜻풀이를 보라는 뜻이다. 그리고 어떤 단어는 아예 '"○○"에 대한 검색 결과가 없습니다.'라고 뜨기도 한다. 이렇게 뜨면 내가 검색한 '○○'는 일단 표준어가 아니고, 표준어가 아니므로 맞춤법에 맞지 않는 표기라고 생각하면 된다.

'왠지'를 검색해서 검색이 되고 뜻풀이가 나오면, '왠지'는 표준어이고 또한 맞춤법에도 맞는 표기이다. 그렇지 않고 잘못 알았거나 헷갈려서 설령 '*웬지(X)'로 검색했더라도 검색 결과로 뜬 '→ 왠지'를 확인하는 순간 내가 검색한 '*웬지(X)'가 틀렸다는 것과, 맞는 표기가 '왠지'라는 것을 확인할 수 있다. 이처럼 단 한 번의 검색만으로도 헷갈려 하는 대부분의 맞춤법 문제들을 혼자서 해결할 수 있다.

단어 차원에서는 이렇게 사전 검색 한 번으로 혼자서 어지간하면 다 해결할 수 있다. 그러니까 맞춤법에 맞는 표기인지 아닌지가 이제 더 이상 나랑 상관이 없는, 전문가들의 영역만은 아니라는 것을 이해했으리라 생각한다. 이처럼 단어의 표기에 대한 맞춤법은 사전 검색만으로도 100% 해결이 된다. 단지 사전을 검색해서 문제를 해결하겠다는 의지가 있느냐 없느냐의 문제만 남아 있을 뿐이다.

그런데 용언(동사, 형용사)의 활용형 즉, 어간에 어미가 결합한 형태의 표기, 예를 들어 '(김치를) 담가 (먹는다)/ (김치를) *담궈(X) (먹는다)'에서 '담가'가 맞느냐 '*담궈(X)'가 맞느냐 같은 것은 한 번의 사전 검색만으로는 해결이 되지 않는다. 그렇다고 사전 검색으로 해결이 안 되는 것은 아니다. 다만 한 번에 해결되지 않을 뿐이다. '담가'가 맞는지 '*담궈(X)'가 맞는지를 확인하는 방법은 '왠지'를 해결하는 것에 비하면 두세 번 더 과정이 있어야 하니까 조금은 더 복잡하다. 그러나 또 그렇게 복잡한 것도 아니다. 위 만화에서 보듯이 '담그다'를 검색해서 '담그다'의 용례를 확인해 보기만 하면 된다. 그러니까 한방에 끝내겠다는 생각을 내려놓고, 약간의 수고만 더하면 누구나 맞춤법을 스스로 해결할 수 있다.

그런데 또 매번 사례마다 그때그때 사전을 검색하는 것보다는 일정 정도 원리화

될 수 있는 것들은 원리화해서 기억하는 것이 당연히 좋다. 원리화하거나 규칙화해서 기억하면 매번 사전을 찾지 않아도 될뿐더러, 나름대로 맞춤법의 전문가가 될 수도 있다.

1.3. "소리대로 적되 어법에 맞도록 함을 원칙으로 한다."가 무슨 말이야?

　　〈한글 맞춤법〉 제1장 제1항은 "표준어를 소리대로 적되, 어법에 맞도록 함을 원칙으로 한다."이다. 여기서 소리대로 적는다는 것은 말 그대로 소리 나는 대로 적는 것인데, 어법에 맞도록 한다는 것은 무슨 말인가? 어법에 맞게 적으면 소리대로 적는 표기가 아니고, 소리대로 적으면 어법에 맞지 않을 가능성이 높다. 즉 '소리대로'와 '어법에 맞게'는 서로 모순 개념에 가깝다. 그럼에도 〈한글 맞춤법〉은 모순에 가까운 두 원칙을 동시에 적용하고 있다. 〈한글 맞춤법〉이 복잡하고 어렵다는 인식은 대부분 이 두 원칙의 충돌 때문에 발생한다. 그래서 부정적으로만 보면 표기가 복잡하고 어렵다고 생각할 수도 있다.

　　소리 나는 대로 적으면, 표기하기는 쉽다. 하지만 읽고 이해하기가 어려워진다.

반대로 어법에 맞게 적으면 읽고 이해하기는 쉽다. 하지만 표기가 어려워진다. 〈한글 맞춤법〉이 소리대로 적는 표기와 어법에 맞게 적는 표기를 동시에 원칙으로 정한 것은, 긍정적으로 보면 표기하기도 쉬우면서, 읽고 이해하기도 편한 표기법을 만들고자 한 것이다. 즉 쓰기에도 쉽고 편하면서, 읽기에도 쉽고 편한 것을 지향한 것이다.

소리대로 적으면 표기하기가 쉽고 편하다. 하지만 소리대로만 적게 되면, 뜻은 다르지만 표기가 같은 것들이 무수히 많아진다. 이렇게 되면 읽고 이해하기가 어려워진다. 소리대로 적는다고 한번 가정해 보자.

(1) ㉠ 낟 : 낮[낟], 낯[낟], 낫[낟], 낱[낟]
     ㉡ 낟따 : 낫다[낟ː따], 낮다[낟따], 났다[낟따]

(1)에서 보듯이 모든 것을 소리대로만 적는다면, (1㉠)의 '낟'의 의미를 파악하기가 곤란하다. '낟'으로 표기되는 단어에는 '낮', '낯', '낫', '낱'처럼 여러 개가 있기 때문이다. (1㉡)의 '낟따' 역시 마찬가지이다.

소리대로 적으면 같은 표기가 많아지는 것만이 문제가 되는 것은 아니다. (1)과는 반대의 문제도 발생한다. 즉 같은 단어가 여러 형태의 표기로 나타나기 때문에 읽고 이해하기가 그만큼 어려워진다.

(2) ㉠ 밥
     밤만
     국빱
     ㉡ [듣따]
     [든는다]
     [열뜯따]

(2)에서 보듯이 소리대로만 적으면 '밥'과 '밥맛'의 '밥', '국밥'의 '밥'이 같은 단어인지 아닌지 읽어 내기가 쉽지 않다. '듣다'도 마찬가지이다. '듣따'의 어간 '듣-'이 '든는다'의 '든'과 '엿뜯따'의 '뜯'과 같은 단어인지를 읽어 내기가 어렵다.

하지만 어법에 맞게 적으면, (3)에서 보듯이 표기상에서 이미 같은 단어라는 것을 쉽게 읽어 낼 수 있다.

---

(3) ㉠ 밥

밥맛

국밥

㉡ 듣다

듣는다

엿듣다

이처럼 어법에 맞게 적으면 읽고 이해하기에는 편리하다.

그런데 언중이 이미 어법에 대한 인식 즉, 원래의 형태에 대한 인식이 없어진 경우에는 어법에 맞게 표기하는 게 더 어렵다. 그래서 이런 경우는 소리대로 적게 함으로써 표기의 편의를 추구하게 된다.

어깨 < 엇개

으뜸 < 웃듬

우레 < 울에[1]

---

1 '울에'는 동사 '우르-'에 명사를 파생시키는 접미사 '-에'가 결합하여 만들어진 파생어이다. 한때 우리말의 어원을 한자에서 찾으려는 잘못된 경향의 영향으로 '우레'를 한자 '雨雷(우뢰)'로 잘못 이해한 적도 있지만, 사실 관계가 밝혀지면서

곤란	<	곤난(困難)
모가치	<	목-아치
강낭콩	<	강남콩(江南콩)
도깨비	<	돗가비

　위에서 '어깨'는 원래 '엇개'였던 것인데, 언중이 '어깨'가 '엇개'였다는 사실에 대한 인식이 희박해져서 '엇개'라고 표기할 때 오히려 더 낯설게 느끼게 되었다. 이런 경우는 소리대로 적는 것이 오히려 읽고 이해하기도 더 편하다. 나머지 예들도 마찬가지이다. 위의 예들을 만일 어법에 맞게 적는 원칙에 따라 원래의 형태를 밝혀 적는다고 생각해 보라. 그러면 오히려 표기가 더 헷갈릴 가능성이 크다. 이처럼 원래의 형태에 대한 인식이 희박해졌거나 없어진 경우에는 소리대로 적는 것이 오히려 읽고 이해하기도 편하고 또한 표기도 편하다.

　그런데 소리대로 적는 것과, 어법에 맞게 적는 게 혼재되어 있다 보니 오히려 더 헷갈리는 경우도 없지는 않다. 이런 것들은 어쩔 수 없이 해당 단어를 외워서 기억하는 것 외에는 딱히 뾰족한 방법이 없다.

　　　　넓둥글다
　　　　넓죽하다

　　　　널찍하다
　　　　널따랗다

　'넓둥글다'와 '넓죽하다'는 원래의 형태를 밝혀 적은, 즉 어법에 맞게 적은 것이

'우레'로 바로잡았다.

다. 반면 '널찍하다'와 '널따랗다'는 소리대로 적은 표기이다. '널찍하다', '널따랗다'도 원래는 어간 '넓-'에 접미사 '-직하다', '-다랗다'가 결합해서 만들어진 단어이다. 즉 '넓- + -직하다', '넓- + -다랗다'에 의해 만들어진 파생어이다.

넓직하다   <   **널찍하다**

넓다랗다   <   **널따랗다**

그렇지만 '널찍하다', '널따랗다'는 소리대로 적은 것을 표준어로 삼았다. 그러다 보니 어법에 맞게 적은 '넓둥글다', '넓죽하다'와 헷갈려 틀리게 표기하는 경우가 무척 많다.

사람에 따라서는 소리대로 적으면 더 좋을 텐데 어법에 맞게 적어서 맞춤법이 어렵다고 느끼는 사람이 있는가 하면, 반대로 어법에 맞게 적으면 더 좋을 텐데 소리대로 적어서 오히려 더 헷갈린다는 사람도 있다. 〈한글 맞춤법〉이 국어학자들이 모여서 인위적으로 정한 표기 규정이므로 모든 사람에게 맞는 옷일 수는 없다. 그리고 인위적으로 정한 규정이므로 상당 부분은 이해해서 적용하는 것이 아니라 암기해야 하는 것들도 많다. 그런데 우리가 일일이 다 암기할 수는 없다. 그러니까 맞게 표기하고자 하는 의식을 가지고 사전을 찾는 습관을 갖는 게 무엇보다 중요하다.

〈한글 맞춤법〉에 맞게 써야 하는 이유는 나 자신보다는 나의 글을 읽는 사람에 대한 배려의 성격이 더 강하다. 그리고 나는 글을 쓰는 사람이면서 동시에 글을 읽는 사람이기도 하다. 그러니까 맞춤법에 맞게 표기하는 것은 결국 타인에 대해 배려이면서 동시에 나에 대한 배려이기도 하다.

현행 맞춤법이 마음에 꼭 드는 사람은 아마 아무도 없지 않을까 싶다. 불만이 있더라도 맞춤법을 지킴으로써 얻을 수 있는 효용의 크기가 그렇지 않을 때에 비해서 비교할 수 없을 만큼 크다. 그러니까 마음에 들지 않고 불만스러운 부분이 있더라도 공공의 이익을 위해 맞춤법에 맞게 써야 한다는 인식을 갖는 게 중요하다. 그 공공의 이익 안에는 나의 이익도 포함되기 때문이다.

1.4. 어떤 음운 변동은 표준 발음이고 어떤 음운 변동은 표준 발음이 아니지?

국어의 음운 변동 중에는 표준 발음으로 인정되는 음운 변동이 있는가 하면, 표준 발음으로 인정되지 않는 음운 변동도 있다. 우리가 컴퓨터는 아니므로 컴퓨터처럼 모든 단어의 발음을 일일이 다 외울 수는 없다. 기억의 한계 때문에 그럴 수 없기도 하지만, 그렇게 외울 필요도 없다. 그냥 표준 발음으로 인정되는 음운 변동에는 어떤 것이 있고, 표준 발음으로 인정되지 않는 음운 변동에는 어떤 것이 있는지를 알고, 이 지식을 적용할 수 있으면 된다. 모든 단어의 표준 발음을 일일이 다 외우는 것과, 표준 발음으로 인정되는 음운 변동의 목록을 기억하여 필요할 때마다 적용하는 것 중에 어느 것이 더 효율적인지는 굳이 설명이 필요하지 않을 것이다.

그런데 국어에 존재하는 음운 변동의 종류도 적지가 않다. 그래서 표준 발음으로 인정되는 음운 변동과, 표준 발음으로 인정되지 않는 음운 변동 두 가지를 모두 다 기억하려면 이것도 용량이 만만치 않다. 최소한의 기억으로 이를 해결하고자 하는 사람은 표준 발음으로 인정되지 않는 음운 변동만 기억해 두자. 표준 발음으로 인정되는 음운 변동이 더 많기 때문에 둘 중 하나만 기억하고자 한다면, 표준 발음으로 인정되지 않는 음운 변동을 기억하는 게 더 효율적이다. 이것 외의 음운 변동은 표준 발음으로 인정된다고 생각하면 된다.

그러면 표준 발음으로 인정되지 않는 음운 변동에는 어떤 것들이 있는가? (1) ~ (4)는 일상에서 쉽게 들을 수 있는 음운 변동이지만, 표준 발음으로는 인정되지 않는 것들이다.

---

(1)[1]　㉠ 닫고[닥꼬], 밥그릇[박끄른], 낮밤[납빰]
　　　　㉡ 안개[앙개], 감기[강기], 손발[솜발],

---

(2)　다리미[대리미], 손잡이[손재비], 버리다[베리다], 먹이다[메기다]

---

(3)　㉠ 기억[기역], 기어서[기여서]
　　　㉡ 부엌[부웍], 보아라[보와라]

---

(4)　조금[쪼금 ~ 쪼끔], 저기[쩌기], 작다[짝따]

---

(1)은 선행 음절 종성 자음의 조음 위치가 후행 음절 초성 자음의 조음 위치로 동

1　표준 발음은 (1㉠)은 [닫꼬], [밥끄른], [낟빰]이고, (1㉡)은 [안개], [감기], [손발]이다.

화되는 현상이다.[2] (2)는 후설 모음이 /] / 모음 앞에서 전설 모음으로 변동하는 /] /
모음 역행동화이고, (3)은 반모음(/y, w/) 첨가,[3] (4)는 어두 경음화의 예이다. (1) ~ (4)
의 음운 변동은 원칙적으로 표준 발음으로 인정하지 않는다. 그러면 왜 (1) ~ (4)를 표
준 발음으로 인정하지 않았을까?

음운 변동이 일어나는 일차적인 동기는 발음을 쉽고 편하게 하기 위한 것이다. 우
리는 어떻게든 발음을 조금이라도 더 쉽고 편하게 하려는 욕구를 가지고 있다. (1) ~
(3)은 이러한 발음의 편의성을 추구한 음운 변동이다. 쉽게 발음할 수 있다면 굳이 어
렵게 할 이유가 없기도 하다.

---

2   자음의 조음 위치 동화에는 두 종류가 있다.

- 연구개음화: 닫고[닫꼬], 안개[앙개]
  밥그릇[박끄른], 감기[강기]
- 양순음화: 낮밤[납빰], 손발[솜발]

연구개음화는 '닫고[닫꼬], 안개[앙개]'처럼 치조음 /ㄷ, ㄴ/가 각각 연구개음
/ㄱ, ㅇ/으로 바뀌는 것과, '밥그릇[박끄른], 감기[강기]'처럼 양순음 /ㅂ, ㅁ/가
각각 연구개음 /ㄱ, ㅇ/으로 바뀌는 것이다. 양순음화는 '낮밤[납빰], 손발[솜
발]'처럼 치조음 /ㄷ, ㄴ/가 각각 양순음 /ㅂ, ㅁ/로 바뀌는 것이다. '낮밤[납빰]'
은 '낮밤 → 낟밤 → 납빰'처럼 먼저 [낟밤]으로 발음되는데, [낟밤]에서 더 나
아가 /ㄷ/가 /ㅂ/로 양순음화된 것이다.

3   국제음성기호(IPA)로 나타내면 쉽게 이해가 되기는 한다.

- 기억/ki.ək/ → 기역[ki.yək]
- 부억/pu.ək/ → 부웍[pu.wək]

왼쪽과 오른쪽을 대조하면, /y/, /w/가 첨가된 것을 한눈에 알 수 있다.

반모음이 첨가되는 조건은, /y/ 첨가는 /] / 모음 뒤에서, /w/ 첨가는 /ㅜ/
나 /ㅗ/ 모음 뒤에서이다. 그래서 결과적으로는 /y/, /w/가 첨가한 것이지만,
이를 각각 /] / 모음에 의한 순행 동화, /ㅗ, ㅜ/ 모음에 의한 순행 동화로 설명
하기도 한다.

그런데 (1) ~ (3)에서 추구한 발음의 편의성은 너무 과도했다는 것이 당시 표준 발음을 정할 때의 판단이었던 듯하다. 그래서 넘치면 모자라는 것만 못하다고, 너무 심하게 발음의 편의성을 추구했다고 판단해서 이를 표준 발음으로 인정하지 않은 것이다.

(4)는 어두 경음화의 예인데, 일상의 발화에서 이처럼 경음화시킨 발음을 쉽게 들을 수 있다. 어두 경음화 현상이 일어나는 이유는 심리적으로 강조하려는 마음과 관련이 있다. 즉 보통은 [조금]으로 발음하지만, 심리적으로 적다는 감정을 도드라지게 할 때는 [쪼금], [쪼끔]이라고 하기도 한다. 더 나아가서 [쬐끔]으로 발음하기도 한다. 물론 이때는 청자가 누구이냐도 어느 정도 관여한다. 청자가 대하기 어려운 사람일 때는 이렇게 발음하지 않는 경향이 크다. 또 어떤 화자는 [쪼금], [쪼끔]처럼 발음하지 않고, 항상 [조금]으로만 발음한다고 할 수도 있다. 이처럼 어두 경음화는 발화 상황마다 그리고, 화자마다 다를 수 있다. 이러한 까닭에 어두 경음화는 표준 발음으로 인정하지 않는다.

예외가 없는 경우가 없듯이 (3)의 반모음 첨가의 경우 원칙적으로는 표준 발음으로 인정하지 않지만, 예외로 표준 발음으로 인정하는 것이 있다. 규범이 어렵다고 느끼게 하는 이유 중의 하나가 바로 이러한 예외들의 존재이다. 그러나 어쨌든 규범에서 이렇게 예외를 둔 이상, 예외를 기억하는 수밖에 없다. 예외는 어떤 규칙이나 원리가 없기 때문에 어쩔 수 없이 외우는 것 외에는 딱히 달리 방법이 없다. 그러니까 그냥 눈 딱 감고 외우자.

되어**[되어 ~ 되여]**

피어**[피어 ~ 피여]**

(이것은) 책이오.**[채기오 ~ 채기요]**

(이것은 책이) 아니오.[4] **[아니오 ~ 아니요]**[5]

(3)에서처럼 반모음 첨가는 원칙적으로 표준 발음으로 인정하지 않는다. 하지만 위의 4개 예는 〈표준 발음법〉에서 표준 발음으로 허용한다고 제시한 반모음 첨가의 예이다.[6]

그런데 〈표준국어대사전〉의 표준 발음 정보를 보면, 위의 4개 예만 허용되는 것이 아니다. 'ㅣ, ㅚ, ㅟ' 모음으로 끝난 어간이 '-어(서), -었-'과의 결합에서 반모음 /y/가 첨가된 발음도 모두 표준 발음으로 허용한다. 〈표준국어대사전〉의 발음 정보란에는 이러한 경우 모두 표준 발음으로 제시하고 있다. 반모음 /y/가 첨가되지 않은 발음이 원칙 규정으로서 표준 발음이고, 반모음 /y/가 첨가된 발음이 예외적으로 허용되는 표준 발음이다.

비다	비어[비어 ~ 비여]
비었다	[비얻따 ~ 비엳따]
뫼다	뫼어[뫼어 ~ 뫼여/뭬어 ~ 뭬여][7]
	뫼었다[뫼얻따 ~ 뫼엳따/뭬얻따 ~ 뭬엳따]

---

4   '책이 아니오.'의 '아니오'는 형용사 '아니-'에 '하오'체 종결어미 '-오'가 결합한 활용형이다. 즉 '예', '아니요' 할 때의 '아니요'가 아니다. '아니요'는 '아니요'가 표준어이고, 발음은 표기형과 같은 [아니요]이다.

5   '예', '아니요'의 '아니요'와, '아니- + -오'의 '아니오'에 대한 자세한 설명은 '☞ 5.4. 아니요, 내 탓이 아니오~!' 참조.

6   반모음이 첨가되지 않은 [되어], [피어], [채기오], [아니오]는 당연히 표준 발음이다. 반모음이 첨가되지 않은 [되어]가 원칙 발음이고, 반모음이 첨가된 [되여]가 허용 발음이다.

7   〈표준국어대사전〉의 표준 발음 정보에는 '[뫼어/뭬여]'의 형식으로 제시하고 있는데, 이를 풀어서 설명하면 [뫼어 ~ 뭬어]도 되고 [뫼여 ~ 뭬여]도 된다는 뜻이다. 모음 'ㅚ'의 경우 이중 모음으로 발음하는 것도 표준 발음으로 허용되는데, 이중 모음으로 발음한 'ㅚ'를 한글 자모로 나타내면 'ㅞ'이다. 그래서 [뫼어 ~ 뭬어], [뫼여 ~ 뭬여] 이렇게 4개가 모두 표준 발음이 되는 것이다.

쉬다   쉬어[**쉬어 ~ 쉬여**]

             쉬었다[**쉬얻따 ~ 쉬엳따**]

여기서 주의해야 할 사실이 하나 있다. 예외적으로 /y/가 첨가된 발음을 표준 발음으로 허용하는 경우에도 /y/가 첨가된 표기는 허용하지 않는다. 무슨 말이냐 하면, 반모음 /y/가 첨가된 발음을 표준 발음으로 허용하는 경우에도, 반모음 /y/가 첨가된 표기는 맞춤법에서 허용하지 않는다. 그러니까 반모음 /y/가 첨가된 표기, '＊비여(✕)', '＊뵈여(✕), '＊붸여(✕)', '＊쉬여(✕)'는 맞춤법에서 허용하지 않는다. 틀린 표기이다.

- **'되어'의 표준 발음은 [되어]이고, [되여]도 표준 발음으로 허용한다.**
  그러나 '＊되여(✕)'로 표기하는 것은 맞춤법에 틀린 표기이다.

- **'비어'의 표준 발음은 [비어]이고, [비여]도 표준 발음으로 허용한다.**
  그러나 '＊비여(✕)'로 표기하는 것은 맞춤법에 틀린 표기이다.

많은 사람들이 [되여]가 표준 발음으로 인정된다는 것을 표기에까지 과잉으로 적용하여, 표기 '＊되여(✕)'도 맞춤법에 맞는 표기라고 오해하는 경우가 하도 많아서 다시 한번 강조하는 것이다.

그런데 '비어'가 반모음화된 '벼'는 발음 [벼]도 표준 발음이고, 표기 '벼'도 맞춤법에 맞는 표기이다. 이것 때문에 [비여]가 표준 발음이니까, 표기 '＊비여(✕)'도 맞춤법에 맞는 표기라는 오해를 하게 되는 것이다. '/ㅣ/ + /ㅓ/ → /ㅕ/'[8]의 음운 변동이 적

---

8   국제음성기호로 나타내면 이해하기가 좀 더 쉽다.

       pi + ə → pyə

      비 어   벼

    /i/가 반모음 /y/로 바뀌었기 때문에 이러한 음운 변동을 '반모음화'라고 한다.

용된 표기는 맞춤법에 맞는 표기이다.

'비- + -어'의 표기	표준 발음
비어(○)	**[비어]**
벼(○)	**[벼]**
*비여(✕)	**[비여]**

　발음의 편의성을 추구한 발음이라고 해서 모두 표준 발음이 아닌 것은 아니다. 아래 (5)의 음운 변동들은 표준 발음으로 인정하는 것인데, 유음 동화, 비음 동화, 구개음화 등 동화 현상들은 모두 발음의 편의성을 추구한 것이다. 그러니까 발음의 편의성을 추구한다고 해서 비표준 발음은 아니고, (1) ~ (3)처럼 너무 과도하게 발음의 편의성을 추구한 음운 변동을 특정해서 표준 발음으로 인정하지 않은 것이다.

　(5)는 표준 발음으로 인정되는 음운 변동들을 정리한 것이다. 이들 음운 변동을 일일이 설명하게 되면 문법 시간이 되어 버리기 때문에, 여기서는 표준 발음으로 인정하는 음운 변동의 목록을 제시하는 선에서 멈추려고 한다. 이해를 편의를 위해서 예를 제시하니까, 예를 통해 각 음운 변동이 어떤 것인지는 알 수 있을 것이다.

(5) 표준 발음으로 인정하는 음운 변동

음운 변동		예
음절의 끝소리 규칙		낮[낟], 빛[빋], 잎[입]
비음 동화		국물[궁물], 밥맛[밤맏]
유음 동화		신라[실라], 물놀이[물로리]
구개음화		같이[가치], 해돋이[해도지]
/ㄴ/ 첨가		담요[담뇨], 색연필[생년필]
반모음화	/y/ 반모음화	비어 → 벼[벼]
	/w/ 반모음화	주어 → 줘[줘]
/ㅎ/ 축약		축하[추카], 놓다[노타]
/ㅎ/ 탈락		놓으니[노으니], 많으니[마느니]
/ㄹ/ → /ㄴ/		담력[담녁], 종로[종노]
/ㄹ/ → /ㄴ/ 후 비음 동화		백로[뱅노],　협력[혐녁] (백노 → 뱅노)　(혐녁 → 혐녁)
경음화		국가[국까], 입김[입낌]
		안방[안빵], 봄비[봄삐], 물고기[물꼬기]
		(신을) 신다[신따], (머리를) 감다[감따]
		할 줄[할쭐], 줄 수[줄쑤]

1.5. 〈외래어 표기법〉한눈에 이해하기: 주스(O), *쥬스(×)

'쥬스'가 맞는지 '주스'가 맞는지 보려고 외래어 표기법을 봤는데, 무슨 암호 같아. ㅠ

colcren 콜크렌, Cecilia 세실리아
bistec 비스텍, dictado 딕타도
chicharra 치차라
felicidad 펠리시다드
fuga 푸가, fran 프란

MENU 주스과 쥬스

외래어 표기법을 봐도 몰라 ㅋㅋㅋ. 그냥 표준국어대사전에 검색해서 안 나오면 틀린 거야.

표준국어대사전
검색할 단어 입력
🔍 쥬스
[쥬스]에 대한 검색 결과가 없습니다.

참! 표준국어대사전에 없는 것도 있으니 그런 경우에는 '우리말샘'을 활용하면 돼~~

우리말샘 주스

"우리말샘"

그리고 3가지 사실만 알고 있으면 어떤 표기가 틀렸는지는 알 수 있어.

오오~그래??

솔깃, 솔깃

첫째! 외래어 표기의 받침은 'ㄱㄴㄹㅁㅂㅅㅇ'의 7개만 허용돼.

그러니까 이 7개 이외의 받침이 있는 것은 틀린 거야!

케잌 ✗
케이크 O

둘째! '쟈져죠쥬, 챠쳐쵸츄, 쨔쪄쬬쮸'가 있으면 틀린 거야!!

무슨 '간장공장공장장' 같지? ㅋㅋ

쥬스 ✗
주스 O

셋째! 된소리 (ㄲ, ㄸ, ㅃ, ㅆ, ㅉ)가 있으면 틀린 거야!

까페 ✗
카페 O

SEOUL
카페
SINCE 2031

"짝 짝 짝"

우와~~~~
확실히 쉬워졌어!!

외래어 표기법과 관련하여 세 가지 사실만 알아도 어떤 표기가 틀렸는지는 쉽게 판단할 수 있다. 물론 이 방법은 어떤 표기가 맞는지를 확인해 주지는 못한다. 하지만 이것이 아니라는 것만 알아도 절반은 맞는 표기에 근접할 수 있으므로, 매우 유용한 정보이다.

1 외래어 표기의 받침에는 'ㄱ, ㄴ, ㄹ, ㅁ, ㅂ, ㅅ, ㅇ' 7개만 허용된다. 그러니까 이 7개 이외의 받침이 있는 표기는 모두 틀린 표기이다.

틀린 표기	맞는 표기
*케챂(×)	케첩
*케잌(×)	케이크
*라켙(×)	라켓
*커피숖(×)	커피숍

2 '쟈져죠쥬', '챠쳐쵸츄', '쨔쪄쬬쮸'가 표기에 있다면 무조건 틀린 표기이다.

틀린 표기	맞는 표기
*쥬스(×)	주스
*비젼(×)	비전
*챠트(×)	차트
*쟈스민(×)	재스민
*쵸콜렛(×)	초콜릿
*텔레비젼(×)	텔레비전

③ 외래어 표기에 된소리(ㄲ, ㄸ, ㅃ, ㅆ, ㅉ)는 기본적으로 쓰지 않는다. 그러니까 외래어 표기에 된소리가 포함되어 있으면 일단 틀린 표기라고 생각해도 좋다.

틀린 표기	맞는 표기
*까페(×)	카페
*빠리(×)	파리
*싸인(×)	사인
*써클(×)	서클
*째즈(×)	재즈
*뻬이징(×)	베이징
*다크써클(×)	다크서클

그런데 실제 언어생활에서 많은 사람들이 [까페], [빠리], [싸인]처럼 된소리로 발음한다. 이처럼 발음과 맞춤법의 표기가 다르다 보니 표기를 더 헷갈려 하기도 한다. 그러나 외래어의 표기에 원칙적으로 된소리(ㄲ, ㄸ, ㅃ, ㅆ, ㅉ)를 쓰지 않는다는 사실을 기억하자. 이것만으로도 외래어 표기가 틀리게 되는 것을 상당 부분 방지할 수 있을 것이다.

그런데 예외 없는 법칙이 없듯이 예외가 전혀 없는 것은 아니다.

껌(gum)

빵(pão)

'껌'은 영어에서 차용된 외래어이고, '빵'은 포르투갈어에서 차용된 외래어이다. 그런데 '껌', '빵'은 외래어라고 인식하지 못할 정도로 이미 우리말처럼 되었다. 그래서 '껌', '빵'은 외래어이기는 하지만, 이미 외래어라는 인식이 없어졌기에 된소리 표기를 표준어로 삼았다.

〈표준국어대사전〉에는 아직 표제어로 올라 있지 않지만, 새로 만들어지는 외래어 중에는 된소리로 표기하는 예들도 있다. '라떼', '짜조' 등이 이에 해당한다. 이런 단어들은 아직 공식적으로 외래어로 인정된 어휘는 아니다. 하지만 멀지 않은 시기에 표준어로 인정될 수도 있다.

그러면 지금까지 설명한 내용을 한번 적용해 보자. 아래의 광고에서 어디가 틀렸는지 찾아보라. 지금까지의 설명을 이해했다면 쉽게 찾을 수 있을 것이다.

왼쪽 그림의 경우에는 종성에 'ㅍ'이 있기 때문에 틀렸고, 오른쪽 그림에서는 '*쥬(×)'가 틀렸다. 그러니까 '*케챂(×)'과 '*쥬스(×)'가 틀린 표기이다. 맞춤법에 맞는 표기는 '케첩'과 '주스'이다.

사실 외래어의 표기는 어렵다. 혹여 나만 어렵다고 생각하는 사람이 있다면, 결코 그렇게 생각할 필요가 없다. 외래어의 표기는 모든 사람들이 헷갈려 하고 어려워하는 문제이다. 〈외래어 표기법〉에 표기 원칙이나 규칙이 있기는 하지만, 그 내용은 보통의 일반인들이 봐서는 무슨 말인지 알 수 없는 암호처럼 되어 있다. 그래서 정작 일

반 언중에게 〈외래어 표기법〉은 거의 쓸모가 없는 규정이다.[1]

외래어는 영어에서 들어온 것만 있는 것이 아니라, 프랑스어에서 들어온 것도 있고, 러시아어에서 들어온 것도 있고, 스페인어에서 들어온 것도 있고 등등 여러 언어에서 들어온 단어들이 있다. 그래도 비교적 쉽게 느끼는 언어가 영어에서 들어온 단어일 텐데, 영어에서 들어온 단어도 막상 외래어 표기법에 맞게 쓴다는 게 결코 쉬운일이 아니다. 외래어 표기를 잘 모르거나 헷갈리면 보통의 경우 일단 귀에 들리는 대로 표기하는 전략을 선택하게 된다. 맞춤법에 맞는지 틀리는지를 고민하지 않고서 들리는 대로 쓰겠다고 하면 어쨌든 쓸 수는 있다. 소리대로 즉, 들리는 대로 쓰기에는 한글이 세계에서 가장 적합한 문자이기 때문이다. 이 지점에서 한글을 창제한 세종대왕님이 얼마나 뛰어난 인물이었는지 새삼 느낄 수 있다.

그런데 들리는 대로 쓰면 확률상 50% 정도는 맞겠지만, 또 50% 정도는 틀릴 수 있다. 그러니까 들리는 대로 쓰는 전략은 좋은 전략은 아니다. 공무원 시험 같은 곳에서 자주 문제로 나오는 몇 개를 예로 들어 보겠다. 시험이니까 당연히 헷갈리는 단어를 문제로 출제한다. 아마도 아래의 표기가 꽤나 익숙할 것이다. 그러나 모두 맞춤법에 틀린 표기이다.

*앵콜(✕)
*컨셉(✕)
*가디건(✕)
*숏커트(✕)
*라스베가스(✕)

---

1 이렇게 말하면, 쓸모가 없는 규정이 왜 있느냐고 하는 사람이 있을 수 있을 듯하다. 〈외래어 표기법〉은 국립 국어원처럼 규범을 시행하는 입장에서 외래어를 처음 수용할 때 그 표기를 정하기 위해서 반드시 필요하다. 아무런 규칙이나 원칙 없이 외래어의 표기를 정할 수는 없기 때문이다. 하지만 일반 언중이 〈외래어 표기법〉을 알아야 할 필요는 없고, 실제 알고자 하더라도 너무 어렵다. 그래서 일반 언중에게는 별로 도움이 되지 않는다는 말이다.

일상에서 이러한 단어들을 쉽게 들을 수 있다. 그런데 위 단어들을 들리는 대로 표기하게 되면 맞춤법에 틀린 표기가 된다. 이쯤에서 필자가 무슨 말을 하고 싶어 하는지 눈치를 챌 수 있을 것이다. 일상의 언어에서 우리가 흔히 말하고 듣는 외래어의 발음이 표준 발음이 아닌 것이 많고, 그렇기 때문에 들리는 대로 표기하면 맞춤법에도 틀리게 된다. 그러니까 나의 외래어 발음이 표준 발음이 아닐 가능성이 꽤 높고, 그래서 나의 외래어 발음을 들리는 대로 표기할 경우 맞춤법에 맞지 않을 가능성 역시 꽤 높다.

〈외래어 표기법〉에 맞게 위 단어를 제대로 표기하면 다음과 같다.

앙코르

콘셉트

카디건

쇼트커트

라스베이거스

〈외래어 표기법〉은 차용 원어의 발음에 충실하게 표기하는 것을 원칙으로 한다. 차용 원어의 발음이 우리의 일상 언어생활에서의 발음과 일치한다고 보장할 수 없다. 그러니까 외래어 표기는 반복적으로 보면서 기억해 두는 것 외에는 달리 뾰족한 방법이 없다.

혹여라도 의욕이 넘쳐, 〈외래어 표기법〉를 공부하겠다거나 〈외래어 표기법〉 규정을 찾아보겠다고 하는 사람이 있다면 극구 말리고 싶다. 실제 〈외래어 표기법〉을 한 번이라도 찾아본 사람이라면 필자가 왜 이렇게 말하는지 쉽게 수긍이 되리라 생각한다. 〈외래어 표기법〉 규정은 전공자인 필자가 봐도 쉽지 않은 내용의 문장들로 채워져 있다. 음운론의 전문적인 용어들이 시도 때도 없이 나오는데, 비전공자인 일반인들은 우선 용어에서부터 숨이 막힐 수밖에 없게 되어 있다. 또한 많은 사람들이 오랫동안 써 온 외래어는 〈외래어 표기법〉 규정에는 맞지 않지만, 관용을 존중해서 허용해 준 것들이 꽤 많다. 이런 예외들은 그냥 무식하게 외우는 것 외에는 달리 방법이 없다. 그러니까 외래어 표기를 잘하기 위해서 〈외래어 표기법〉을 열심히 공부하겠다는 것은 단언컨대 좋은 생각이 아니다.

그러면 외래어의 표기를 어떻게 공부하라는 것인가? 그냥 〈표준국어대사전〉을 그때그때 찾아보면 된다. 이 표기가 맞는지 저 표기가 맞는지 헷갈릴 때 각각의 표기를 검색해 본다. 그래서 검색해서 나오면 그것이 맞는 표기이고, 검색해서 나오지 않으면 '이건 틀린 표기이구나.' 하고 생각하면 된다. 〈표준국어대사전〉에는 맞는 표기만 표제어로 올려놓았으므로, 검색해서 나오지 않는다는 것은 내가 검색한 표기가 틀린 표기라는 것을 뜻한다.

단 한 가지 주의할 점은, 〈표준국어대사전〉에 표제어로 올라 있지 않다고 해서 모두 맞춤법에 맞지 않은 표기는 아니다. 아직 〈표준국어대사전〉에 표제어로 올라 있지 않은 외래어도 많기 때문이다. 이럴 때는 어떡해야 하나? 이때에도 〈외래어 표기법〉을 찾아보는 건 절대로 추천하지 않는다. 그건 정말이지 보통의 사람들에게는 거의 암호 수준이기 때문이다. 이럴 때는 일단 '우리말샘'을 활용할 수 있다. 〈표준국어대사전〉을 검색하면 나오지 않지만, '우리말샘'[2]을 검색하면 나오는 외래어들이 꽤 많다.

---

2   '우리말샘(https://opendict.korean.go.kr)'도 국립 국어원에서 운영하는 누리집이다. 위키피디아처럼 일반 국민들도 함께 참여해서 만드는 일종의 오픈 사전에 해당한다. 〈표준국어대사전〉처럼 규범 사전은 아니지만, 규범 사전의 전단계 성격을 띤 사전이라고 생각하면 된다.

위에서처럼 '우리말샘'을 검색해서 검색이 되면, 일단은 맞춤법에 맞는 표기일 가
능성이 크다. 여기서 '맞는 표기이다.'고 하지 않고 '맞는 표기일 가능성이 크다.'고 한
것은, 아직 외래어로 확정된 것이 아닐 수도 있기 때문이다. 아직 외래어로 확정되지
는 않았지만, 대체로 〈표준국어대사전〉에 반영될 가능성이 높다. 그렇기에 보조적으
로 '우리말샘'을 활용할 수 있다.

1.6. 표준 발음인지 아닌지 어떻게 확인하지?

〈표준 발음법〉이 제정되어 공식적으로 효력을 발휘하기 시작한 것은 1988년부터 이다. 그 이전까지는 발음과 관련된 규정이 별도로 없었다. 〈한글 맞춤법〉 제1장 제1 항은 "표준어를 소리대로 적되, 어법에 맞도록 함을 원칙으로 한다."인데, 여기서 소 리대로 적은 것은 〈표준 발음법〉의 설명 대상이 아니다. 이미 소리대로 적었으니까 표기 그대로 발음하면 된다. 그래서 따로 이 표기의 표준 발음이 어떠하다고 설명할 필요가 없다. 그러니까 〈표준 발음법〉에서 설명하는 대상은 어법에 맞게 적은 표기 들이다. 어법에 맞게 적은 표기는 표기와 발음이 다르기 때문에, '이 표기에 대한 표 준 발음은 이것이다.'라고 명시해 주는 것이 필요하다.

강	산	하늘
바다	개구리	코끼리
고양이	호랑이	소나무
밤나무	사과나무	배롱나무

위의 단어들은 이미 소리대로 적은 것이다. 그러니까 표준 발음이 무엇인지 고민할 이유가 없다. 실제 위의 단어들의 표준 발음이 무엇인지 묻는 사람도 거의 없다. 표기대로 발음하고, 발음대로 표기하면 되기 때문이다.

〈표준 발음법〉에서 설명하고 있는 대상은 어법에 맞게 적은 표기들이다. 어법에 맞게 적었다는 것은 표기와 발음이 같지 않다는 것을 전제한다. 소리대로 적지 않았으므로 어법에 맞게 적은 표기만 보고서는 그 표기의 표준 발음이 무엇인지를 알기 어렵다. 그래서 어법에 맞게 적은 표기형에 대해서 일일이 '표준 발음은 이것이다.'는 식으로 발음에 대해 설명을 해 줄 수밖에 없다. 〈표준국어대사전〉은 어법에 맞게 적은 단어뿐만 아니라 소리대로 적은 단어에 대해서도 친절하게 발음 정보를 모두 제시해 주고 있다.

어법에 맞게 적은 표기는 국어에 존재하는 여러 음운 변동이 적용되어 발음된다. 〈표준 발음법〉은 국어에서 일어나는 이러한 음운 변동들 중에서 어떤 음운 변동은 표준 발음으로 인정하고, 어떤 음운 변동은 표준 발음으로 인정하지 않는다는 식으로 구성되어 있다. 그러니까 표준 발음이 무엇인지 궁금하고, 이를 원리적으로 알고 싶다면, 〈표준 발음법〉 규정을 보면 되기는 한다. 말 그대로 되기는 하는데, 실제 보통의 사람들에게 〈표준 발음법〉 규정이 실질적으로 도움이 될지는 의문스럽다.

왜냐하면 음운론에 대한 지식이 없는 보통의 사람들이 〈표준 발음법〉 규정을 읽었을 때 해당 규정의 내용을 한눈에 이해하기가 쉽지 않기 때문이다. 물론 공부를 하면 이해할 수는 있다. 이해할 수 있는 사람도 있겠지만, 이 분야에 지식이 전혀 없는 사람이 읽고 이해하기에는 전문적인 용어들이 너무 많다.

〈표준 발음법〉을 찾아서 한 번에 해결하기가 어렵다면, 표준 발음인지 아닌지를 알고자 할 때 어떻게 해야 하나? 단어 차원에서는 아주 간단한 방법이 있다. 국립 국어원의 〈표준국어대사전〉 홈페이지에서나, 핸드폰에 〈표준국어대사전〉 앱을 깔고 궁금한 단어를 검색만 해 보면 바로 알려 준다. 〈표준국어대사전〉에는 단어마다 표준 발음에 대한 정보를 제공하고 있다. 아래는 〈표준국어대사전〉 검색 화면을 캡처한 것이다.

국-밥

발음 [국빱◀]
활용 국밥만[국빰만◀]

입-맛

발음 [임맏◀]
활용 입맛만[임만만◀]

놓다

발음 [노타◀]
활용 놓아[노아◀](놔[놔ː◀]), 놓으니[노으니◀], 놓는[논는◀], 놓소[노쏘◀]

위에서 보듯이 '국밥'의 표준 발음이 [국빱], '입맛'의 표준 발음이 [임맏], '놓다'의 표준 발음이 [노타]라고 되어 있다. 단어의 표준 발음뿐만 아니라 '활용'이라고 된 부분에서는 '국밥만[국빰만]', '입맛만[임만만]'처럼 명사에 조사가 결합했을 때의 발음도 제시하고 있다. 그리고 동사나 형용사의 경우에는 '놓아[노아]', '놓으니[노으니]', '놓는[논는]'처럼 어간에 어미가 결합했을 때의 발음도 함께 제시하고 있다.

그러니까 표준 발음이 무엇인지 알고 싶으면, 그냥 사전을 찾아보면 된다. 필자의 경험에 의해 추론해 보면, 사전을 통해서 표준 발음을 찾는 방법을 몰라서 못 찾는 사람들이 더 많은 듯하다. 보통의 경우 사전은 뜻을 모를 때만 찾는 것으로, 사전을 아주 좁게만 활용하는 사람들이 많다. 이제는 표준 발음도 사전을 통해서 찾을 수 있다는 것을 알게 되었으니, 표준 발음이 궁금하면 언제든지 사전을 찾아보자. 그러다 보면 표준 발음에 대한 지식이 금세 넓어질 수 있을 것이다.

다음은 표준 발음과 관련하여 조금 더 깊은 속사정을 알고 싶은 사람을 위한 내용이다. 〈표준 발음법〉은 그 자체로 국어의 어문 규범은 아니다. 흔히 국어의 4대 어문 규범이라고 말하기도 하는데, 그 4대 어문 규범은 아래의 4개이다.

〈한글맞춤법〉
〈표준어 규정〉(제1부 표준어 사정 원칙, 제2부 표준 발음법)
〈외래어 표기법〉
〈국어의 로마자 표기법〉

그러니까 〈표준 발음법〉 그 자체로 독립된 하나의 규범이 아니라, 〈표준어 규정〉이라는 규범의 내용 중에 제2부에 해당하는 것이다. 그리고 〈표준 발음법〉은 말 그대로 표준어의 발음에 대해 규정해 놓은 것이다. 그렇기에 표준어가 아닌 단어(사투리, 비속어 등)의 발음에 대해서는 〈표준 발음법〉에서 다루고 있지 않다.

이는 〈한글 맞춤법〉 역시 마찬가지이다. 〈한글 맞춤법〉은 표준어의 표기에 대한 규정이다. 그러니까 표준어가 아닌 단어의 표기는 〈한글 맞춤법〉에서 다루고 있지 않다. 형식 논리로만 따진다면, 비표준어를 맞춤법에 맞게 표기하려면 어떻게 해야 하는지를 참고할 수 있는 규정은 따로 없다.[1]

또 한 가지, 이렇게 말하면 낯설어 하는 사람이 많을 텐데, 외래어에 대한 〈표준 발음법〉 규정도 따로 없다. 무슨 말인지 여전히 의아할 수 있을 듯한데, 예컨대 외래어인 '온라인'의 표준 발음이 [온나인]인지 [올라인]인지 궁금해서 어느 것이 표준 발

---

1 사투리의 경우 어떻게 적어야 하는지 묻는 경우가 꽤 많다. 원칙적으로 사투리를 적는 표기법은 따로 없다. 그래서 굳이 적어야 한다면 〈한글 맞춤법〉을 참고하여 적으라고 하기는 하지만, 현재로서는 어떻게 적든 '맞다/틀렸다'를 말할 수 없다. 그러니까 [마 고만 하이소], [허벌라게 노파뿐디]를 적는 표기법이 따로 없다. 이상하게 들릴지 모르겠지만 '쓰고 싶은 대로 쓰세요.'가 현재로서는 가장 적절한 대답이다.

음인지 국립 국어원 물어본다고 하자. 그러면 현재로서는 외래어에 대한 별도의 표준 발음 규정이 없기 때문에 무엇이 표준 발음이라고 말해 주지 못한다. 실제 이 물음에 대한 국립 국어원의 공식 답변이 '정해진 것이 없다.'이다. 아래는 2021년 5월 11일 '온라인'의 표준 발음 질문에 대한 국립 국어원의 공식 답변 내용이다.

안녕하십니까?
외래어의 경우는 표준 발음이 정해져 있지 않아 정확한 안내가 어렵습니다.
국어의 일반적인 음운 변동을 고려하면 '온라인'은 [온나인] 또는 [올라인]으로
발음할 수 있겠습니다.

여전히 이 상황이 의아한 사람은 〈표준국어대사전〉을 한번 찾아보라. 그러면 확실하게 이해가 될 것이다. 〈표준국어대사전〉은 표제어에 대해 발음 정보를 제시하고 있다. 그런데 표제어가 외래어일 때는 원어 정보만 제시하고 따로 발음 정보를 제시하지 않고 있다. 그러니까 사전을 통해 외래어의 맞는 표기가 무엇인지는 확인할 수 있다. 하지만 그 표기에 대한 표준 발음은 사전을 통해 확인할 수 없다. 외래어에 대한 표준 발음 규정이 없으므로 사전에서 표준 발음 정보를 제공할 수 없는 것이다.

2. — 발음 때문에
헷갈리는 맞춤법

2.1. 돈은 '결제'하고, 서류는 '결재'하고

　'결제'와 '결재'를 구분할 수 있는 간단한 방법이 없을까? '결제'와 '결재'가 헷갈릴 때 이를 해결할 수 있는 간단한 방법은 돈과 관련된 행위인지 아닌지를 판단하는 것이다. 그래서 돈과 관련되어 있으면 '결제'이고, 돈과 관련되어 있지 않으면 '결재'이다.

　돈과 관련되어 있으면서 돈이 빠져나가는 즉, 돈이 제거되는 의미가 있으면 '결제'이다. '결제'의 '제'와 '제거'의 '제'가 같다. 그래서 돈과 관련되어 있으면서 돈이 제거되는 즉, 빠져나가는 의미가 있을 때는 '결제'가 맞다.

카드 결제.

현금 결제.

외상값 결제.

물건 값을 결제하다.

결제해야 할 돈이 많다.

결제를 먼저 해 주셔야 물건을 배송해 드립니다.

위에서 보듯이 '결제'와 관련된 맥락은 대부분 돈과 관련되어 있다.

반면 '결재'는 돈과는 무관한 행위이고, 서류와 관련된 행위이다. 그래서 서류와 연동되는 의미일 때는 '결재'라고 생각하면 된다. '결재'는 '재가'[1]를 받는 과정의 하나이기도 하므로, 이 둘을 연동시켜 생각하면 기억하기가 편하다. 즉 '결재'의 '재'와 '재가'의 '재'가 같은 글자이니까 이 둘을 연동시켜서 생각하면 된다.

참고로 '결제'와 '결재'의 사전의 의미를 옮기면 아래와 같다.

결제(決濟)[2]

증권 또는 대금을 주고받아 매매 당사자 사이의 거래 관계를 끝맺는 일.

결제 자금.

어음의 결제.

결재(決裁)

결정할 권한이 있는 상관이 부하가 제출한 안건을 검토하여 허가하거나 승인함.

---

1   '재가'의 의미는 '안건을 결재하여 허가함.'이다.

2   〈표준국어대사전〉의 뜻풀이에는 '일을 처리하여 끝냄.'이라는 의미도 있는데, 이는 한자를 직역한 의미로 실제 언어 사용에서 이러한 의미로 '결제'가 사용되는 경우가 거의 없다.

결재 서류.

결재가 나다.

결재를 받다.

'결제'와 '결재'를 헷갈려 하는 이유는 표기는 서로 다르지만, 발음이 같기 때문이다. 즉 현대의 대부분의 화자들은 [ㅔ] 발음과 [ㅐ] 발음을 구별하지 못한다. 구별하지 못하기 때문에 구별해서 발음하지도 못한다.

그런데 사람들에게 '제'와 '재'가 같은지 다른지 물으면 그걸 왜 묻느냐고 오히려 반문한다. 그럴 수밖에 없는 것이 '제'와 '재'는 엄연히 표기가 서로 다르기 때문이다. 한글을 모르는 사람이 아니고서야 표기를 보고 '제'와 '재'가 다르다는 것을 모를 리가 없다. 이처럼 표기상으로는 즉, 시각적으로 '제'와 '재'는 분명히 다르고, 그렇기 때문에 다르다고 말하는 게 오히려 이상하게 들릴 것이다.

그런데 '제'와 '재'의 발음을 들려주고, 어떤 발음이 '제'이고 어떤 발음이 '재'인지를 물어 보면 대부분 고개를 갸우뚱하거나 아니면, 둘 중의 하나를 임의로 선택해서 대답한다. 그런데 사실은 '제'와 '재'를 다르게 발음할 수 있는 사람이 현재 우리나라에 얼마 되지 않는다. 젊은 세대는 거의 없다고 해도 과언이 아니다. 본인은 다르게 발음한다고 생각할 수는 있겠지만, 사실은 같은 발음을 두 번 하는 것일 뿐이다. 또한 듣는 사람도 어차피 [제]와 [재]를 구분해서 듣지 못한다. 그래서 임의로 둘 중의 하나라고 대답할 수밖에 없다. [제]와 [재]를 구분해서 들을 수 없는 사람은 [제]와 [재]를 구분해서 발음하지도 못한다.

물리적으로 원래 '제'의 발음은 [ʧe]이고, '재'의 발음은 [ʧɛ]로 달랐지만, 현재 [e] 소리와 [ɛ] 소리를 구분해서 발음하거나 구분해서 들을 수 있는 사람이 별로 없다.[3] 즉 더 이상 'ㅔ[e]'와 'ㅐ[ɛ]'가 변별되지 않는다. 이로 인한 표기 오류가 꽤 많은데, '결

---

[3]   여전히 'ㅔ[e]'와 'ㅐ[ɛ]'를 구분하는 화자들도 있지만, 국어 사용자 전체로 보면 그 비율이 얼마 되지 않는다.

제'와 '결재'도 그중의 하나이다. 발음이 같다 보니 '결제'가 맞는지, '결재'가 맞는지 발음을 통해서는 확인할 수 없기 때문이다.

그러나 '결제'와 '결재'는 엄연히 그 뜻이 다르고, 그렇기 때문에 사용하는 맥락도 다르다. 혹시라도 이 둘을 바꾸어 잘못 쓰게 될 경우, 우스운 꼴을 당할 수도 있다. 공문서 같은 곳에서 이런 오류를 범할 때는 자칫 심각한 문제 상황에 직면할 수도 있다. 그러므로 '결제'와 '결재'를 잘 구분해서 사용해야 한다. 위에서 설명한 대로 가장 단순하면서도 명료한 구별 기준은 맥락이 돈과 관련된 상황인지 아닌지를 판단해 보는 것이다.

2.2. 겹받침(ㅄ, ㄹㄱ, ㄹㅂ …)의 표준 발음을 한번에 해결하는 법

겹받침의 표준 발음은 많은 사람들이 어려워하고 헷갈려 한다. 겹받침의 표준 발음은 중·고등학교 국어 시험에서 빠지지 않고 나오는 문제이고, 공무원 시험 같은 데서도 단골손님으로 나오는 문제이기도 하다.

겹받침의 표준 발음을 원리적으로 알고 싶으면, 〈표준 발음법〉에서 관련 조항을 찾아서 공부하면 되기는 한다. 그런데 실제 〈표준 발음법〉을 찾아본 사람 중에는 이렇게 말하는 것이 공허하게 들릴 수도 있을 듯하다. 그 이유는 〈표준 발음법〉 조항이 이해하기에는 너무 복잡하고 어렵게 기술되어 있기 때문이다. 솔직히 〈표준 발음법〉 조항의 문장은 원리적으로 기술되어 있는 것이 아니라, 줄줄이 나열되어 있어서 원리적으로 이해하는 것이 거의 불가능하기도 하다.

내가 일상적으로 하는 겹받침의 발음이, 또는 내가 일상적으로 듣는 겹받침의 발음이 표준 발음이라면 사람들이 겹받침의 표준 발음을 어려워할 이유가 없다. 이 말은 겹받침에 대한 나의 발음이, 그리고 다른 사람들의 발음이 표준 발음이 아닐 가능성이 크다는 것을 의미한다. 이게 무슨 말인가? 실제 겹받침의 발음은 지역마다, 같은 지역 내에서도 세대마다 다르고, 같은 지역의 같은 세대 내에서도 또 화자마다 차이가 있다. 현실이 이렇기 때문에 오히려 겹받침의 표준 발음을 정해야 하는 상황이기도 하다.

국어에는 초성에도 자음이 하나밖에 발음될 수 없고, 종성에도 자음이 하나밖에 발음될 수 없는 음절구조제약이 있다. 종성에서 발음될 수 있는 자음이 하나밖에 허용되지 않기 때문에 겹받침[1] 중에 하나는 반드시 탈락시켜서 발음할 수밖에 없다. 이것은 선택의 문제가 아니라 그렇게 발음할 수밖에 없는 구조적인 제약이다. 예컨대 '읽고'의 경우 종성에 1개의 자음만 실현될 수 있으므로 종성 자음군 'ㄺ' 중 하나는 필수적으로 탈락시켜서 발음할 수밖에 없다. 만일 종성에서 2개의 자음 'ㄺ'을 다 발음할 수 있다면, 그 사람은 국어 화자가 아니거나 특수한 사람이거나 둘 중의 하나이다.

---

1   겹받침은 표기 차원의 용어이다. 음운론적으로는 '자음군'이다. '자음군'은 초성이나 종성에 2개 이상의 자음이 오는 것을 가리킨다. 국어의 경우 초성에는 자음이 1개밖에 올 수 없다. 종성에는 발음하기 전 머릿속에 저장된 형태에는 2개의 자음이 올 수 있지만, 실제 발화상에서는 종성에서도 자음이 1개밖에 실현되지 못한다.

다만 둘째 음절 초성이 비어 있으면, 즉 겹받침 뒤에 모음으로 시작하는 어미나 조사[2]가 오면 겹받침의 어느 것도 탈락하지 않고 둘 다 실현될 수 있다. 겹받침을 C1C2라고 할 때, C1C2 중에서 C2가 다음 음절의 초성으로 연음되기 때문에 (1)에서 보듯이 겹받침의 어느 것도 탈락하지 않는다. (1㉠)은 겹받침을 가진 명사에 모음으로 시작하는 조사가 결합한 예이고, (1㉡)은 겹받침을 가진 동사에 모음으로 시작하는 어미가 결합한 예이다.

(1) ㉠ 닭이[달기], 여덟이[여덜비]
     ㉡ 앉으면[안즈면], 훑으면[훌트면]

국어의 음절구조제약으로 인해 종성의 C1C2 중 하나는 반드시 탈락해야 한다. 그런데 C1C2 중에서 어느 것이 반드시 탈락해야 한다는 원칙은 없다. 즉 겹받침 C1C2 중 어느 것을 탈락시키든지 하나를 탈락시키기만 하면 음절구조제약은 지키게 된다. 지역마다, 세대마다, 그리고 같은 지역의 같은 세대 내에서도 화자마다 겹받침의 발음이 다른 이유가 바로 이 때문이다.

겹받침의 표준 발음이 복잡하다고 생각할지 모르지만, 단순화해서 보면 결국은 겹받침 C1C2 중에서 C1을 탈락시키느냐, C2를 탈락시키느냐의 문제일 뿐이다. 〈표준 발음법〉은 각각의 겹받침마다 어떤 겹받침은 C1이 탈락한 발음이 표준 발음이고, 어떤 겹받침은 C2가 탈락한 발음이 표준 발음이라는 식으로 일일이 정해 준 것이다. 그렇다 보니 현실 발음과 당연히 괴리가 있을 수밖에 없다. 현실 발음과 괴리가 있을

---

2 '먹다, 먹고, 먹어서', '예쁘다, 예쁘고, 예뻐서'처럼 동사와 형용사에서 바뀌지 않는 부분, '먹-', '예쁘-'를 어간이라고 하고, '-다', '-고', '-어서'처럼 어간에 결합하는 것을 어미라고 한다. 그리고 '바람이, 바람을 바람도'에서 명사 뒤에 결합하는 '이', '을', '도'와 같은 것을 조사라고 한다.

때 우리가 할 수 있는 것은 결국 외우는 것 외에 방법이 없다. 하지만 겹받침의 발음을 겹받침을 가진 단어마다 다 따로따로 외우는 것은 현실적으로 컴퓨터가 아닌 이상 불가능한 일이다. 그러니까 외우더라도 무조건 외울 수는 없다.

얼핏 보면 겹받침의 발음에 규칙이 없는 것 같아 보이지만, C1C2 중에 어느 것이 탈락하는지와 관련하여 일정한 규칙이 있다. 그리고 이 규칙은 비교적 간단하고 단순하다. 이 규칙을 말하기 전에 우선 겹받침의 종류부터 확인해 보자.

(2)	ㄳ (넋)	ㄵ (앉다)	ㄺ (닭)	ㅄ (값)
		ㄶ (많다)	ㄻ (삶)	
			ㄼ (여덟)	
			ㄽ (곬)	
			ㄾ (핥다)	
			ㄿ (읊다)	
			ㅀ (잃다)	

(2)는 현대 국어에 존재하는 겹받침의 총 목록이다. 그럼 이제 11개의 겹받침의 표준 발음을 한방에 해결할 수 있는 방법에 대해 알아보자. 그 방법은 〈규칙1〉과 〈규칙2〉 두 개만 기억하면 된다.

〈규칙1〉: C1C2 중에서 C2가 탈락한다.

〈규칙2〉: 'ㄺ, ㄻ, ㄿ' 3개는 C1인 /ㄹ/가 탈락한다.

ㄳ (넋)	ㄵ (앉다)	ㄺ (닭)	ㅄ (값)
	ㄶ (많다)	ㄻ (삶)	
		ㄼ (여덟)	
		ㄽ (곬)	
		ㄾ (핥다)	
		ㄿ (읊다)	
		ㅀ (잃다)	

일단 위의 〈규칙1〉과 〈규칙2〉만 기억해도 겹받침의 표준 발음은 90% 이상은 틀리지 않을 수 있다.

그러면 이것으로 모든 것이 끝난 것인가? 그러면 좋겠지만 그렇지는 않다. 인간 사회도 그렇지만 단어 중에는 꼭 튀고 싶은 것들이 있다. 그러나 말 그대로 튀는 것들이어서 몇 개 되지 않고, 몇 개 되지 않기 때문에 그냥 기억해 버리면 된다. 위의 〈규칙1〉과 〈규칙2〉를 벗어나는 예외는 'ㄺ', 'ㄼ' 2개의 겹받침에서 나타난다. 순서대로 예외의 내용을 설명하기로 하겠다.

〈가〉 'ㄺ'은 '맑다[막따]'처럼 C1인 /ㄹ/가 탈락한다. 그런데 예외적으로 '-고', '-게'처럼 /ㄱ/로 시작하는 어미가 오면 C2인 /ㄱ/가 탈락한다.

겹받침 'ㄺ'을 가진 단어들은 꽤 많다(긁다, 낡다, 늙다, 묽다 …). 그래서 단어를 일일이 기억하기보다는 원리적으로 〈가〉로 기억하는 것이 좋다.

---

  (3) ㉠ 읽고[일꼬], 읽게[일께]

           비교) 읽다[익따], 읽지[익찌]

               읽으면[일그면], 읽어[일거]

      ㉡ 맑고[말꼬], 맑게[말께]

           비교) 맑다[막따], 맑지[막찌]

               맑으면[말그면], 맑아[말가]

〈나〉 'ㄼ'은 〈규칙1〉에 해당하여 '여덟[여덜]'처럼 C2인 /ㅂ/가 탈락한다.
그런데 예외적으로 몇 개의 단어에서 C1인 /ㄹ/가 탈락한다.

〈나〉에 해당하는 예가 (4)의 3개 정도이니까, 이 3개만 기억하자.

---

  (4) ㉠ 밟다[밥따], 밟고[밥꼬], 밟지[밥찌]

      ㉡ 넓죽하다[넙쭈카다]

      ㉢ 넓둥글다[넙뚱글다]

그러면 이것으로 겹받침의 표준 발음은 모두 해결된 것인가? 그렇다 〈규칙1〉과 〈규칙2〉, 〈가〉, 〈나〉 4가지를 모두 이해했다면, 겹받침의 표준 발음은 이것으로 모두 해결할 수 있다. 이 4가지만 이해해서 기억하면 앞으로 겹받침의 표준 발음을 틀릴 일은 없을 것이다.

이쯤에서 호기심이 강한 사람은 왜 C1C2 중에서 C2가 대부분 탈락하는지 묻기도 한다. 물리적으로 우리가 발화를 할 때는 '첫째 음절 - 둘째 음절 - 셋째 음절 …'의 순으로 발음한다. 자음군 C1C2의 경우에도 물리적으로는 C1을 먼저 발음하고 C2를 발음하는 것이 자연스럽다. 그래서 C1을 발음하고 나서 C2를 발음할 수 있으면 발음을 하고, C2를 발음할 수 없으면 탈락시키게 된다.

C1C2에서 어느 하나를 탈락시켜야 한다면 뒤에 오는 C2를 탈락시키는 것이 자연스럽기는 하지만, 반드시 그래야만 하는 것은 또 아니다. 앞에서 얘기했듯이 둘 중의 하나를 탈락시키기만 하면 음절구조제약을 어기지 않는다. 음절구조제약을 지키는 데는 꼭 C1C2 중에서 C1이어야 한다거나 C2이어야 한다는 조건이 없다. 둘 중에 하나가 탈락하기만 하면 된다. 이러한 까닭에 어떤 단어에서는 C2를 탈락시키기도 하고, 어떤 단어에서는 C1을 탈락시키기도 한다. 또 화자에 따라서 C1을 탈락시키기도 하고, C2를 탈락시키기도 한다. 또한 지역에 따라서도 마찬가지이다. 왜 우리가 사는 사회에서도 오른쪽으로 가면 좋다고 해도 꼭 한두 사람은 왼쪽으로 가는 사람이 있지 않은가? 발음도 인간이 하는 행위이니까, 인간 사회나 매한가지이다. 위에서 **〈규칙2〉**에 해당하는 'ㄺ, ㄻ, ㄿ' 3개가 바로 이런 경우라고 생각하면 될 듯하다.

겹받침의 발음과 관련된 음운론적 사실에 대해 조금 더 깊이 이해하고 싶은 사람은 아래까지 마저 읽어 보자. 아래의 내용은 종성 자음군과 관련된 음운 변동에 대한 것이다. 두 가지 정도만 기억해도 표준 발음에 대한 이해가 높아질 것이다.

첫째, 'ㄿ'의 경우 **〈규칙2〉**에 해당하는 것으로 C1C2 중 C1인 /ㄹ/가 탈락한다. 이때 탈락하고 남은 /ㅍ/는 음절말에서 음절의 끝소리 규칙에[3] 의해 [ㅂ]로 실현된다.

---

3   발음을 했을 때 음절의 종성에서 발음될 수 있는 자음은 [ㅂ ㄷ ㄱ ㅁ ㄴ ㅇ ㄹ] 7개이다. 그래서 '잎[입], 낮[낟], 꽃[꼳], 밖[박], 동녘[동녁]으로 발음한다. 이를 음절의 끝소리 규칙이라고 한다. 7종성 법칙이라고 하기도 한다.

(5)　읊다[읍따], 읊고[읍꼬], 읊지[읍찌]

둘째, 'ㄶ', 'ㅀ'의 경우 뒤에 모음이 오면 /ㅎ/가 탈락한다. 결과적으로는 C2가 탈락한 것이 되어 **〈규칙1〉**에 부합하게 된다. /ㅎ/가 탈락하고 나면 초성이 비어 있기 때문에 남아 있던 C1이 연음된다.

(6)　많으니[마느니], 많아[마나]
　　　잃으니[이르니], 잃어[이러]

그런데 뒤에 오는 어미의 초성이 /ㅎ/ 축약이 될 수 있는 자음 즉, /ㅂ, ㄷ, ㅈ, ㄱ/인 경우에는 (7)에서 보듯이 /ㅎ/가 /ㅂ, ㄷ, ㅈ, ㄱ/와 축약되어 /ㅍ, ㅌ, ㅊ, ㅋ/로 변동된다.

(7)　많다[만타], 많지[만치], 많고[만코]
　　　잃다[일타], 잃지[일치], 잃고[일코]

이제 진짜 마지막으로 한 가지만 더 얘기하고 마무리하겠다. 지금 하고자 하는 얘기는 발음의 문제가 아니라, 표준어의 형태에 대한 것이다.

(8)　**널따랗다**
　　　널찍하다

'널따랗다', '널찍하다'가 표준어이다. 그러니까 '널따랗다', '널찍하다'는 겹받침과 관련이 없는 예이다. 그런데 왜 굳이 이를 언급하는가 하고 반문하는 사람이 있을 수 있을 듯하다. 기원적으로 '널따랗다', '널찍하다'는 '넓- + -다랗다', '넓- + -직하다'에 의해 만들어진 단어이다. 이렇다 보니 언중이 '널따랗다', '널찍하다'를 '*넓다랗다(×)', '*넓직하다(×)'로 잘못 알고 있는 경우가 많다. 그래서 '*넓다랗다(×)', '*넓직하다(×)'로 쓰는 맞춤법 오류도 상당히 많이 나타난다. '널따랗다', '널찍하다'의 표준 발음은 [널따라타], [널찌카다]이다.

'널따랗다', '널찍하다'를 '*넓다랗다(×)', '*넓직하다(×)'로 잘못 알고 있는 사람은 표준 발음 [널따라타], [널찌카다]에서도 'ㄼ'의 /ㅂ/가 탈락한 것으로 착각하는 경향이 있다. 그러나 '널따랗다', '널찍하다'가 표준어라는 사실을 기억하면 이러한 혼란은 처음부터 발생하지 않을 것이다.

2.3. '경쟁률', '합격률'은 '률'인데, '비율', '할인율'은 왜 '율'이지?

'경쟁률', '비율'처럼 어떤 때는 '률'이고 어떤 때는 '율'인지 많이들 헷갈려 한다. '률 : 율'과 같은 유형의 교체를 보이는 것으로 '행렬', '나열'의 '렬 : 열'이 더 있다. '률 : 율', '렬 : 열'의 교체는 '률'과 '렬' 두 한자음에만 국한된 표기 문제이다. /ㄹ/ 초성을 가진 '량, 력, 료, 룡 …' 등의 한자음은 상관이 없다. 즉 /ㄹ/ 초성의 한자음 중에서 '렬', '률' 두 한자음을 제외한 나머지 '량, 력, 료, 룡 …'은 항상 '량, 력, 료, 룡 …'으로 표기한다.

아무튼 '률 : 율', '렬 : 열'를 구분하는 방법부터 먼저 얘기하고, 이에 대해 추가적인 설명을 하기로 하자. (1)로 기억하든지, (2)로 기억하든지 둘 중 하나만 기억하자. 굳이 둘 다 기억할 필요는 없다. (1), (2) 둘 중 편한 것 하나만 기억하면, 헷갈리거나 틀릴 일이 없을 것이다.

> (1) 모음이나 /ㄴ/로 끝나는 음절 뒤에 '률', '렬'로 표기된 단어는 없다.

> (2) 자음 뒤에서는 '률', '렬'이고, 모음 뒤에서는 '율', '열'이다. 다만 자음이 /ㄴ/일 때는 예외적으로 '율', '열'이다.

'률', '렬'은 한자음이다. 그래서 대부분 '률', '렬'로 쓰는 것이 맞다. 그런데 모음 또는 /ㄴ/ 뒤의 '률', '렬'은 /ㄹ/가 탈락한 '율', '열'로 적는다.[1] 이 맞춤법 규정은 한자어와 관련된 것이다. 즉 '률'과 '율'이 같은 한자이고, '렬'과 '열'이 같은 한자인데, 표기가 다른 것이다. 그런데 한자가 익숙하지 않거나 한자를 모르는 사람에게는 이 정보가 별로 유용하지 않다. 어차피 한자를 모르는데 '비율'이 원래는 '비률'인데 '비율'로 바뀐 것이라는 정보가 의미가 없기 때문이다. 그냥 처음부터 '비율'은 '비율'이라고 기억하는 게 더 나을 수도 있다.

'률'과 '율'이 헷갈리는 사람은 '률'과 '율'이 같은 한자라는 것을 아는 경우이다. 이런 사람들은 모음과 /ㄴ/ 뒤에서 '률 → 율', '렬 → 열'의 규칙으로 이해하는 것도 괜찮다. 그 음이 '률'이거나 '렬'이면 뜻과 상관없이 즉, 어떤 한자이든 상관없이 이 규칙의 적용을 받는다.[2]

---

1   '률', '렬'이 '율', '열'로 교체한 것은 두음 법칙의 일종이다. 하지만 어두가 아님에도 두음 법칙이 적용된 형태로 적게 했다는 점에서 예외적인 규정이고, 그렇기 때문에 표기를 할 때 혼란스러울 수밖에 없기도 하다. '률', '렬'을 모음과 /ㄴ/ 뒤에서는 '율', '열'로 적게 한 데에 특별한 이유가 있는 것은 아니다. 단지 모음과 /ㄴ/ 뒤에서 '률', '렬'을 [율], [열]로 발음하는 경향이 크기 때문에 모음과 /ㄴ/ 뒤에서는 소리대로 '율', '열'로 적도록 정한 것뿐이다.

2   참고로 한자를 아는 사람을 위해서 '률 → 율', '렬 → 열'의 적용을 받는 한자를

법률(法律)	규율(規律)
공률(恐慄)[3]	전율(戰慄)
합격률(合格率)	할인율(割引率)

행렬(行列)	나열(羅列)
격렬(激烈)	진열(陳烈)
결렬(決裂)	분열(分裂)

그런데 지금까지 수많은 글을 교정해 본 경험으로 미루어 보면, '률 → 율', '렬 → 열'의 규칙을 과잉으로 적용하여, 즉 /ㄹ/ 초성을 가진 다른 한자음에까지 적용하여 틀리는 경우가 꽤 많다. 그래서 '량(量)', '력(力)', '료(料)', '룡(龍) …'처럼 /ㄹ/ 초성을 가진 다른 한자음에는 이 규칙이 적용되지 않는다는 사실을 반드시 함께 기억해 두는 것이 필요하다.

아래에서 보듯이 '량, 력, 료, 룡 …'처럼 /ㄹ/ 초성 한자음들은 선행 음절이 모음이나 /ㄴ/로 끝나더라도 항상 '량, 력, 료, 룡 …'으로 표기한다.

역량	소비량	생산량
국력	경기력	견인력
정박료	사료	우편료
공룡	비룡	천룡

제시하면 다음과 같다. '률 → 율'의 음을 가진 한자는 '律, 率, 栗, 慄 …'이고, '렬 → 열'의 음을 가진 한자는 '列, 烈, 裂, 劣 …'이다.

3   몹시 무섭거나 두려워 몸이 벌벌 떨리는 것을 의미한다. '전율'과 뜻이 같은 말이다.

그런데 한 가지, 초성 /ㄹ/를 가진 한자음이 어두에 올 때 즉, 단어의 두음일 때는 두음 법칙[4]의 적용을 받아 아래에서 보듯이 '양, 역, 요, 용 …'으로 표기한다.

양적(量的)

역사(歷史)

요리(料理)

용상(龍像)

사실 두음 법칙은 한자가 익숙하지 않거나 한자를 모르는 사람에게는 무의미한 규정이다. 우리는 단어를 처음 배울 때 이미 '여자'는 '여자'로, '요리'는 '요리'로 배운다. '여자'는 원래 '녀자'이고, '요리'는 원래 '료리'인데 두음 법칙이 적용되어 '여자', '요리'가 된 것이구나 하고 배우지 않는다. 나중에 어휘력이 늘어나 '여자'의 '여'가

---

4   두음 법칙은 2가지인데, 한자를 잘 모르거나 굳이 알아야 한다는 생각이 없으면 몰라도 상관없다. 아무튼 2가지 두음 법칙의 내용은 다음과 같다.
     첫째, 초성이 /ㄹ/인 한자음이 어두에 올 때는 /ㄴ/로 바뀐다.

노인 ← 로인(老人)
내일 ← 래일(來日)

둘째, '니, 냐, 녀 뇨, 뉴, 녜 …'처럼 초성이 /ㄴ/이고 중성이 모음 /ㅣ/나 반모음 /y/로 시작하는 이중 모음 /ㅑ, ㅕ, ㅛ, ㅠ, ㅖ …/일 때는 /ㄴ/가 탈락한다.

유대 ← 뉴대(紐帶)
염려 ← 념려(念慮)

참고로 '양심'은 첫째, 둘째가 계기적으로 적용된 것이다. 즉 원래는 량심(良心)'인데, 첫째의 적용을 받아 '량심 → 냥심'이 된 후에, 다시 둘째의 적용을 받아 '냥심 → 양심'이 되었다.

양심 ← 냥심 ← 량심(良心)

'남녀'의 '녀'와 같은 것이고, '요리'의 '요'가 '재료'의 '료'와 같은 것이구나 하고 분석해 낼 수는 있다.

하지만 그렇다고 두음 법칙을 굳이 알아야 할 필요는 여전히 없다. 괜히 두음 법칙이 뭔지 신경 쓰다 보면, 아는 것이 병인 상황이 될 수도 있다. 그러니까 한자를 잘 모르면, 굳이 두음 법칙을 상기할 필요가 없다. 그냥 처음 익힌 단어의 표기 그대로 쓰면 된다.

2.4. '그러므로'가 맞는지 '그럼으로'가 맞는지?

'먹으므로'와 '먹음으로'의 구별 즉, '-으므로'와 '-음으로'의 구별은 무척이나 곤혹스러운 문제이다. 대개 맞춤법 관련 책이나 설명서에서는 '그러므로'와 '그럼으로

---

1   이 책에서는 기본적으로 '먹으니, 가니'처럼 선행하는 어간이 자음으로 끝나느
    냐 모음으로 끝나느냐에 따라 '-으니 ~ -니'와 같은 이형태 교체를 하는 어미는
    '-(으)니'로 나타낸다. 이 방식에 따르면 '-(으)므로', '-(으)ㅁ으로'로 나타내는 것
    이 맞다. 그런데 이러한 기호 사용이 '그러므로'와 '그럼으로'를 구분하여 기술
    하는 데는 오히려 시각적으로 독자들을 헷갈리게 하는 문제가 있다. 그래서 이
    절에서는 자음으로 끝나는 어간과 결합하는 형태인 '-으므로', '-음으로'로 나타
    낸다.

(그럼 + 으로)'를 예로 제시하는 경우가 많다. 그런데 사실 실제 많은 경우 문제가 되고, 또 많이 틀리는 것은 '하므로, 먹으므로'처럼 '-으므로'로 써야 하는 경우와, '함으로, 먹음으로'처럼 '-음으로(-음 + 으로)'로 써야 하는 경우의 구별이다. 이에 비하면 '그러므로'와 '그럼으로'의 구별은 상대적으로 쉬운 문제이다.

아무튼 각종 시험이나 맞춤법 책들에서 자주 언급되는 '그러므로'와 '그럼으로'를 먼저 설명하고 나서, 본격적으로 '-으므로'와 '-음 + 으로'의 구별에 대해 설명하기로 하자. 문법적으로 '그러므로'는 하나의 단어이고 품사는 부사이다. 이에 비해 '그럼으로'는 동사 '그러다'의 어간 '그러-'에 명사형 어미 '-음'이 결합한 활용형[2] '그럼'에, 부사격 조사 '으로'가 결합한 구성이다.

	그러므로[3]	그럼으로
성격	하나의 단어이고 품사는 부사	통사적 구성
의미	앞의 내용이 뒤의 내용의 이유나 원인, 근거가 됨.	그렇게 함으로써

그러면 '그러므로'와 '그럼으로'가 쓰인 예를 보자. (1)은 부사 '그러므로'의 예이고, (2)는 통사적 구성 '그럼으로'의 예이다.

2 　'그러다'의 어간 '그러-'에 어미 '-음'이 결합하는 것을 활용이라고 하고, 이렇게 결합한 형태 '그럼'을 활용형이라고 한다.

3 　기원적으로 부사 '그러므로'의 형성 과정은 다음과 같다.

　　그러ᄒ- + -음 + 으로 > 그러ᄒ므로 > 그러므로

위에서 보듯이 부사 '그러므로' 역시 기원적으로는 '그럼으로'와 거의 비슷한 구성에서 변화한 것이다. '그러므로'가 통사적 구성인 '그럼으로'와 의미상 명확히 구분되지 않고 헷갈리는 이유가 바로 이 때문이다. 즉 기원적으로 '그러므로'도 '그럼으로'와 거의 같은 통사적 구성에서 단어로 변한 것이기 때문이다.

(1) ㉠ 나는 생각한다. 그러므로 존재한다.

㉡ 맞춤법은 어렵다. 그러므로 공부가 필요하다.

㉢ 강물이 깊다. 그러므로 배로 건널 수밖에 없다.

㉣ 그녀는 현명한 사람이다. 그러므로 어리석은 일을 하지 않을 것이다.

(2) ㉠ 배가 고파 밥을 먹었다. 그럼으로(써) 공부할 힘이 생겼다.

㉡ 열심히 공부하였다. 그럼으로(써) 무식함에서 벗어날 수 있었다.

㉢ 그는 잘못을 시인하였다. 그럼으로(써) 용서를 받을 수 있었다.

㉣ 잡초를 뽑아 주었다. 그럼으로(써) 농작물이 제대로 자랄 수 있었다.

'그러므로'와 '그럼으로'를 구분하는 간단한 방법 2가지를 소개하면 다음과 같다.

첫째, '써'를 넣어 보는 것이다.[4] 그래서 문장의 의미가 자연스러우면 '그럼으로'가 맞다. '그러므로' 뒤에 '써'를 넣으면 비문이거나 문장의 의미가 어색하거나 이상해진다.

둘째, '그렇게 함으로써'로 대체했을 때 자연스러우면 '그럼으로'이고, 그렇지 않으면 '그러므로'이다.

---

4 문법적으로는 '써'를 넣는 것이 아니라 부사격 조사 '으로'를 부사격 조사 '으로써'로 대체하는 것이다. '그러므로'는 부사이기 때문에 부사격 조사가 결합할 수 없다. 부사는 격조사와 결합하지 못하기 때문이다. 다만 보조사와 결합하는 것은 가능하다. 아무튼 '그러므로'는 부사이므로 부사격 조사 '으로써'가 결합하는 것 자체가 불가능하고, 그렇기 때문에 '그러므로' 뒤에 '써'가 오는 상황이 있을 수 없다.

*?나는 생각한다. 그러므로써 존재한다.

*?나는 생각한다. 그렇게 함으로써 존재한다.

※ '*?'는 비문이거나 자연스럽지 않고 억지스럽다는 의미이다.

위에서 보듯이 '그러므로'는 '써'를 넣으면 비문이 되거나 어색한 문장이 된다. 그리고 '그러므로'의 의미가 '그렇게 함으로써'가 아니기 때문에 '그렇게 함으로써'로 대체했을 때 역시 비문이 되거나 어색한 문장이 된다.

이제 '-으므로'와 '-음 + 으로'에 대해 살펴보기로 하자. '-으므로'는 연결 어미이다. 이에 비해 '-음 + 으로'는 용언(동사, 형용사)의 명사형에 부사격 조사 '으로'가 결합한 통사적 구성이다.[5] 예를 보면서 설명을 계속하도록 하자. (3)은 '-으므로'의 예이고, (4)는 '-음 + 으로'으로 예이다.

(3) ㉠ 나는 **생각하므로** 존재한다.

ㄴ 맞춤법은 **어려우므로** 공부가 필요하다.

ㄷ 강물이 **깊으므로** 배로 건널 수밖에 없다.

ㄹ 그녀는 현명한 **사람이므로** 어리석은 일을 하지 않을 것이다.

(4) ㉠ 배고픔은 밥을 **먹음으로(써)** 해소할 수 있다.

ㄴ 그는 잘못을 **시인함으로(써)** 용서를 받을 수 있었다.

ㄷ 열심히 **공부함으로(써)** 무식함에서 벗어날 수 있었다.

ㄹ 오해를 풀고 서로의 손을 **잡음으로(써)** 다시 하나가 되었다.

---

5 '시인함 + 으로', '먹음 + 으로'라는 말이다. 즉 '시인하다'의 명사형 '시인함', '먹다'의 명사형 '먹음'에 부사격 조사 '으로'가 결합했다는 뜻이다.

'-으므로'와 '-음 + 으로'를 구분하는 방법은 '그러므로'와 '그럼으로'를 구분하는 첫째 방법과 같다. 즉 '써'를 넣어 보는 것이다. 이 방법이 제일 간단하고 상대적으로 가장 명료하다. '써'를 넣었을 때 비문이 되거나 의미가 어색해지면 '-으므로'이고, '써'를 넣어서 문장이 자연스러우면 '-음 + 으로'이다.

그 이유는 '그러므로'와 '그럼으로'에서의 설명과 같다. 즉 'X음-으로'에서 '(으)로'는 부사격 조사이기 때문에 '(으)로'를 또 다른 부사격 조사 '(으)로써'로 대체하는 것이 가능하다. 반면 '-으므로'는 어미인데, 어미 뒤에는 부사격 조사가 결합할 수 없다. 그렇기 때문에 '*-으므로써'가 원천적으로 불가능하다.

- **-으므로: 어미**

- **-음으로: -음   +   으로**

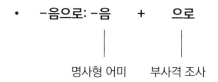

명사형 어미   부사격 조사

(3') ㉠ *?나는 생각하므로써 존재한다.

     ㉡ *?맞춤법은 어려우므로써 공부가 필요하다.

     ㉢ *?강물이 깊으므로써 배로 건널 수밖에 없다.

     ㉣ *?그녀는 현명한 사람이므로써 어리석은 일을 하지 않을 것이다.

문법적인 설명은 아니지만, '-으므로'와 '-음 + 으로'를 구분하는 또 다른 한 가지 방법은 선행하는 용언이 동사인지 형용사인지 확인해 보는 것이다. 무슨 말이냐 하면, '-으므로'로 써야 할지, '-음 + 으로'로 써야 할지 헷갈리는 상황에서 선행하는 용언이 만일 형용사라면 고민하지 말고 '-으므로'라고 일단 판단해도 된다는 뜻이다. 왜냐하면 '형용사 + -음 + 으로'는 거의 나타나지 않기 때문이다. 동사는 (3ㄱ)의 '생각하므로'처럼 '-으므로'하고 결합하기도 하고, (4)처럼 '-음 + 으로'와 결합하기도 한다.

그런데 이 방법은 말 그대로 거의 그렇다는 것이지 100% 그렇다는 것은 아니다. 그러므로 정확성을 필요로 할 때는 앞에서 말한 첫째 방법 즉, '써'를 넣어서 확인하는 것이 좋다.

2.5. '금세'는 'ㅔ', '어느새'는 'ㅐ', 어떻게 구별하지?

현대 국어 화자 중에서 'ㅔ[e]'의 발음과 'ㅐ[ɛ]'의 발음을 구별할 수 있는 사람은 많지 않다. 대부분의 지역 그리고 특히 젊은 세대에서는 지역을 막론하고 'ㅔ[e]'와 'ㅐ[ɛ]' 발음을 구분하지 못한다. 다만 일부 지역 노년층 화자들의 경우 '게[ke]'와 '개[kɛ]'를 여전히 구분해서 발음하고 또 구분해서 듣기는 하지만, 그런 사람의 수가 많지는 않다.

'금세'와 '*금새(×)'가 헷갈리고, '찌개'와 '*찌게(×)'가 헷갈리는 이유는 'ㅔ'와 'ㅐ'를 구별해서 발음하지 못하고 또 구별해서 듣지 못하기 때문이다. 즉 'ㅔ'와 'ㅐ'가 청각적으로 같은 소리로 들리므로 '금세'인지 '*금새(×)'인지, 그리고 '찌개'인지 '*찌게(×)'인지 늘 헷갈릴 수밖에 없는 것이다. 시각적인 기호인 표기로는 'ㅔ'와 'ㅐ'가 구별이 되고, 또 머릿속에서도 'ㅔ'와 'ㅐ'를 구별한다.

그러나 머릿속에서 '금세'를 떠올리고 발음해도 실제 발음은 [kimsE][1]이고, 머릿속에서 '금새'를 떠올리고 발음해도 실제 발음은 [kimsE]이다. '금세'와 '금새'가 머릿속에서는 구분이 되고 또, 표기로도 구분이 된다. 하지만 실제 발음은 '금새'와 '*금세(X)' 둘 다 [kimsE]로 같다. 실제 발음이 같기 때문에 청각적으로는 구별되지 않는다.

'지게'와 '지개'도 마찬가지이다. 표기로 그리고, 머릿속에서는 '지게'와 '지개'가 구분이 된다. 하지만 '지게'와 '*지개(X)' 둘 다 실제 발음은 [ʧigE]로 같다. 발음이 같기 때문에 청각적으로 구별이 되지 않는다.

우리는 '나'와 '너'를 헷갈려 하지는 않는다. 왜냐하면 'ㅏ [a]'와 'ㅓ [ə]'를 구별해서 듣고, 구별해서 발음하기 때문이다. 발음이 다르다는 것을 인식하는데, 'ㅏ'와 'ㅓ' 표기를 헷갈려 할 이유가 없는 것이다.

아무튼 '금세'는 '*금새(X)'가 아니라 '금세'이고, '어느새'는 '*어느세(X)'가 아니라 '어느새'라는 것을 구분해야 한다. 소리로는 구분이 안 되니까, 이를 구분하는 다른 방법을 찾아야 한다. 지금부터 이를 구분할 수 있는 나름의 원리를 설명하기로 하겠다.

금세 : '금시에'가 줄어든 말.[2]

어느새 : '어느 사이'가 줄어든 말.

'금세'는 '금시에'가 줄어든 말이라는 사실을 알면 헷갈리지 않을 수 있다. 반면에 '어느새'의 '새'는 '사이'의 준말이니까 '사이'를 떠올리면 역시 헷갈리지 않을 수 있다. 아래 단어도 마찬가지이다. 이때의 '새'는 모두 '사이'의 준말이다.

---

1   [kimsE], [ʧigE]는 국제음성기호(IPA)로 발음을 적은 것이다. [E]는 'ㅔ [e]'와 'ㅐ [ɛ]'의 중간음에 해당하는 소리를 나타내는 국제음성기호이다.

2   '금시(今時)'는 한자어이고, 그 뜻은 '바로 지금'이다.

요새

그새

틈새

그러면 '지게'와 '베개'의 'ㅔ'와 'ㅐ'는 어떻게 구분할 수 있을까? '-게'와 '-개' 둘 다 동사에 결합해서 그러한 행위와 관련된 도구나 사물이라는 뜻을 가진 접사이다. 이처럼 동사에 접사 '-게'나 '-개'가 결합하여 만들어진 단어의 품사는 모두 명사이다.

어차피 '-게'인지 '-개'인지를 발음으로는 구분할 수 없다. 그러니까 다른 가장 간단한 방법을 찾아서 기억할 수밖에 없다. 다행스러운 것은 동사에 '-게'가 결합하여 그러한 행위와 관련된 도구나 사물을 뜻하는 단어가 두 개뿐이라는 점이다.[3] 그러니까 두 개만 기억하면 된다. 이 두 개를 제외한 나머지는 '-개'라고 생각하면 된다. 이 두 개는 바로 아래의 '지게'와 '집게'이다.

지게

집게

아래 단어들은 동사에 '-개'가 결합하여 그러한 행위와 관련된 도구나 사물을 뜻하는 명사들의 목록이다.

감개

깔개

날개

낱개

---

3   사전을 샅샅이 뒤지면 더 나올 수 있는 가능성을 배제할 수는 없다. 그러나 그런 단어는 사용 빈도가 현격하게 낮은 단어일 가능성이 높다.

따개

뜨개

덮개

마개[4]

베개

부채[5]

싸개

지우개

⋮

찌개

참고로 '찌개'의 접미사 '-개'는 다른 단어들의 '-개'와 다른 의미이다. 다른 단어들의 '-개'는 '도구'의 의미를 나타낸다. 이에 비해 '찌개'의 '-개'는 '찐 것'이라는 의미로, 이때의 '-개'는 '도구'의 의미가 아니라 사물을 가리키는 의미이다.

---

4   역사적으로는 '마개'의 '개'는 접미사 '-개'가 아니다. 역사적으로 '마개'는 명사 파생 접미사 '-애'가 결합한 것이다(막- + -애). 그러니까 '마개'의 /ㄱ/는 어간 '막-'의 종성 /ㄱ/이다.

5   역사적으로 '부채'는 동사 '붗-'에 접사 '-애'가 결합하여 만들어진 단어이다. 오늘날 동사 '붗-'은 소멸되었지만, '부치다'에서 '붗-'의 흔적을 확인할 수 있다. '부치다'는 '붗-'에 사동 접미사 '-이-'가 결합한 단어이다(붗- + -이-). 중세 국어에서는 '부채'와 '부체' 둘 다 쓰이다가 '부채'만 살아남았다.

2.6. [나으면]의 표기는 '나으면'? '낳으면'?

실제 있었던 우스우면서 슬픈 사례로 시작해 보자. 여자 친구가 독감에 걸려 집에서 쉬고 있는데, 남자 친구로부터 '맛있는 거 많이 먹고 빨리 낳아.'라는 톡을 받았다. 이 톡을 본 순간 남자 친구에 대한 실망감으로 만남을 그만두게 되었다는 얘기이다. 약간은 과잉 반응이기는 하지만, 상대방과의 신뢰가 그렇게 깊지 않은 상태였다면 그럴 수도 있겠다는 생각이 들기도 한다. 때로는 너무나 사소한 것이 너무나 크게 보이기도 한다. 맞춤법을 틀리는 것에 대해 대체로 관대한 편이기는 하지만, 어떤 특정 부분에서 한 번의 실수는 치명적인 신뢰의 하락을 가져올 수도 있다는 것을 늘 기억하자.

'나으면'과 '낳으면'은 사실 시각적으로도 너무나 다른 표기이다. 그런데 왜 자꾸 틀리고 또 헷갈려 할까? 그것은 '낫다'의 활용형 '나으면'의 발음과 '낳다'의 활용형 '낳으면'의 발음이 [나으면]으로 같기 때문이다. 표기를 정확히 기억하고 있지 못한 상태에서 발음 [나으면]만 듣고 추론해서 형태를 표기하려고 할 때, 종종 잘못 표기 하는 일이 생기는 것이다.

(1)		-다	-(아)서	-(으)면	-았-
(병이) **낫다**	표기형	낫다	나아서	나으면	나았다
	발음	[낟ː따]	[나아서]	[나으면]	[나앋따]
(아기를) **낳다**	표기형	낳다	낳아서	낳으면	낳았다
	발음	[나타]	[나아서]	[나으면]	[나앋따]

(1)에서 보듯이 '낫-'에 어미 '-(아)서', '-(으)면'[1], '-았-'이 결합한 활용형의 발음과, '낳-'에 어미 '-(아)서', '-(으)면', '-았-'이 결합한 활용형의 발음이 [나아서], [나으면], [나앋따]로 같다. 그러다 보니 발음에 해당하는 표기를 추론해서 표기해야 하는 경우, [나으면]이란 발음을 들었을 때 '나으면'인지 '낳으면'인지 헷갈리게 되는 것이다.

[나으면]을 들었을 때 그것이 '낫다'의 활용형 '나으면'의 발음이라는 것을 알면 당연히 표기를 틀리지 않을 것이다. 마찬가지로 [나으면]을 들었을 때 그것이 '낳다'의 활용형 '낳으면'의 발음이라는 것을 이미 알고 있을 때도 마찬가지이다. 발음은 [나으면]으로 같지만, 표기는 엄연히 '나으면', '낳으면'으로 서로 다르기 때문에 구분하지 못할 이유가 없다.

문제는 발음형 [나으면]의 형태가 '나으면'인지 '낳으면'인지 확실히 모르는 경우

---

1   '-(으)면'은 '가면'의 '-면'과 '먹으면'의 '-으면'을 함께 나타낸 것이다.

이다. 이때 이를 판단할 수 있는 방법이 있다.

> **첫째, 어미를 '-다'로 대체하는 방법이다. 그래서 [낟ː 때]이면 '나으면'이**
> **고, [나타]이면 '낳으면'이다.**[2]

'-으면'을 '-다'로 대체

[다리가 **나으면**]	다리가 [낟ː 때]	→	**나으면**
[아기를 **나으면**]	아기를 [나타]	→	**낳으면**

> **둘째, 목적어가 있는지 확인해 보라. 목적어가 없으면 '나으면'이고, 목적어**
> **가 있으면 '낳으면'이다.**

'낫다'는 자동사이기 때문에 목적어가 없다. 반면 '낳다'는 타동사이기 때문에 목적어가 있다. 그래서 [나으면] 앞에 목적어가 있는지를 확인해서 목적어가 없으면 자동사 '낫다'의 활용형 '나으면'이고, 목적어가 있으면 '낳다'의 활용형 '낳으면'이다.

[나아서], [나앋때]가 '나아서, 나았다'인지, '낳아서, 낳았다'인지 역시 위의 첫째, 둘째 방법으로 판단할 수 있다.

---

2   '-으면', '-아서'가 어미이기 때문에, 또 다른 어미 '-다'로 대체할 수 있다. 다만 어미를 대체하면 의미가 달라지기는 하지만, 문장의 적격성에는 문제가 없다. 그래서 대체해 보는 것이 가능하다.

'-아서'를 '-다'로 대체

|

[다리가 **나아서**]   다리가 [낟ː 때] → **나아서**

[아기를 **나아서**]   아기를 [나타] → **낳아서**

지금부터는 조금 더 심화된 의문 "그런데 왜 발음이 같지?"에 대해 살펴보자.

/ㅎ/ 말음을 가진 동사나 형용사 어간은 모음으로 시작하는 어미가 올 때, (2)에서 보듯이 어간 말음 /ㅎ/가 탈락한다. 이때 /ㅎ/가 탈락한다는 것은 표기가 아니라 발음을 했을 때 그렇다는 말이다. /ㅎ/ 말음 어간의 /ㅎ/가 모음으로 시작하는 어미 앞에서 탈락하는 것은 규칙적인 음운 변동이다.

---

(2) ㉠ 놓으니[노으니], 놓으면[노으면], 놓아[노아]

      ㉡ 끓으니[끄르니], 끓으면[끄르면], 끓어[끄러]

그리고 'ㅅ' 불규칙 어간은 모음으로 시작하는 어미가 올 때, (3)에서 보듯이 표기에서도 'ㅅ'이 나타나지 않고, 발음에서도 [ㅅ]가 발음되지 않는다.

---

(3) ㉠ 짓다[짇ː 때], 지으니[지으니], 지으면[지으면], 지어[지어]

      ㉡ 잇다[읻ː 때], 이으니[이으니], 이으면[이으면], 이어[이어]

이렇다 보니 모음으로 시작하는 어미가 올 때는 /ㅎ/ 말음을 가진 용언 어간의 발음과, 'ㅅ' 불규칙 용언 어간의 발음이 결과적으로 같게 된다. 발음이 같다 보니까 해당 발음의 표기형이 /ㅎ/ 말음 용언 어간의 활용형인지, 'ㅅ' 불규칙 용언 어간의 활용형인지 헷갈리는 일이 발생하는 것이다.

그러면 'ㅅ' 불규칙 용언의 /ㅅ/가 표기에도, 발음에도 실현되지 않는 것을 어떻게 설명할 수 있을까? 표면적으로는 탈락한 것처럼 보이지만, 이를 /ㅅ/ 탈락이라고 보지는 않는다.[3] 하지만 그렇다고 딱히 명확하게 설명하기도 어렵다. 설명하기 어렵기 때문에 '불규칙'이라는 용어로 일단 별도로 분류해 놓은 것이다. 불규칙이라는 말은 사실 왜 그렇게 활용을 하는지 모른다는 말과 다르지 않다.

'ㅅ' 불규칙을 설명하는 여러 가설 중에 하나를 소개하면 다음과 같다. '짓다, 짓고'에서의 어간 '짓-'과 '지으니', '지으면'에서의 어간 '지으-' 둘 다가 어휘부에 저장되어 있다고 보는 것이다. 그래서 어미가 자음으로 시작되면 '짓-'이 선택되고, 어미가 모음으로 시작되면 '지으-'가 선택된다는 것이다.

---

3   '씻다', '솟다'의 말음 /ㅅ/는 모음으로 시작하는 어미가 오더라도 탈락하지 않기 때문이다.

   씻다[씯따], 씻으니[씨스니], 씻으면[씨스면], 씻어[씨서]
   솟다[솓따], 솟으니[소스니], 솟으면[소스면], 솟아[소사]

   위에서 보듯이 어간 말음 /ㅅ/는 모음 앞에서 탈락하지 않는다. 이러한 까닭에 '짓다', '잇다'를 불규칙 용언이라고 한다. 일반적인 'ㅅ' 말음 용언과 다르게 활용하기 때문에 'ㅅ' 불규칙 용언이라고 한다.

2.7. '공로패'가 아닌 '*공노패(×)'를 받아 버렸다…

/ㄹ/는 어두에 나오지 못한다. 이를 두음 법칙[1]이라고 하는데, 〈한글 맞춤법〉에서는 이미 두음 법칙이 적용된 형태로 표기하도록 정하였다. 그래서 사실 한자 세대가 아닌 대부분의 사람들은 이미 두음 법칙이 적용된 형태로 단어를 배웠기 때문에 두음 법칙 때문에 표기를 틀릴 일은 없다. 맞춤법만 생각한다면, 모든 국민이 굳이 한자를 알아야 할 필요가 없듯이 한자음에만 적용되는 두음 법칙을 굳이 알아야 할 필요는 없다.

---

1   두음 법칙에 대해서는 앞의 '☞2.3. 각주4)'에 자세히 설명되어 있으니 이를 참조.

비어두 즉, 둘째 음절 이하에서는 두음 법칙이 적용되지 않기 때문에 둘째 음절 이하에서는 초성에 /ㄹ/를 가진 단어들이 많다. 그런데 표기상으로는 둘째 음절 이하에서 /ㄹ/를 초성에 가진 음절이 많지만, 이 /ㄹ/가 실제 발음에서는 [ㄹ]로 발음되지 못하는 경우가 많다.

비어두의 /ㄹ/가 [ㄹ]로 발음되려면 '오리, 보리'처럼 선행 음절이 모음으로 끝나야 한다. 그렇지 않고 '백로', '남루'처럼 선행 음절이 자음으로 끝나면, /ㄹ/가 [ㄴ]로 바뀌어 발음된다. 그래서 [뱅노], [남누]로 발음된다.

이러한 음운 변동 때문에 표기와 발음이 달라지게 되는데, 이때 발음대로 표기함으로써 틀리는 경우가 자주 발생한다. 이러한 오류는 빈도가 높지 않은 단어일 때, 그리고 자신에게 익숙하지 않고 생소한 단어일 때 더 많이 발생한다.

(1)	표준어	발음	잘못된 표기
	남루	[남누]	*남누(×)
	공로패	[공노패]	*공노패(×)
	경로사상	[경노사상]	*경노사상(×)
	고진감래	[고진감내]	*고진감내(×)
	섭리	[섬니]	*섭니(×)
	백로	[뱅노]	*백노(×)

'섭리[섬니]', '백로[뱅노]'의 발음에는 /ㄹ/가 /ㄴ/로 바뀐 후에, 바뀐 /ㄴ/로 인해 선행 음절의 /ㅂ/, /ㄱ/가 비음 동화되어 각각 /ㅁ/, /ㅇ/으로 바뀐다.[2]

---

2 '섭리'가 [섬니]로 발음되는 데는 2개의 음운 변동이 적용되었다. 먼저 '섭리'에서 '섭'의 종성 자음 /ㅂ/ 때문에 /ㄹ/가 /ㄴ/로 바뀌어 '섭니'가 되고, 다음으

이때 비음 동화가 적용된 것은 국어 화자들이 비음 동화가 되기 전의 형태로 쉽게 복원한다. [궁물], [임냄새]를 들으면 누구나 '국물', '입냄새'로 표기하지, 비음 동화가 적용된 형태인 '궁물', '임냄새'로 적는 사람은 거의 없다. 그래서 비음 동화까지 적용된 '*섬니(×)', '*뱅노(×)'와 같은 표기 오류는 거의 나타나지 않는다. 하지만 비음 동화를 복원한 '*섭니(×)', '*백노(×)'와 같은 표기 오류는 자주 나타난다.

(2)는 (1)에서 일어나는 음운 변동 즉, 선행 음절이 자음으로 끝나고 후행 음절의 초성이 /ㄹ/일 때 /ㄹ/가 [ㄴ]로 바뀐다는 사실을 알고 있는 사람의 경우에 발생하는 오류이다. (2)의 표기 오류는 (1)과 같은 현상이 적용되었을 것으로 과잉 추론하여, 음운 변동이 적용되기 전의 형태로 복원한 것이다. 이는 아는 것이 병이 된 형국에 해당한다.

(2)	표준어	잘못된 표기 예
	장뇌삼(長腦蔘)	*장뢰삼(×)
	창난젓	*창란젓(×)
	백년초(百年草)	*백련초(×)
	강녕하다(康寧하다)	*강령하다(×)

로 /ㄴ/ 앞에서 '섭'의 /ㅂ/가 비음 동화되어 [섬니]가 된다. '백로'가 [뱅노]로 발음되는 것도 같다.

섭리 → 섭니 → [섬니]
백로 → 백노 → [뱅노]

참고로 선행 음절이 자음으로 끝나고 후행 음절의 초성이 /ㄹ/임에도 /ㄹ/가 [ㄴ]로 발음되지 않는 경우가 있다. 이는 선행 음절의 종성이 /ㄴ/일 때이다. 이때는 (3)에서 보듯이 오히려 선행 음절의 종성 /ㄴ/가 [ㄹ]로 바뀌어 발음된다. 이를 유음 동화라고 한다. /ㄹ/가 유음이기 때문에 붙여진 이름이다.

- (3) ㄱ. 신라[실라]
  - ㄴ. 선릉[설릉]
  - ㄷ. 본래[볼래]

그런데 선행 음절의 종성이 /ㄴ/일 때도 (1)에 적용된 음운 변동이 적용되어 후행 음절 초성의 /ㄹ/가 [ㄴ]로 바뀌어 발음되는 경우도 있다.

- (4) ㄱ. 음운론[으문논]
  - ㄴ. 생산량[생산냥]
  - ㄷ. 사전류[사전뉴]

'ㄴ-ㄹ' 연쇄는 (3)처럼 [ㄹ-ㄹ]로 발음되는 것이 일반적이다. (4)처럼 'ㄴ-ㄹ' 연쇄가 [ㄴ-ㄴ]로 발음되는 경우가 예외적이다. 아무튼 'ㄴ-ㄹ' 연쇄는 [ㄹ-ㄹ]로 주로 발음되지만, [ㄴ-ㄴ]로 발음되기도 하기 때문에 표준 발음이 헷갈릴 수밖에 없다. 그리고 발음이 표기에 영향을 주기도 하기 때문에 발음 때문에 표기도 헷갈리게 되는 경우도 있다.

단어마다 일일이 발음을 기억할 수는 없으므로, 이를 간단히 기억할 수 있는 방법을 익혀서 적용하는 것이 좋다. 'ㄴ-ㄹ' 연쇄를 [ㄹ-ㄹ]로 발음하는 것이 일반적이라고 했으니까, [ㄴ-ㄴ]로 발음하는 경우만 기억하면 된다. 다음은 'ㄴ-ㄹ' 연쇄가 [ㄴ-

ㄴ]로 발음되는 경우이다.

3음절어 이상의 복합어에서 선행 요소가 자립적으로 쓰이는 단어일 때이다.

음운-론

생산-량

사전-류

선행 요소인 '음운', '생산', '사전'은 각각 자립적으로 쓰이는 단어들이다. 그래서 [ㄴ-ㄴ]로 발음된다.

3음절어 이상의 단어이지만 선행 요소가 자립적으로 쓰이지 못할 때는 유음 동화가 적용되어 [ㄹ-ㄹ]로 발음된다.

---

(5) ㉠ 대관령[대괄령]

㉡ 광한루[광할루]

'대관령', '광한루'에서 선행 요소인 '대관', '광한'은 자립적으로 쓰이지 못한다. 그렇기 때문에 [ㄴ-ㄴ]로 발음되지 않고 [ㄹ-ㄹ]로 발음된다.

2.8. 고무줄은 '늘이고', 수출은 '늘리고', 속도는 '느리게'

발음이 같아서 헷갈리는 것들이 많이 있지만, 발음만 유사한 것이 아니라 의미까지 서로 간섭을 해서 더 헷갈리는 것이 바로 '늘이다'와 '늘리다'이다. 여기에 '느리다'도 자신이 포함되어야 한다고 끼어든다. 사전적 의미로는 '늘이다', '늘리다', '느리다'가 분명히 서로 다르다.

늘이다

고무줄을 늘이다.

선분의 길이를 늘이다.

바짓단을 늘이다.

엿가락을 늘이다.

늘리다

수출을 늘리다.

주차장을 늘리다.

학생 수를 늘리다.

세력을 늘리다.

실력을 늘리다.

공부하는 시간을 늘리다.

느리다

속도가 느리다.

시간이 느리다.

성미가 느리다.

'늘이다'의 의미 영역은 '늘리다'에 비해 상당히 좁다. 고무줄이나, 선, 바짓단, 엿가락처럼 물리적으로 그 길이의 변화를 확인할 수 있는 경우에만 '늘이다'이다. 그밖의 경우는 모두 '늘리다'라고 생각해도 무방하다. '늘리다'는 '부피, 면적, 양, 수, 시간, 정도' 등 그 대상이 넓어서 일일이 그 대상을 기억하기 어렵다. 그러니까 '늘이다'의 대상만 정확히 기억하고, 그것 외에는 모두 '늘리다'를 쓴다고 생각하면 된다.

'늘이다'의 대상은 길이의 변화를 실제 눈으로 확인할 수 있는 것들로 국한 된다. 그 외에는 모두 '늘리다'이다.

'늘이다'의 표준 발음이 [느리다]이다. '늘이다'의 발음 [느리다]와 단어 '느리다'가 우연하게 그 형태가 같다. 그러다 보니 드물지만 '늘이다'와 '느리다'를 헷갈려 하는 경우가 있다. 하지만 이때는 반의어를 떠올리면 금방 구분이 된다. '늘이다'의 반의어는 '줄이다'이고, '느리다'의 반의어는 '빠르다'이다. 그래서 '늘이다'인지 '느리다'인지 헷갈릴 때면, '빠르다'로 대체해서 문장의 의미가 자연스러우면 '느리다'이다.

그런데 아래에서 자세히 설명하겠지만 '줄이다'는 '늘이다'의 반의어이기도 하지만, 또한 '늘리다'의 반의어이기도 하다. '늘이다'와 '늘리다'가 헷갈리는 이유 중의 하나가 이처럼 반의어가 같기 때문이기도 하다.

기원적으로 '늘이다'와 '늘리다'는 둘 다 동사 '늘다'에 사동 파생 접미사가 결합한 사동사이다. 단지 결합한 사동 파생 접미사의 형태가 '늘이다'에서는 '-이-'가 결합하였고, '늘리다'에서는 '-리-'가 결합한 것일 뿐이다. 그리고 시간적으로 만들어진 시기가 다르다. 중세 국어에서는 '늘이다'만 쓰이다가, 이후에 '늘리다'가 추가로 생겨났다. 그러나 결합한 접미사가 달라서 그 형태가 다를 뿐 의미는 같았다. 이처럼 어원적인 사실로 미루어 보면, '늘이다'와 '늘리다'의 의미를 명확히 구분하는 것이 오히려 부자연스럽다. 그러나 그럼에도 현재 표준어에서는 '늘이다'와 '늘리다'의 의미와 용법을 인위적으로 구분해 놓았다. 그러다 보니 당연히 언중의 입장에서는 이 둘을 구분하는 것이 어렵고 헷갈릴 수밖에 없다.

'늘이다'와 '늘리다'의 구분은 인위적인 것이다. 즉 표준어가 인위적으로 '늘이다'와 '늘리다'의 표기를 구분하고, 각각에 의미를 구분되게 할당해 놓고 구분해서 쓰게 해 놓은 것이다. 다시 말해 실제 언중이 '늘이다'와 '늘리다'를 구분해서 사용하기 때문에 둘을 구분한 것이 아니라, 필요에 의해 표기를 구분하고 의미와 용법도 구분해서 사용하게 해 놓은 것이다.

이러한 사례는 표준어의 다른 곳에서도 쉽게 찾을 수 있다. 당장 '-장이'와 '-쟁이'의 구분을 들 수 있다. '미장이', '구두장이'처럼 '기술'의 의미를 가지고 있으면 '-장이'로, '심술쟁이', '욕심쟁이'처럼 '기술'의 의미가 없으면 '-쟁이'로 표기하도록 했다. 그런데 '-장이'와 '-쟁이'를 언중이 실제 그렇게 구분해서 사용하기 때문에 구분해 놓은 것이 아니다. 표준어를 정할 당시에 인위적으로 이 둘을 구분해서 구분되게

사용하도록 한 것이다.[1]

'점박이'의 '-박이'와 '진짜배기'의 '-배기'의 구분 역시 마찬가지이다. 구체적으로 무엇인가가 실제 박혀 있는 의미가 있을 때는 '-박이'로, 그렇지 않을 때는 '-배기'로 인위적으로 구분하였다.[2]

'늘이다'와 '늘리다'를 구분하기 어려워하는 이유에는 앞에서 잠깐 언급한 것처럼 반의어의 영향도 있다. 즉 '늘이다'의 반의어도 '줄이다'이고, '늘리다'의 반의어도 '줄이다'이기 때문이다.

고무줄을 **늘이다**.	↔	고무줄을 **줄이다**.
선분의 길이를 **늘이다**.	↔	선분의 길이를 **줄이다**.
인원을 **늘리다**.	↔	인원을 **줄이다**.
수출을 **늘리다**.	↔	수출을 **줄이다**.

위에서 보듯이 '늘이다'의 반의어도 '줄이다'이고, '늘리다'의 반의어도 '줄이다'이

---

1   '-쟁이'는 '-장이'에서 / ㅣ / 모음 역행동화를 겪은 것이다. 그러니까 '-장이'와 '-쟁이'는 음운론적인 이형태로 둘은 하나의 형태소의 다른 형태이다. 표준어를 정할 당시에 '-장이'로 표준어를 정할 것인지, '-쟁이'로 표준어를 정할 것인지 가 논쟁이 되었다. 이러한 상황에서 현재의 표준어는 '-장이'와 '-쟁이'를 일정 정도 황금 분할한 것이다. 즉 '-장이'와 '-쟁이'의 의미와 용법을 인위적으로 구 분하고서, 둘 다 표준어 안으로 수용하였다.

2   '-박이[바기]'와 '-배기'의 관계도 '-장이'와 '-쟁이'의 관계와 같다. '-박이[바 기]'가 / ㅣ / 모음 역행동화를 겪으면 [배기]가 된다. 표준어를 정할 때 '-박이' 는 어법에 맞게 '-박이'로 정하고, '-배기'는 '-박이'에서 / ㅣ / 모음 역행동화를 겪은 발음형 그대로 '-배기'로 정하였다. 그리고 의미와 용법을 인위적으로 구 분하였다.

다. 그래서 반의어를 통해서는 '늘이다'인지 '늘리다'인지를 판단할 수 없다. 이러한 상황은 앞서 언급한 것처럼 역사적으로 '늘이다'와 '늘리다'는 접사만 다를 뿐 의미가 같았는데, 표준어에서 인위적으로 이 둘을 구분해 놓다 보니 생긴 문제이다.

현상적으로 보면 '늘리다'의 의미 영역이 '늘이다'의 의미 영역으로까지 확장되는 변화가 일어나고 있다. 표준어 정책을 시행하는 관점에서 보면, 이는 '늘이다'를 써야 할 자리에 '늘리다'를 쓰는 오류가 많은 상황이다. 이처럼 실제 언어생활에서는 '늘리다'가 '늘이다'의 의미까지 가져가는 변화가 서서히 진행되고 있다.

이처럼 단어 간의 의미 영역에 변화가 일어나는 또 다른 예로는 '잊어버리다'와 '잃어버리다'도 있다. 이 둘의 관계에서는 '잃어버리다'가 '잊어버리다'의 의미를 포함하는 양상으로 변화가 진행되고 있다.

> **깜빡하고 약속을 잊어버렸어.**(○)
> 깜빡하고 약속을 잃어버렸어.(×)

규범의 관점에서 보면, '약속을 잃어버렸다.'는 틀린 표현이므로 '약속을 잊어버렸다.'로 써야 한다. 표준어와 맞춤법이 고정불변의 것일 수 없고, 또 변하지 않게 움켜쥐고 대대로 지켜야 할 대상도 아니다. 자연스럽게 표준어와 맞춤법도 변한다. 다만 시간적으로 아주 느리게 그리고, 보수적으로 변한다. 알 수는 없지만, 언젠가는 '잃어버리다'가 '잊어버리다'가 쓰이는 자리에 오더라도 맞는다고 하는 상황이 올 수도 있을 것이다.

2.9. 보고서에 틀린 표기가 눈에 많이 '띠네'?, '띄네'?

'띠다'와 '띄다'를 두고 어느 것을 써야 할지 갈등 상황에 놓인 경험이 많이들 있을 것이다. 결국 이 갈등도 표기는 다르지만, 발음이 같기 때문에 발생하게 되는 문제이다. 즉 '띠다'의 발음도 [띠ː다]이고, '띄다'의 발음도 [띠ː다]이다.

그런데 막상 '띠다'와 '띄다'를 구분하는 방법은 의외로 단순하다. 두 가지 방법이 있는데, 이 중에서 하나만 기억해도 '띠다'와 '띄다'를 두고 앞으로는 갈등하지 않아도 된다.

첫째, '무엇을'이라고 물었을 때 이에 해당하는 성분 즉, 목적어가 문장에서 확인되면 '띠다'이다. 그렇지 않으면 '띄다'이다.

둘째, '가지다'로 대체했을 때 의미가 통하면 '띠다'이다. 그렇지 않으면 '띄다'이다. 즉 의미상 '가지거나 소유하는' 의미로 해석될 수 있으면 '띠다'이다.

---

(1) ㉠ 임무를 띠다.

   ㉡ 그는 진보적 성향을 띤 인물이다.

   ㉢ 노을에 물든 하늘은 붉은 빛을 띠고 있다.

   ㉣ 미소를 띤 채 나를 보고 있었다.

---

(2) ㉠ 오탈자가 눈에 띄다.

   ㉡ 빈자리가 눈에 띈다.

   ㉢ 그 말을 듣는 순간 귀가 번쩍 띄었다.

'띠다'는 타동사이기 때문에 반드시 목적어가 있어야 하고, '띄다'는 자동사이기 때문에 목적어가 있으면 안 된다. (1㉠~㉣)에서는 순서대로 '임무를', '진보적 성향을', '붉은 빛을', '미소를'의 목적어가 있다. 하지만 (2)에서는 목적어가 없다.

그리고 (1)에서는 '가지다'로 대체해도 그 의미가 통한다. 즉 '임무를 가지다', '진보적 성향을 가지다', '붉은 빛을 가지다', '미소를 가지다'처럼 '띠다'와 의미가 정확히 일치하지는 하지만 '가지다'로 바꾸어도 그 의미가 서로 통한다. 하지만 '띄다'를 '가지다'로 바꾸면 의미가 전혀 통하지 않을뿐더러 문장도 비문이 된다.

(2)에서 '띄다'는 '뜨이다'의 준말이다. 그래서 '띄다'를 '뜨이다'로 대체할 수 있다.

(2′) ㉠ 오탈자가 눈에 뜨이다.

㉡ 빈자리가 눈에 뜨인다.

㉢ 그 말을 듣는 순간 귀가 번쩍 뜨이었다.

그런데 한 가지 주의할 점이 있다. 표기상 '띄다'는 '뜨이다'의 준말이기도 하지만, 아래 (3)처럼 '띄우다'의 준말이기도 하다. 즉 '띄다'는 '뜨이다'의 준말이기도 하고, '띄우다'의 준말이기도 하다. '뜨이다'는 자동사이기 때문에 '뜨이다'의 준말 '띄다'는 (2)에서처럼 목적어를 가지지 않는다. 이에 반해 '띄우다'는 타동사이기 때문에 '띄우다'의 준말 '띄다'는 (3)에서처럼 목적어를 가진다. 그래서 '띄다'가 '뜨이다'의 준말인지, '띄우다'의 준말인지는 목적어 유무를 통해 판별할 수 있다. (3)은 '띄우다'의 준말 '띄다'의 예이다.

---

(3)	'띄우다'	'띄우다'의 준말 '띄다'
	줄 간격을 띄워라.	줄 간격을 띄어라.
	차량 운행 간격을 더 띄워라.	차량 운행 간격을 더 띄어라
	단어와 단어는 띄운다.	단어와 단어는 띈다.[1]

---

1   '단어와 단어는 띈다.'에서 '단어와 단어는'은 '무엇을'에 해당하는 것이므로 목적어이다. 목적격 조사가 '를'이 올 자리에 보조사 '는'이 온 것일 뿐, 목적어라는 사실에는 변함이 없다. 목적격 조사가 표면적으로 나타나든 나타나지 않든 목적어는 목적어이다. 또한 목적격 조사 대신 보조사가 결합한 경우에도 목적어라는 사실이 바뀌지 않는다.

그런데 '띠다'와, '띄우다'의 준말 '띄다'는 목적어 유무를 통해 구별할 수 없다. '띠다'도 타동사이고, '띄우다'의 준말 '띄다'도 타동사여서 둘 다 목적어를 가지기 때문이다. 앞에서 '띠다'인지 '뜨이다'의 준말 '띄다'인지가 헷갈릴 때는 목적어 유무를 통해, 목적어가 있으면 '띠다'이고 목적어가 없으면 '띄다'라고 하였다. 하지만 (3)의 '띄우다'의 준말 '띄다'는 목적어를 가지기 때문에 목적어 유무를 통해서는 '띠다'와, '띄우다'의 준말 '띄다'를 구분할 수 없다.

그러면 어떻게 '띠다'와, '띄우다'의 준말 '띄다'를 구별할 수 있는가? '띠다'와, '뜨이다'의 준말 '띄다' 그리고 '띄우다'의 준말 '띄다' 세 개가 헷갈릴 때, 이를 구분하는 방법은 아래와 같다.

> 1 **목적어가 없으면 무조건 '띄다'이고, 이 '띄다'는 '뜨이다'의 준말이다.**
> 2 **목적어가 있을 때는 '띄우다'로 대체해서 말이 되면 '띄다'이고, 말이 안 되면 '띠다'이다.**

마지막으로 한 가지 더 반드시 기억해야 할 내용이 있다. 표기상 '띄다'가 (2)처럼 '뜨이다'의 준말이기도 하고, (3)처럼 '띄우다'의 준말이기도 한데, '뜨이다'의 준말이든 '띄우다'의 준말이든 그 활용 양상은 '띄고, 띄니, 띄어, 띄었다'로 같다. '뜨이다'와 '띄다', '띄우다'와 '띄다'의 활용 양상을 비교해 보라.

'뜨이다'의 활용	뜨이고	뜨이니	뜨이어	뜨이었다
			뜨여	**뜨였다**
'뜨이다'의 준말 '띄다'의 활용	띄고	띄니	띄어	띄었다
			***띄여**(×)	***띄였다**(×)

'띄우다'의 활용	띄우고	띄우니	띄워	띄웠다
'띄우다'의 준말 '띄다'의 활용	띄고	띄니	띄어	띄었다
			*띄여(X)	*띄였다(X)

위에서 보듯이 '뜨이다'의 활용형 '뜨이어, 뜨이었다'는 /ㅣ/모음이 반모음 /y/로 반모음화된 '뜨여, 뜨였다'로 적어도 맞춤법에 맞다.[2] 하지만 준말 '띄다'의 활용형 '띄어, 띄었다'는 반드시 '띄어, 띄었다'로만 써야 하고, '*띄여(X), *띄였다(X)'로 쓰면 틀린다.

---

2   국제음성기호로 나타내면 이해하기가 편하다.

tʼïiə → tʼïyə
뜨이어   뜨여

위에서 /i/ 모음이 /y/로 바뀐 것을 확인할 수 있다. 그 결과 음절의 수가 3음절에서 2음절로 줄어들었다.

2.10. '반드시' 쓸까?, '반듯이' 쓸까?

〈한글 맞춤법〉은 어떤 것은 소리대로 적고, 어떤 것은 어법에 맞게 적도록 하였다. 어법에 맞게 적었다는 것은 소리대로 적지 않았다는 것이므로 당연히 표기와 소리가 다르다. 단어 중에는 '반드시', '반듯이'처럼 기원적으로는 같은데, 소리대로 적은 것과 어법에 맞게 적은 것이 공존하는 경우가 있다. '반드시'도 기원적으로는 '반듯 + -이'였는데, 소리대로 '반드시'로 표기한 것이다. 그러니까 기원적으로도 같고, 발음도 [반드시]로 같은데, '반드시'는 소리대로 표기한 것이고, '반듯이'는 어법에 맞게 표기한 것이다.

왜 이렇게 표기를 구분하였을까? 그것은 의미를 구분하기 위한 것이다. 그래서 '반드시'와 '반듯이'는 당연히 의미가 다르다. 원래의 형태를 밝혀 적은 '반듯이'보다는 그렇지 않은 '반드시'가 '반듯'의 의미로부터 더 멀어졌다. 하지만 '반드시'와 '반듯이' 둘 다 발음은 [반드시]로 같다. 그래서 발음을 듣고 표기를 해야 하는 상황에서는 헷갈릴 수밖에 없다.

'반드시'와 '반듯이'는 발음만 같은 것이 아니라, 품사도 부사로 같기 때문에 문장에서의 기능도 같다. 따라서 '반드시'와 '반듯이'를 구분하기 위해서는 의미와 형태를 연결해서 기억하는 수밖에 없다.

반드시

틀림없이 꼭. 예 반드시 내일은 온다.

반듯이

① 작은 물체, 또는 생각이나 행동 따위가 비뚤어지거나 기울거나 굽지 아니하고 바르게. 예 반듯이 몸을 누였다.
② 생김새가 아담하고 말끔하게. 예 반듯이 생긴 얼굴.

'반드시 : 반듯이'와 평행한 예로 '지그시 : 지긋이'도 있다. '지그시'도 원래는 '지긋 + -이'였는데, 소리대로 '지그시'가 되면서 '지긋'의 의미에서 멀어졌다.

지그시

① 슬며시 힘을 주는 모양.
예 눈을 지그시 감다.
② 조용히 참고 견디는 모양.
예 아픔을 지그시 참다.

지긋이

① 나이가 비교적 많아 듬직하게.

예 나이가 지긋이 많아 보인다.

② 참을성 있게 끈지게.

예 지긋이 공부하다 보면 원하는 결과를 얻을 거야.

'지그시 : 지긋이' 외에도 빈도가 높지 않은 단어이지만 '나부시/너부시 : 나붓이/너붓이'도 있다.

나부시/너부시

① 사람이 매우 공손하게 머리를 숙여 절하는 모양.

예 나부시/너부시 인사를 하다.

② 사람이나 물체가 천천히 땅 쪽으로 내리거나 차분하게 앉는 모양.

예 바람에 날려 낙엽이 나부시/너부시 땅에 내려앉았다.

나붓이/너붓이

넓고 평평하게.

예 나붓이/너붓이 생긴 옹기그릇에 왠지 정이 간다.

'나부시'와 '너부시'는 어감의 차이만 있을 뿐 의미는 같다. '나붓이'와 '너붓이'의 관계도 마찬가지이다. 어감이 작은 것이 '나부시', '나붓이'이고, 어감이 큰 것이 '너부시', '너붓이'이다.

참고로 어근에 접미사 '-이'가 결합하여 만들어진 부사는 아래에서 보듯이 거의 대부분 어법에 맞게 적는 표기를 채택하고 있다.

깍듯이   따뜻이   번듯이

빠듯이   뿌듯이   빙긋이

생긋이   오롯이   향긋이

이렇게 보면 '반드시'와 '지그시', '나부시/너부시'가 예외적이다. 여기에 '슬며시'가 추가된다. 기원적으로 '슬며시'도 '슬몃 + -이'였다. 그런데 '슬며시'는 '슬며시'만 있고, '＊슬몃이(X)'는 없다. 다만 부사 '슬몃슬몃'이 있다.

정리하면, '깍듯이'처럼 어법에 맞게 'X이'로 표기하지 않고, 소리대로 적은 것은 '반드시', '지그시', '나부시/너부시', '슬며시' 이렇게 4개이다. 이 4개 외에는 어법에 맞게 적은 즉, 어근의 형태를 밝혀 적은 'X이' 형태이다.[1] '슬며시'는 '＊슬몃이(X)'가 없으니까, 어법에 맞게 적은 것과 소리대로 적은 것이 공존하는 것은 '반드시 : 반듯이', '지그시 : 지긋이', '나부시/너부시 : 나붓이/너붓이' 이렇게 3쌍이다. 이들의 경우는 대응 쌍 각각의 의미를 통해서 서로를 구분하는 수밖에 없다.

---

1 '깨끗이', '조용히'처럼 언제 '-이'가 결합하고, 언제 '-히'가 결합하는지에 대한 자세한 설명은 '☞ 2.20. '조용이'가 아니라 '조용히'라고 하면 조용할게.' 참조.

2.11. '몹시'를 '*몹씨(×)'라고 써서 틀렸어요.

엄마~~오늘 받아쓰기를 했는데요, '몹시'를 '몹씨'라고 써서 틀렸어요. '듬뿍'은 '듬뿍'이라고 써서 맞았는데, 왜 둘이 다른 거죠?

으이구~ 진작 좀 물어 보지...한 가지만 기억 하면 대부분 맞힐 수 있을 거야.

한 가지요??

선행 음절 받침이 'ㄴㄹㅁㅇ'(나라마음) + 된소리로 발음될 때는 된소리로 적어.

'반짝, 살짝, 흠뻑, 생짜' 처럼...

선행 음절 받침이 'ㄴㄹㅁㅇ' 이외의 자음 + 된소리로 발음될 때는 된소리로 적지 말아야 해. '깍두기[깍뚜기], 납작[납짝]'처럼...

항상 예외가 있는 거 알지? 한자어와 합성어는 된소리로 발음되더라도 된소리를 쓰면 안 돼. '사건[사껀]'(한자어), '안방[안빵]'(합성어)처럼...

똑같이 된소리로 발음되는데, [몹씨]는 된소리 발음을 표기에 반영하지 않은 '몹시'가 맞춤법에 맞고, [듬뿍]은 된소리 발음을 표기에 반영한 '듬뿍'이 맞춤법에 맞다. 이처럼 된소리로 발음되지만 어떤 것은 된소리로 표기하면 안 되고, 어떤 것은 발음 그대로 된소리로 표기하는 것이 맞다. 그러면 된소리로 표기하는 것인지 아닌지를 단어마다 일일이 다 외워야 하는 걸까? 물론 아니다. 그리고 그럴 수도 없다. 무조건 다 외우는 수고를 하지 않게 하기 위해 이 책이 있는 것이 아니겠는가?

100% 규칙적인 것은 아니지만, 된소리 발음과 관련된 표기 원리를 추출해 낼 수 있다.

[원리 1]

선행 음절이 모음 또는 유성 자음 /ㅁ, ㄴ, ㅇ, ㄹ/로 끝나고, 후행 음절 첫소리가 된소리로 발음될 때는 된소리 발음대로 적는다.

[원리 2]

[원리 1] 이외의 경우에는 된소리 발음을 표기에 반영하지 않는다.

(1) 선행 음절이 모음으로 끝난 경우

도깨비	도끼
어깨	이끼
기껏	고깔
나무꾼	재주껏

(2) 선행 음절이 유성 자음 /ㅁ, ㄴ, ㅇ, ㄹ/로 끝난 경우

힘껏	흠뻑
짐꾼	꼼짝
생짜	공짜
반짝/번쩍	안짱다리
살짝	홀쭉이

그런데 여기서 한 가지 반드시 기억해야 하는 것이 있다. **[원리 1]과 [원리 2]는 단어에 국한된 것이고, 단어 중에서도 단일어와 파생어에 국한된 것이다.**

[원리 1]과 [원리 2]는 합성어에는 적용되지 않는다.[1] 또한 한자어에도 적용되지

---

1   형태소가 하나인 단어를 단일어라고 하고, 형태소가 둘 이상인 단어를 복합어라고 한다. 복합어는 다시 '어근 + 접사'의 파생어와, '어근 + 어근'의 합성어로 나뉜다.

않는다. 한자어는 원칙적으로 된소리 표기를 허용하지 않는다. 그래서 한자어 역시 위 원리의 적용을 받지 않는다.

그래서 합성어나 한자어의 경우에는 선행 음절 종성이 /ㅁ, ㄴ, ㅇ, ㄹ/로 끝나고 후행 음절 초성이 된소리로 발음되더라도 된소리를 표기에 반영하지 않고, 원래의 형태대로 적는다. (3)은 합성어의 예이고, (4)는 한자어의 예이다.

(3) 합성어

달밤[달빰]	꿈길[꿈낄]
안방[안빵]	산불[산뿔]
가을비[가을삐]	봄바람[봄빠람]

(4) 한자어

초점[초쩜]	사건[사껀]
절대[절때]	정권[정꿘]
헌법[헌뻡]	불법[불뻡]

(3), (4)는 된소리로 발음되지만, 된소리 발음을 표기에는 반영하지 않는다. 참고로 합성어인 (3)에서 된소리 발음이 나는 것은 사이시옷[2] 첨가에 의한 것이다. 이처럼 사이시옷 첨가에 의해 된소리가 된 것은 표기에 반영하지 않는다. (4)는 한자어는 원칙적으로 된소리 표기를 하지 않는다는 원칙에 의해 된소리를 표기에 반영하지 않는다. 그래서 표기와 발음이 다르다.

그러면 이제 위의 표기 원리가 맞게 작동하는지 확인해 보자.

---

2 학교 문법에서는 '사잇소리'로 명명하기도 한다. 그러니까 '사이시옷'과 '사잇소리'는 같은 것을 가리키는 다른 이름으로 유의어에 해당한다.

몹시[몹씨]	싹둑[싹뚝]
역시[역씨]]	넙죽[넙쭉]
납작[납짝]]	갑자기[갑짜기]
덮개[덥깨]]	입질[입찔]
깍두기[깍뚜기]	겁장이[겁짱이]

위의 예들은 후행 음절 첫소리가 된소리로 발음되지만, 선행 음절 종성이 /ㅁ, ㄴ, ㅇ, ㄹ/ 이외의 자음으로 끝났기 때문에 즉, [원리 2]에 의해 된소리 발음을 표기에 반영하지 않았다.

2.12. 이 학교 '학생이에요'?, '*학생이예요(×)'?

'이 학교 학생 맞아요?'라는 물음에 아니라고 말할 때, 맞춤법에 맞는 표기는 '아니에요' 또는 '아녜요'이다. 학생들이 필자와 카톡을 할 때 보면 '*아니예요(×)'라고 쓰는 학생들이 많은데, '*아니예요(×)'는 틀린 표기이다. 일단 '*아니예요(×)'가 틀렸다는 것부터 분명하게 확인해 두자. '아니에요'의 표준 발음이 [아니에요]이기는 하지만, 실제 발음에서는 [아니예요]라고 하는 경우가 많다. 많은 경우 '*아니예요(×)'라고 써서 틀리는 이유가 바로 이 발음의 간섭 때문이다. 발음대로 쓰다 보니까 틀리게 되는 것이다.

사실 '나비이에요'처럼 '명사 + -이-에요' 구성과 '아니에요'는 같은 듯 다른 행동을 한다. 그래서 더 헷갈리기도 하다.

나비이에요　　아니에요

나비예요　　아녜요

　'나비이에요'는 '명사 + -이- + -에요' 구성이고, '아니에요'는 형용사 '아니다'의 어간 '아니-'에 어미 '-에요'가 결합한 구성이다. 이처럼 일단 '나비이에요'와 '아니에요'는 구성의 성격이 서로 다르다. 위에서 같은 듯 다른 행동을 한다고 한 것은 반모음화되는 것의 차이 때문이다. '나비이에요 → 나비예요'에서는 서술격 조사 '-이/i/-'가 반모음화되는데 비해,[1] '아니에요 → 아녜요'에서는 '아니다'의 어간 '아니-'의 /i/ 모음이 반모음화되었다.[2]

　우선 '명사 + -이- + -에요' 구성의 맞춤법부터 먼저 설명하고 나서, '아니에요'에 대해서 설명하기로 하자. '나비이에요', '꽃이에요'처럼 'X이에요'와 같은 구성에서 X

1　7차 교육과정부터 2011 교육과정으로 국어 수업을 들었던 사람들은 '모음 축약'으로 배웠을 것이다. 그런데 사실은 아래에서 보듯이 모음이 축약된 것이 아니라 모음 /i/가 반모음 /y/로 바뀐 것뿐이다. 그래서 2015 교육 과정부터는 이러한 사실을 반영하여 '반모음화'로 수정하였다. 다만 반모음화의 결과 음절이 줄어들기 때문에 '음절 축약'이라고 할 수는 있다.

$$-i\text{-}e\text{-}yo \qquad -\text{이에요}$$
$$\downarrow \qquad\qquad \downarrow$$
$$-y\text{-}e\text{-}yo \qquad -\text{예요}$$

2　국제음성기호로 나타내면 이해하기가 편하다.

$$/ani\text{-}eyo/ \qquad \text{아니-에요}$$
$$\downarrow \qquad\qquad \downarrow$$
$$/anyeyo/ \qquad \text{아녜요}$$

국제음성기호로 표시된 위와 아래를 대조해 보면, ni의 /i/가 /y/로 바뀌었다. /y/가 반모음이기 때문에 이러한 음운 변동을 반모음화라고 한다.

는 체언(명사, 대명사, 수사)이고, '-이-'는 서술격 조사, 그리고 '-에요'는 어미이다.

$$X \quad + \quad -\text{이}- \quad + \quad -\text{에요}$$

체언　서술격 조사　어미

이때 X가 자음으로 끝나면 'X이에요'만 가능하다. 다른 선택의 여지가 없다. 그런데 X가 모음으로 끝나면 'X이에요'도 되고, 'X예요'도 된다. 즉 'X이에요', 'X예요' 둘다 맞춤법에 맞는 표기이다. 하지만 X가 자음으로 끝나든 모음으로 끝나든 어느 경우에도 '*X이예요(×)'는 안 된다. 즉 '*X이예요(×)'는 항상 틀린 표기이다.

> **X가 모음으로 끝나면 'X이에요', 'X예요' 둘 다 맞음.**
> **X가 자음으로 끝나면 'X이에요'만 맞음.**
> **X가 모음으로 끝나든 자음으로 끝나든 '*X이예요(×)'는 틀림.**

X가 모음으로 끝남	X가 자음으로 끝남
나비이에요 **나비예요** *나비이예요(×)	**꽃이에요** *꽃예요(×) *꽃이예요(×)
누나이에요 **누나예요** *누나이예요(×)	**동생이에요** *동생예요(×) *동생이예요(×)
친구이에요 **친구예요** *친구이예요(×)	**학생이에요** *학생예요(×) *학생이예요(×)

'X이에요'와 같은 의미로 'X이어요'도 있다. 즉 '-이에요'와 '-이어요'를 둘 다 표준어로 인정한다. 'X이어요'는 아래에서 보듯이 'X이에요'와 같은 패턴이다. X가 자

음으로 끝날 때는 'X이어요'만 가능하고, X가 모음으로 끝날 때는 'X이어요'와 'X여요' 둘 다 가능하다. 단 X가 자음으로 끝나든 모음으로 끝나든 '＊X이여요(✕)'는 틀린 표기이다.

X가 모음으로 끝남	X가 자음으로 끝남
나비이어요 **나비여요** ＊나비이여요(✕)	**꽃이어요** ＊꽃여요(✕) ＊꽃이여요(✕)
누나이어요 **누나여요** ＊누나이여요(✕)	**동생이어요** ＊동생여요(✕) ＊동생이여요(✕)
친구이어요 **친구여요** ＊친구이여요(✕)	**학생이어요** ＊학생여요(✕) ＊학생이여요(✕)

다시 한번 정리하면, 일단 '＊X이예요(✕)', '＊X이여요(✕)'는 무조건 틀린 표기라는 것을 먼저 확실히 기억해 두자. 이것만 기억해도 틀릴 일이 별로 없다. 대부분의 경우 '＊X이예요(✕)', '＊X이여요(✕)'로 표기해서 틀리기 때문이다.

'X'가 자음으로 끝나면 'X이에요(/X이어요)'만 가능하고, X가 모음으로 끝나면 'X이에요(/X이어요)'와 'X예요(/X여요)' 둘 다 가능하다. 이것저것 그래도 헷갈리면 그냥 X가 자음으로 끝나든 모음으로 끝나든 신경 쓰지 말고 'X이에요(/X이어요)'로만 표기하면 된다.

그러면 이제 '아니에요'를 보자.[3]

---

3 '아니에요'도 역사적으로는 명사 '아니'에 서술격 조사 '-이-', 그리고 어미 '-에요'가 결합한 구성이었다. 그러나 현대 국어에서 '아니'가 더 이상 명사로 쓰이

아니에요	아니어요
아녜요	아녀요
*아니예요(✕)	*아니여요(✕)

위에서 보듯이 '아니'는 모음으로 끝났다. 하지만 '나비이에요', '나비예요'와 달리, '아니에요'는 *아니예요(✕)로 표기하면 틀린다. '아니에요'에서 '아니'의 / ㅣ / 모음이 반모음화된 '아녜요'가 맞는 표기이다.

이처럼 '아니'는 모음으로 끝났지만, 일반적으로 모음으로 끝난 X와 그 패턴이 다르다. 그러니까 꼭 별도로 기억해 두자. 모음으로 끝난 X는 'X이에요'에서 서술격 조사 '-이/i/-'가 반모음화되어 'X예요'가 되지만, '아니에요'는 X에 해당하는 '아니'의 / ㅣ / 모음이 반모음화되어 '아녜요'가 된다. '아니에요'에서 '아니'는 형용사 '아니다'의 어간 '아니-'이다(아니- + -에요).

지 않고, '아니다'가 형용사가 되었다. '아니다'가 형용사가 되었기 때문에, X가 모음으로 끝나는 체언일 때의 'X이에요'와 다른 행동을 보이는 것이다.

〈표준국어대사전〉에 '아니'는 부사로만 올라 있지만, 중세 국어에서는 '아니'가 명사로도 쓰였다.

이 生(생)이며 生 <u>아니룰</u> 골히ᄂ니〈법화경언해 5:30a〉

위 문장은 중세 국어 자료인데, '아니'에 목적격 조사 '룰'이 결합하였다. 목적격 조사와 결합할 수 있는 단어는 체언이다. 그러니까 중세 국어에서는 '아니'가 명사로도 쓰였음을 알 수 있다. 물론 현대 국어처럼 부사로도 쓰였다.

2.13. 하마터면 '하여튼'과 '어떻든'이 헷갈릴 뻔⋯

아무튼, 그나마 불행 중 다행이야.

지난주에 **아무튼** 열심히 공부하기로 약속했잖아.

시설은 별로이지만 **하여튼** 음식 맛은 좋아.

하여튼 하지 말라고 하면 더 하려고 해.

'아무튼', '하여튼'은 소리대로 적은 표기를 표준어로 삼은 것이다. '아무튼'을 *아
뭏든(✕)'으로 잘못 표기하는 사례들이 꽤 많이 나타난다. 비슷하게 '하여튼'을 *하옇
든(✕)'과 많이 헷갈려 한다.

아무튼	*아뭏든(✕)
하여튼	*하옇든(✕)

이렇게 헷갈려 하는 데는 그럴 만한 까닭이 있다. 지금은 '하여튼', '아무튼'이 맞는 표기이고, '*아뭏든(✕)', '*하옇든(✕)'이 틀린 표기이다. 그런데 예전에 '*아뭏든(✕)', '*하옇든(✕)'이 표준어의 지위를 누린 적이 있다. 그래서 젊은 세대보다는 나이가 있는 세대에서 즉, 예전에 '*아뭏든(✕)', '*하옇든(✕)'을 표준어로 배웠던 세대에서는 많이 틀릴 수밖에 없기도 하다.

'아무튼'과 '하여튼'은 원래는 '아무러하든', '하여하든'에서 줄어든 말이다.

아무러하든 → 아무렇든 → **아무튼**

하여하든 → **하여튼**

'아무러하다', '아무렇다', '하여하다'도 표준어이고, 〈표준국어대사전〉에 표제어로 등재되어 있다.

'아무튼', '하여튼'과 비슷하지만 성격이 다른 예로 '하마터면'[1]이 있다. '하마터면'도 소리대로 적은 표기를 표준어로 삼았다. '하마터면'은 '*하마트면(✕)'으로 잘못 표기하는 경우가 많으므로 주의해야 한다.

하마터면 큰일 날 뻔했다.

미끄러져서 **하마터면** 넘어질 뻔했다.

'아무러하든', '하여하든'처럼 'X하든'에서 줄어든 대부분의 단어는 아래 표에서

1 　'하마터면'의 어원을 실증적으로 규명하기는 어렵다. 추론하자면 '하마하더면'에서 /ㅏ/ 탈락 후 축약된 것으로 보인다. '하마하더면 → 하마ㅎ더면 → 하마터면'.

보듯이 소리대로 적지 않고, 어법에 맞게 적는다. '아무튼'과 '하여튼'이 이러한 일반성을 벗어난 단어이다. 그러니까 복잡하게 생각할 것 없이 '아무튼', '하여튼'은 일단 암기를 하자. 그리고 나머지는 어법에 맞게 즉, /ㅎ/ 축약이 일어나지 않은 형태로 적는다고 생각하면 된다.

어떠하든	→	어떻든
아무러하든	→	아무렇든
이러하든	→	이렇든
저러하든	→	저렇든
그러하든	→	그렇든

2.14. 이 노래를 좋아하지 *안을(×) 수가 없어.

‘안’과 ‘않다’의 ‘않-’은 아주 간단한 사실 하나만 알아도 헷갈려 할 이유가 없는 단순한 문제이다. ‘안’은 ‘아니’의 준말이고, ‘않다’는 ‘아니하다’의 준말이다. 그리고 안’과 ‘아니’는 부사이고, ‘않다’와 ‘아니하다’는 형용사이다.

| ‘아니’의 준말 | → | 안 |
| ‘아니하다’의 준말 | → | 않다 |

‘안’은 부사이므로 문장에서 서술어인 동사, 형용사를 수식한다. 그리고 ‘않다’는 형용사이므로 문장에서 서술어로 쓰이고, 반드시 주어를 가진다. 이러한 문법적인 사

실을 이해할 수 있다면, 사실 '안'과 '않-'이 헷갈릴 일이 없다. 정리하면, 동사나 형용사를 수식하면 '안'이다. 반면 서술어로 쓰이고 주어를 가질 때는 '않-'이다. 형용사 어간 '않-'은 '않다, 않고, 않아서, 않는다'처럼 활용[1]을 한다.

이러한 사실은 문법적 지식을 필요로 한다. 그런데 이러한 문법적 지식을 이해하기 어렵거나 따분해서 기억하고 싶지 않다면, 아래의 두 가지 방법을 적용해서 '안'인지 '않'인지 구분할 수 있다.

첫째, '오지 않다'처럼 앞에 '-지'가 있으면 '않'이다. '-지 않다'는 꼭 붙어
다닌다.

그러니까 '안'으로 써야 할지 '않'으로 써야 할지 고민스러운데, 앞에 '-지'가 있으면 고민할 필요 없이 '않'으로 표기하면 된다.

(1) ㉠ 잠이 **오지 않**는다.

㉡ 손을 **잡지 않**으면 안 돼.

㉢ 일하**지 않**은 자 먹지도 말라.

㉣ 비가 **오지 않**아서 땅이 가물다.

㉤ 너무 목이 말라 숨도 쉬**지 않**고 물을 마셨다.

그런데 아주 드물지만 (2)에서처럼 '않다'가 '-지'를 선행시키지 않고 쓰이는 경우

---

1   동사, 형용사 어간에 어미가 결합하는 것을 활용이라고 하고, 동사, 형용사 어간에 어미가 결합한 형태를 활용형이라고 한다. 예컨대 '먹-'은 어간이고, 어간 '먹-'이 '먹고, 먹으니, 먹으면'처럼 어미 '-고', '-(으)니', '-(으)면'과 결합하는 것을 활용이라고 하고, '먹고', '먹으니', '먹으면' 각각을 활용형이라고 한다.

가 있다. 하지만 이런 예가 많지 않고, 무엇보다도 의미로 구별하는 데 별 무리가 없으니까 특별히 신경 쓰지 않아도 된다.

---

(2)　　㉠ 그는 말을 **않**고 떠났다.
　　　　㉡ 세수도 **않**고 학교에 가면 어떡해.

그러면 앞에 '-지'가 없을 때는 어떻게 구별하지? 앞에 '-지'가 없을 때는 아래 둘째의 방법을 적용하면 된다.

둘째, '아니'로 대체되면 '안'이 맞고, '아니'로 대체되지 않으면 '않'이 맞다.

그러니까 '안'인지 '않'인지 헷갈리면 그 자리에 '아니'를 대체해 보면 간단하게 어느 것이 맞는지 확인할 수 있다.

---

(3)

그러면 *안/않* 돼.	그러면 아니 돼.(○)	→	그러면 **안**∨돼.
그렇게는 *안/않* 해.	그렇게는 아니 해.(○)	→	그렇게는 **안**∨해.
잠이 오지 *안/않*아.	잠이 오지 아니아.(×)	→	잠이 오지 **않**아.
좋아하지 *안/않*을 수가 없어.	좋아하지 아니을 수가 없어.(×)	→	좋아하지 **않**을 수가 없어.

'안'을 발음하면 [안]인데, '않'을 그대로 발음해도 [안]이다. 그래서 부사 '안'을 '*않(×)'이 아닐까 하고 착각하기도 한다. 그런데 (4)에서처럼 뒤에 동사나 형용사가 바로 이어서 오면 이때는 무조건 '안'이다. 혹시라도 '*않(×)'이 아닐까 고민할 이유가

없다. 당연히 이때의 '안'은 '아니'로 대체될 수 있다.[2] 그리고 이때의 '안'은 부사이므로 바로 뒤에 오는 동사나 형용사를 수식한다.

---

(4)　㉠ 고양이가 밥을 **안** 먹는다.

　　　㉡ 아직도 **안** 일어나면 어떡해.

　　　㉢ 내일 도서관 같이 **안** 갈래?

2　'안' 대신 '아니'를 쓰면 약간 격식적이고 형식적인 느낌이 더해지는데, 그래서 일상의 구어체 발화에서는 '아니'를 잘 쓰지 않는다.

2.15. '어떻게'와 '어떡해'를 어떡하지?

'어떡해'와 '어떻게'의 구별을 어려워하는 사람들이 많다. 그런데 맞춤법에 틀리게 쓸 수 없다는 약간의 의지만 있고, 그래서 구별하는 방법을 배우고자 한다면, 사실 이 둘을 구분하는 것은 간단하다.

'어떡해'인지 '어떻게'인지 헷갈릴 때, '이렇게'를 대체해 보라. 그래서 문장 이 여전히 성립되면 '어떻게'가 맞고, 문장이 성립되지 않으면 '어떡해'가 맞다.

'이렇게' 대신 '저렇게'나 '그렇게'를 대체해도 마찬가지이다. '이렇게', '저렇게', '그렇게'의 의미가 다르니까 대체하면 의미가 달라지는데, 이때 의미가 달라지는 것은 신경 쓰지 말고 문장이 성립되는지 안 되는지만 보면 된다.

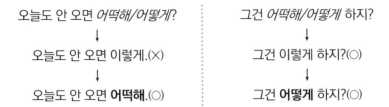

위에서 보듯이 '어떡해'는 '이렇게'로 대체될 수 없다. 하지만 '어떻게'는 '이렇게'와 대체될 수 있다. 이것만 기억해도 앞으로 '어떡해'와 '어떻게'를 혼동할 일이 없을 것이다.

여기서 좀 더 나아가 왜 그런지 궁금하다면 계속해서 읽어 보자. '어떻게'는 형용사 '어떻다'의 어간 '어떻-'에 부사형 어미 '-게'가 결합한 활용형인데, '이렇게/저렇게/그렇게'도 '이렇다', '저렇다', '그렇다'의 어간 '이렇-', '저렇-', '그렇-'에 부사형 어미 '-게'가 결합한 활용형이다.[1]

---

1 '어떻다'는 '어떠하다'에서 축약된 말로 품사는 형용사이다. '어떠하다'의 중세 국어 형태는 '엇더ᄒ다'이다. '어떻다'는 '엇더ᄒ-'에서 'ᄒ'의 /ㆍ/가 탈락하고 남은 /ㅎ/가 선행 음절 종성으로 올라가 형태가 굳어진 것이다. 즉 '엇더ᄒ- → 엇덯- > 어떻-'이 되었다. '이렇다', '저렇다', '그렇다'도 각각 '이러ᄒ- > 이렇-', '뎌려ᄒ- > 저러ᄒ- > 저렇-', '그러ᄒ- > 그렇-'이 된 것이다. 축약되기 전의 형태인 '어떠하다', '이러하다', '저러하다', '그러하다'도 표준어이다.

   엇더ᄒ다 > 엇덯다 > 어떻다
   뎌려ᄒ다 > 뎌렇다 > 저렇다
   이러ᄒ다 > 이렇다
   그러ᄒ다 > 그렇다

어떻- + -게

이렇- + -게
저렇- + -게
그렇- + -게

부사형 어미 '-게'가 결합한 활용형이므로 '어떻게'가 문장에 쓰일 때는 부사어로 기능하는데, '이렇게, 저렇게, 그렇게'도 마찬가지로 부사어로 기능한다. 이러한 까닭에 '어떻게'를 '이렇게/저렇게/그렇게'로 대체해도 문장이 여전히 적격할 수 있는 것이다.

반면 '어떡해'는 '어떡하다'의 어간 '어떡하-'에 종결 어미 '-아'가 결합한 형태이다. 종결 어미가 결합하였기 때문에 '어떡해'로 문장이 종결된다. 문장이 종결되므로 '어떡해' 뒤에 다른 말이 오지 않는다.

어떡하- + -아 → 어떡해²

'어떡해'가 종결 어미가 결합한 문장의 마지막 요소이기 때문에 부사어로 쓰이는 '이렇게(/저렇게/그렇게)'와 대체될 수 없다. 대체되면 적격한 문장이 되지 않는다.

드물지만 '어떻게'인지 '어떡해'인지 헷갈리다 보니까, 엉뚱하게 이 둘을 뒤섞어 조합한 '*어떻해(×)'가 나타나기도 한다. 그러나 '*어떻해(×)'라는 것은 없다. 그러니까 아예 머릿속에서 지우자.

---

2 '하다'는 불규칙 동사인데, 그래서 '어떡하다' 역시 불규칙 동사이다. '하다'가 종결 어미 '-아/어'와 결합했을 때 활용형은 '해'이다. 평행하게 '어떡하다'의 어간 '어떡하-'가 종결 어미 '-아'와 결합한 활용형도 '어떡해'이다.

여기까지 따라오면서 이해가 되었다면, 조금만 더 깊이 들어가 보자.

---

(1) ㉠ 나를 두고 가 버리면, 난 어떡해.

　　 ㉡ 오늘도 안 오면 어떡해.

---

(2) ㉠ 내가 어떻게 하면 되겠어?

　　 ㉡ 하늘이 무너져도 어떻게 할 수 있을 거야.

---

(1)에서 '어떡해'는 문장의 맨 마지막에 오고, 또 '어떡해'에서 문장이 종결되었다. 반면 (2)에서는 '어떻게'에서 문장이 종결되지 않았다. 앞에서 검증한 방법을 그대로 적용해 보면 (1)에서는 '이렇게'로 대체했을 때 문장이 성립하지 않는 반면, (2)에서는 '이렇게'로 대체해도 문장이 여전히 성립하는 것을 볼 수 있다.

위에서 잠깐 언급했듯이 '어떡해'는 '어떡하다'의 어간 '어떡하-'에 종결 어미 '-아'가 결합한 형태이다.[3] '널 사랑해.', '널 좋아해.', '이제 공부해.'가 '사랑하-', '좋아하-', '공부하-'에 종결 어미 '-아'가 결합한 형태라는 것을 안다면, '어떡해'도 종결 어미 '-아'가 결합한 형태라는 것을 쉽게 이해할 수 있을 것이다. 그러니까 '어떡해'가 쓰였다는 것은 문장이 종결되었다는 것을 뜻한다. 그래서 맞춤법상으로 '어떡해.'처럼 끝에 마침표 '.'가 있다.

이에 비해 '어떻게'는 부사형 어미가 결합한 활용형(어떻- + -게)으로 문장에서 부사어로 기능한다. 부사어 뒤에는 부사어의 수식을 받는 말이 꼭 따라오니까, '어떻게'

3　'어떡하다'는 '어떠하게 하다'가 줄어든 말이다. 그러니까 '어떡하다'와 '어떠하다'는 생긴 건 비슷하지만 서로 다르다. 〈표준국어대사전〉에서는 아직 '어떡하다'를 단어로 다루고 있지 않지만, 실제 언어 사용에서는 하나의 단어처럼 쓰이고 있다.

뒤에도 항상 수식을 받는 말이 따라온다. 그래서 '어떻게'는 항상 문장 안에 나타난다. '어떡해'처럼 문장의 맨 끝에 나타나는 일이 없다.

　대화 상황에서는 "넌 어떻게 했어?"라고 물어야 할 것을 간단하게 "어떻게?"라고 묻기도 한다. 이것은 대화 상황이기 때문에 일어나는 생략으로, 이를 일반적인 문장과 같이 생각하면 안 된다. 보통 일상의 대화에서는 필요한 정보만 두고 나머지 문장 성분들은 다 생략하고 말하는 경우가 많다. 이럴 수 있는 것은 대화 상황이기 때문에, 화자와 청자가 맥락에 의해 이미 서로 알고 있는 정보들을 생략하고 말하더라도 의사소통에 지장이 없기 때문이다. 이러한 생략은 구어의 일반적인 특성이다. 심지어 구어 상황에서는 "너 어제 도서관에서 뭐 했어?"라는 물음에 대한 답으로, 다른 문장 성분들을 다 생략하고 한 단어, "공부."라고 말하기도 한다.

　대화 상황이 아닌, 일반적인 문장에서는 부사어 '어떻게'로 문장이 종결될 수 없고, 그래서 '어떡해'인지 '어떻게'인지 헷갈릴 때 문장이 종결된 상태인지 아닌지로 구분할 수 있다. 문법적으로는 사실 이것이 가장 정확한 구분 방법이기는 하다.

2.16. 오늘은 '왠지'… '웬지' 아니고…

　　일반인들이 많이 틀리고 헷갈려 하는 맞춤법 사례 중에 상위 빈도에 해당하는 것이 '웬'과 '왠지'이다. 그런데 이를 구분하는 것은 의외로 아주 단순하다.

1음절이면 '웬'이고, 2음절이면 '왠지'이다.

　　(1) ~ (2)에서 보듯이 1음절이면 '웬'이고, 2음절이면 '왠지'이다.

---

(1) ㉠ **웬** 놈이야.

㉡ 이게 **웬** 일이야.

㉢ **웬** 걱정이 그리 많은지.

㉣ 오늘은 **웬** 비가 이렇게 많이 내리는지.

---

(2) ㉠ 오늘따라 그가 **왠지** 멋있어 보였다.

㉡ 오늘은 **왠지** 좋은 일이 있을 듯하다.

㉢ 그것은 **왠지** 모르게 불길한 징조이다.

㉣ **왠지** 일이 잘될 것 같았다.

무슨 말이냐 하면, 1음절 '웬'에 대응되는 '*왠(✕)'이라는 단어가 없고, 2음절 '왠지'에 대응되는 '*웬지(✕)'라는 단어가 없다.

1음절	웬	왠
2음절	왠지	웬지

'웬'은 관형사이기 때문에 체언(명사, 대명사, 수사)을 수식한다. 그러니까 뒤에 반드시 체언(명사, 대명사, 수사)이 온다. 반면 '왠지'는 부사이기 때문에 용언(동사, 형용사)을 수식한다. 용언을 수식하기 때문에 위치상 보통 뒤에 용언이 온다. (2㉠ ~ ㉢)에서 '왠지' 뒤에 온 것은 각각 형용사 '멋있다', '좋다' 그리고 동사 '모르다'이다. 위치상으로는 (2㉣)처럼 뒤에 명사가 오는 경우도 있는데, 그러나 이때 '왠지'가 수식하는 것은 바로 뒤에 오는 명사 '일'이 아니라 동사 '잘되다'이다.

참고로 관형사 '웬'과 후행하는 명사가 서로 긴밀해져서 단어가 된 것이 있다. '웬일'과 '웬셈'이 이렇게 만들어진 단어이다. 이들은 원래는 구였지만, 이미 단어가 된 것이니까 단어로 기억해야 한다.

명사구	>	명사
웬∨일	>	웬일
웬∨셈	>	웬셈

2.17. '의견란'의 표준 발음은 [의견난], 그러면 '온라인'의 표준 발음은?

'의견란'의 표준발음은 [의견난]이고, '대관령'의 표준 발음은 [대괄령]이다. 왜 똑같이 /ㄴ-ㄹ/의 연쇄인데, '의견란'의 표준 발음은 [의견난]이고, '대관령'의 표준 발음은 [대괄령]인가? 그리고 어떻게 이를 구분할 수 있는가?

/ㄴ-ㄹ/ 연쇄의 발음이 문제가 되는 경우는 3음절어이다. 2음절어에서는 '난로[날로]', '전류[절류]'처럼 항상 [ㄹ-ㄹ] 발음이 표준 발음이다.[1] '의견란[의견난]'처럼

---

1   2음절 단어에서 /ㄴ-ㄹ/ 연쇄는 예외 없이 [ㄹ-ㄹ]로 발음하는 것이 표준 발음이다. 즉 2음절 단어에서 첫째 음절 종성이 /ㄴ/이고 둘째 음절 초성이 /ㄹ/일 때 [ㄹ-ㄹ]로 발음한다.

선릉[설릉], 신라[실라], 곤란[골란], 신령[실령], 인력[일력]

/ㄴ-ㄹ/ 연쇄가 [ㄹ-ㄹ]로 발음되지 않고, [ㄴ-ㄴ]로 발음되는 경우는 3음절어(또는 3음절 이상의 단어)에서 나타나는 현상이다. 3음절어에서 둘째 음절 종성이 /ㄴ/이고 셋째 음절 초성이 /ㄹ/일 때이다.

그런데 아래의 사실만 기억하면, 언제 [ㄴ-ㄴ]로 발음하고, 언제 [ㄹ-ㄹ]로 발음하는지 헷갈리지 않고 구별할 수 있다.

> **'ㄴ-ㄹ' 연쇄에서 'ㄴ | ㄹ'로 끊었을 때, '의견-란'처럼 선행 요소가 독립해서 쓰이면 [ㄴ-ㄴ]로 발음한다. 그렇지 않으면 [ㄹ-ㄹ]로 발음한다.**

(1)의 단어들은 모두 /ㄴ-ㄹ/ 연쇄에서 /ㄹ/ 앞까지가 독립해서 쓰이는 단어이다. 즉 '의견', '음운', '생산', '공권', '이원'이 독립된 단어이다. 그래서 /ㄴ-ㄹ/를 [ㄴ-ㄴ]로 발음하는 것이 표준 발음이다.

(1) 의견-란[의견난]
     음운-론[으문논]
     생산-량[생산냥]
     공권-력[공꿘녁]
     이원-론[이원논]

반면 (2)에서는 /ㄹ/ 앞까지인 '대관', '광한'이 독립해서 쓰이지 못한다. 그래서 [ㄹ-ㄹ]로 발음하는 것이 표준 발음이다.

(2) 대관령[대괄령]
     광한루[광할루]

　여기까지 이해했다면, 이제 한걸음 더 나아가 보자. 그러면 '온라인'의 표준 발음은 [온나인]인가 [올라인]인가? 무척이나 자주 받는 질문이다. '인라인스케이트'의 '인라인'의 발음 역시 마찬가지이다. [인나인]일까, [일라인]일까?

　미리 얘기하는데, 이 질문에 대한 대답을 듣고 나면 "이게 뭐야?"라고 할 가능성이 크다. 왜냐하면 질문에 대한 대답은 "[온나인]으로 발음하든 [올라인]으로 발음하든 마음대로 발음해도 된다."이기 때문이다. 그러면 다시 "이건 또 무슨 말이야?" 하는 반응을 보이는 사람도 있다.

　이상하게 들릴지 모르겠지만, 외래어의 경우에는 표기만 정해 놓았을 뿐 그 표기의 표준 발음이 무엇인지를 따로 규정해 놓지는 않았다. 여전히 미심쩍다면 사전을 한번 찾아보라. 그러면 무슨 말인지 어느 정도 이해가 될 것이다. 아래는 〈표준국어대사전〉의 일부를 그대로 캡처한 것이다.

음운-론(音韻論▼)
발음[으문논 🔊]

온라인(on-line▼)
「참고 어휘」 오프라인(offline)

　위에서 보듯이 '음운론'은 표준 발음이 [으문논]이라고 표준 발음에 대한 정보가 표시되어 있다. 이에 반해 '온라인'에는 발음 정보가 아예 없다.

　이처럼 외래어의 경우에는 따로 그 표준 발음을 정해 놓지 않았다. 그러면 외래어의 표준 발음이 궁금할 때는 어떻게 하냐고 걱정하는 사람이 있을 수 있을 듯하다. 하지만 걱정할 필요가 없다. 왜냐하면 '온라인'처럼 일부 어휘를 제외하고는 이미 외래어는 소리대로 표기되어 있기 때문이다. 몇 개만 보자.

라인	버스	레일
마스크	스포츠	레포츠
햄버거	커피숍	오프라인

그러니까 대부분의 외래어는 표기대로 발음하면 그것이 곧 표준 발음이다. 다만 종성 표기에 쓰인 'ㅅ'만이 소리대로 발음하는 것의 예외이다. '라켓[라켇]'처럼 종성에 'ㅅ'으로 표기된 것의 발음은 [ㄷ]이다.[2]

외래어의 경우 맞춤법에 맞는 표기가 무엇인지는 늘 헷갈리고, 그래서 사전을 찾아봐야 할 때가 많다. 그러나 일단 맞춤법에 맞는 표기가 무엇인지를 알면 표준 발음이 무엇인지는 딱히 고민할 이유가 없다. 외래어의 경우에는 일부의 단어를 제외하고는 그냥 표기대로 발음하면 된다.

참고로 외래어의 표기는 규정으로 따로 정해 놓지는 않았지만, 차용한 원어의 발음에 가깝게 적는 것이 묵시적인 원칙이다. 그러나 언어마다 음절 구조가 다르고, 음운의 목록이 다르기 때문에 차용 원어의 발음을 똑같이 표기하는 것은 불가능하다. 지구상에 존재하는 어떤 문자도 외래어를 차용 원어의 발음과 똑같이 표기할 수 있는 문자는 없다. 그나마 한글이 그중에서는 가장 차용 원어의 발음에 근접하게 표기할 수 있는 문자이니까, 당연히 다른 문자는 더 어렵다. 아무튼 외래어의 표기는 국어의 음절 구조에 맞게, 그리고 국어의 음운 체계에 맞게 조정되어 결정된다.

---

(3) ㉠ 디스크   disk
     ㉡ 스프링   spring
     ㉢ 파일   file

영어에서는 초성이나 종성에 자음이 2개 이상 올 수 있다. 그래서 영어에서 'disk'는 종성에 자음이 2개 오는 1음절어이다. 하지만 국어는 종성에 1개의 자음만 올 수

---

2   〈외래어 표기법〉에서 외래어의 종성 표기에는 'ㄱ, ㄴ, ㄹ, ㅁ, ㅂ, ㅅ, ㅇ' 7개만 허용하고 있다. 외래어의 종성 표기에 대한 자세한 설명은 '☞1.5.〈외래어 표기법〉 한눈에 이해하기: 주스(○), *쥬스(×)' 참조.

있다. 그래서 국어의 음절구조에 맞춰 [s]와 [k]에 /ㅡ/ 모음을 첨가하여 3음절어 '디스크'로 표기한다. 그리고 영어에서 'spring'은 초성에 자음이 [spr] 3개 오는 1음절어이다. 하지만 국어는 초성에 1개의 자음만 올 수 있기 때문에 역시 [s]와 [p]에 /ㅡ/ 모음을 첨가시켜 3음절어 '스프링'으로 표기한다.

마지막으로 'file'의 경우에는 /f/라는 음운이 국어에 존재하지 않는다. 그래서 영어의 /f/에 가장 가까운 국어의 음운인 /ㅍ/로 대체하여 '파일'로 표기한다.

2.18. 숙제는 '이따가' 하고, 좀 앉아 '있다가' 나가자.

'이따가'는 시간의 경과를 나타내는 말이고, 품사는 부사이다. 부사이기 때문에 뒤에 나오는 서술어를 수식한다. '이따가'를 써야 할 자리에 '있다가'로 잘못 쓰는 경우가 많은데, '이따가'와 '있다가'의 발음이 같기 때문에 헷갈릴 수밖에 없기도 하다. 즉 '이따가'도 [이따가]이고, '있다가'도 [이따가]이다. 물론 '있다가'의 표준 발음은 [읻따가]로 '이따가'의 표준 발음 [이따가]와 다르기는 하다. 하지만 이는 표준 발음이 인공적인 발음이기 때문에 인위적으로 '이따가'와 '있다가'의 발음을 구분해 놓은 것일 뿐, 실제 일상의 현실에서 말하고 듣는 '있다가'의 발음은 [이따가]이다. 실제 물리적으로도 [이따가]와 [읻따가]가 유사해서 음성학적으로 훈련 받지 않은 일반 언중이 두 발음을 구별하는 것은 현실적으로 어렵다. 그러니까 발음으로는 '이따가'와 '있다가'를 구분하기 어렵다. 발음으로 구별되지 않다 보니, '이따가'로 써야 할지, '있다가'로 써야 할지 헷갈릴 수밖에 없는 것이다.

그러면 언제 '이따가'로 쓰고, 언제 '있다가'로 쓰는가? '이따가'는 '조금 지난 뒤에'의 의미를 가진 부사이다. 반면 '있다가'는 '있다'의 어간 '있-'에 어미 '-다가'가 결합한 활용형이다(있- + -다가 → 있다가).[1] 활용형 '있다가'는 '원래 있던 상태 또는 과정에서 다른 상태 또는 과정으로 바뀌게 됨'을 의미한다. 이처럼 부사 '이따가'와 '있다'의 활용형 '있다가'는 그 의미도 서로 많이 다르다. 그래서 곰곰이 의미를 떠올리면, 사실 의미만으로도 '이따가'와 '있다가'를 구분하여 쓸 수는 있다. 말 그대로 의미로 구별할 수 있다는 것이지, 구별하기가 쉽지는 않다.

그래서 '이따가'인지 '있다가'인지 헷갈릴 때 이를 구분할 수 있는 간단한 방법이 필요한데, 그 방법이 바로 아래의 것이다.

'나중에'로 대체가 되면 '이따가'이고, '나중에'로 대체했을 때 문장이 성립하지 않거나 이상해지면 '있다가'이다.

(1)	
이따가/있다가 볼래? ↕ 나중에 볼래?(○)	**이따가**
과일은 *이따가/있다가* 밥 먹고 먹자. ↕ 과일은 나중에 밥 먹고 먹자.(○)	**이따가**

---

1   '이따가'도 원래는 '잇- + -다가'의 활용형으로 기원적으로는 '있다가'와 같다. '잇다'는 현대 국어 '있다'의 중세 국어 어형이다. 이처럼 '이따가'도 기원적으로는 활용형이었지만, 어원 의식이 약해지면서 하나의 단어가 된 것이다. 단어가 된 '이따가'는 의미도 원래의 활용형의 의미에서 일정 정도 멀어져 독자적인 의미를 가지게 되었다. 그래서 현재는 부사 '이따가'와 '있- + -다가'의 활용형 '있다가'의 의미도 다르다.

(2)

집에 *이따가/있다가* 연락 오면 나가자. ↕ 집에 나중에 연락 오면 나가자.(×)	있다가
도서관에 *이따가/있다가* 이제 오는 거야? ↕ 도서관에 나중에 이제 오는 거야?(×)	있다가

왜 '이따가'는 '나중에'로 대체해도 되는데, '있다가'는 '나중에'로 대체하면 문장이 성립하지 않거나 이상해지는 것일까? 아주 단순한 문법적인 사실 하나만 이해하면 된다. '이따가'의 품사는 부사이고, 그래서 문장에서 서술어를 수식하는 부사어로 쓰이는데, '나중에'도 부사어이다.[2] 그래서 '이따가'는 같은 부사어 '나중에'로 대체해도 문장이 여전히 성립한다. 물론 어휘가 바뀌었으므로 의미는 조금 달라지지만, 문장의 적격성에는 영향을 주지 않는다.

하지만 '있다가'는 문장에서 서술어로 쓰인다. 서술어는 다른 서술어로 대체할 수는 있어도 부사어로 대체할 수는 없다. 그래서 서술어 '있다가'를 부사어 '나중에'로 대체하게 되면 당연히 문장이 적격하지 않게 된다. 그리고 '있다가'가 쓰인 문장에는 일반적으로 '어디에?'에 해당하는 성분이 있다. (2)에서 '집에', '도서관에'가 '어디에?'에 해당하는 성분이다.

---

2   부사는 항상 부사어가 된다. 반면 부사어는 항상 부사이지는 않다. '나중에'는 부사어이지만 그렇다고 '나중에'가 부사는 아니다. '나중에'는 명사 '나중'에 부사격 조사 '에'가 결합한 것으로, 단어가 아니라 곡용형이다. 부사격 조사는 체언(명사, 대명사, 수사)과 결합하여 체언을 문장에서 부사어로 기능하게 해 주는 조사이다. 그래서 명사 '나중'에 부사격 조사 '에'가 결합한 '나중에'가 문장에서 부사어로 쓰인다.

2.19. 갈치 '조림', 가슴 '졸임'

'조림'과 '졸임'은 일단 발음이 [조림]으로 같다. 발음이 같은데, 의미도 잘 구분되지 않는 것 같다는 생각이 드는 순간부터 이제 헷갈리기 시작한다. 표면적으로만 보면 '조림'은 연철 표기이고, '졸임'은 분철 표기처럼 보이지만, 실제 내용은 그렇지 한다.[1]

---

1 '밥이', '밥을'로 적는 것이 분철 표기이고, '바비', '바블'로 적는 것이 연철 표기이다. '졸임'은 선행 음절 자음을 내려 쓰지 않은 표기이므로 분철 표기이다. 만일 '졸임'을 연철 표기하게 되면 '조림'이 된다. 그런데 '갈치 조림'의 '조림'은 '졸임'을 연철 표기한 것이 아니라, 원래 '조림'이다.

우선 '조림'과 '졸임'을 구분하는 방법부터 말하고 나서, 둘의 차이에 대해 설명하기로 하겠다. 아래 ①, ② 중에서 어느 것이든 하나만 적용해 보면, '조림'과 '졸임'을 구분하는 데 문제가 없을 것이다. 꼭 둘 다를 적용할 필요는 없다. 스스로 문법 지식이 약하다고 생각하는 사람이라면 아무래도 ②를 활용하는 것이 좀 더 쉽지 않을까 싶다.

① 주어나 목적어가 확인되면 '졸임', 그렇지 않으면 '조림'.

② '-았/었-'을 넣어서 즉, '조렸음'이 되면 '졸임', 그럴 수 없으면 '조림'.

- *조림/졸임*으로 먹을까? 찌개로 먹을까?

    ↓ ― 주어나 목적어가 확인되지 않음

    ↓ ― '조렸음'(×)

    조림

    → **조림**으로 먹을까? 찌개로 먹을까?

- 가슴을 *조림/졸임*.

    ↓ ― 목적어 '가슴'이 확인됨

    ↓ ― '졸였음'(○)

    졸임

    → 가슴을 **졸임**.

그러면 하나만 더 적용해 보자. '찌개를 *조림/졸임*.'에서는 '조림'이 맞을까? '졸임'이 맞을까? 목적어 '찌개'가 확인되고 '찌개를 졸였음.(○)'이 되니까, '찌개를 졸임.'이 맞다.

1, 2 두 가지 기준으로 '조림'과 '졸임'을 구분할 수 있는 이유는 '조림'은 명사이고, '졸임'은 동사 '졸이다'의 활용형이기 때문이다. 명사는 주어나 목적어를 가질 수 없고, 과거 시제 선어말 어미 '-았/었-'과도 결합할 수 없다. 반면 '졸이다'는 동사이고 동사 중에서도 타동사이기 때문에 목적어를 가진다. 그리고 동사이므로 당연히 '-았/었-'과도 결합할 수 있다. 그래서 명사인 '조림'은 1, 2 모두 불가능하고, 동사 '졸이다'에 명사형 어미 '-(으)ㅁ'[2]이 결합한 '졸임'은 1, 2 모두 가능하다.[3]

'조림'과 '졸임'은 어간도 서로 다르고, 뒤에 결합한 요소도 다르다. '조림'은 동사 '조리다'의 어간 '조리-'에 명사 파생 접미사 '-(으)ㅁ'이 결합하며 만들어진 명사이다. 이에 비해 '졸임'은 동사 '졸이다'의 어간 '졸이-'에 명사형 어미 '-(으)ㅁ'이 결합한 활용형이다.[4] 그래서 '졸임'은 사전에서 찾으면 나오지 않는다. 사전에는 용언(동사, 형용사)의 경우에 활용형 중에서 어간에 어미 '-다'가 결합한 형태만 올리기 때문이다. 즉 '먹다, 먹고, 먹으니, 먹으면 …' 중에서 어미 '-다'가 결합한 활용형 '먹다'만 사전에 등재한다. 이 '먹다'를 기본형이라고 부른다.

여기까지 이해하는 데는 크게 무리가 없었으리라 생각한다. 이제 여기서 조금만 더 깊이 들어가 보자. 위에서는 명사 '조림'과 동사 '졸이다'의 명사형 '졸임'의 구분에 초점을 맞추어서 설명을 하였는데, 아직 하나가 더 남아 있기는 하다. 동사 '조리다'

---

2 '-(으)ㅁ'은 '함'의 '-ㅁ'과 '먹음'의 '-음'을 함께 나타낸 것이다.

3 어미는 결합하는 어간의 품사를 바꿀 수 없다. 무슨 말이냐 하면 '졸이고, 졸이니, 졸이면'은 동사 어간 '졸이-'에 각각 어미 '-고, -(으)니, -(으)면'이 결합한 활용형인데, 어미가 어간의 품사를 바꿀 수 없으므로 '졸이고, 졸이니, 졸이면'은 여전히 동사이다. 마찬가지로 '졸임'은 동사 어간 '졸이-'에 명사형 어미 '-(으)ㅁ'이 결합한 활용형이므로, '졸임'의 품사는 여전히 동사이다.

4 현대 국어에서 명사 파생 접미사는 '-(으)ㅁ', '-기'이고, 명사형 어미도 '-(으)ㅁ', '-기'이다. 이렇다 보니 명사인지, 명사형 어미가 결합한 용언의 활용형인지가 형태상으로는 구분이 되지 않는다. 그래서 '조림'과 '졸임'처럼 헷갈리는 경우들이 생기는 것이다.

에 명사형 어미 '-(으)ㅁ'이 결합한 활용형의 형태도 '조림'이다. 그러니까 명사 '조림'과 '조리다'의 명사형 '조림'을 또 구분해야 하는 문제가 생긴다.

그러나 이 역시 별로 어려운 문제가 아니다. 명사 '조림'과 '조리다'의 명사형 '조림'도 앞의 ①, ②를 적용하여 구분하면 된다. '조리다'의 명사형 '조림'은 형태만 명사 '조림'과 같을 뿐, 품사는 여전히 '조리다'와 같은 동사이다. 그래서 명사형 '조림'은 목적어가 확인되고, 과거 시제 선어말 어미 '-았/었-'이 결합될 수 있다.

지금부터는 단어에 내재된 역사에 대해 간단히 살펴보자. 다음은 〈표준국어대사전〉에서의 뜻풀이이다.

조리다「동사」
「1」 양념을 한 고기나 생선, 채소 등을 국물에 넣고 바짝 끓여서 양념이
　　배어들게 하다.
　　예 멸치와 생선을 간장에 조리다.
「2」 열매나 뿌리, 줄기 등을 꿀, 설탕물 등에 넣고 계속 끓여서 단맛이 배
　　어들게 하다.
　　예 딸기를 설탕물에 조리다.

졸-이다「동사」
「1」 찌개, 국, 한약 따위의 물을 증발시켜 분량을 적어지게 하다.
　　예 찌개를 졸이다.
「2」 속을 태우다시피 초조해하다.
　　예 가슴을 졸이다.

보면 알겠지만, 사실 뜻풀이가 다른 듯도 하면서 같은 듯도 하다. '졸이다'의 「2」번 뜻풀이는 나중에 의미가 확장되어 추가된 의미이므로 이를 빼고 나면, '조리다'와 '졸이다' 둘 다 물을 증발시켜 수분을 줄인다는 기본적인 의미는 거의 유사하다.

이는 어원적으로 '조리다'와 '졸이다' 둘 다 동사 어간 '졸-'에 사동 접미사 '-이-'

가 결합하여 만들어진 단어이기 때문이다. 다만 '조리다'는 소리대로 적은 것을 표준어로 삼았고, '졸이다'는 어법에 맞게 적은 것을 표준어로 삼았다. 그러면서 인위적으로 둘의 의미를 서로 구분해 놓았다. 시간적 선후로 보면 '조리다'가 먼저 생겼고, 나중에 분철한 즉, 어법에 맞게 적은 '졸이다'가 만들어졌다.

'조림 : 졸임'과 비슷한 사례 하나만 더 살펴보자. 빈도는 조금 낮지만 이 역시 많이 틀리는 예이다. '주림'과 '줄임'도 발음은 [주림]으로 같다. 그런데 '주림'은 품사가 명사이고, '줄임'은 동사 '줄이다'의 어간 '줄이-'에 명사형 어미 '-(으)ㅁ'이 결합한 명사형으로 품사는 동사이다. '주림'은 '주리다'의 어간 '주리-'에 명사 파생 접미사 '-(으)ㅁ'이 결합하여 만들어진 파생 명사이다. '주림'과 '줄임'을 구별하는 방법은 '조림'과 '졸임'을 구분하는 방법과 같다. 즉 위의 ①, ②를 적용해서 구별할 수 있다.

주리다「동사」

「1」 제대로 먹지 못하여 배를 곯다.

㈀ 주린 배를 물로 채웠다.

「2」 원하는 것을 얻지 못하여 몹시 아쉬워하다.

㈀ 모성애에 주리다.

주림「명사」

주로 먹을 것을 제대로 먹지 못하여 주리는 일.

㈀ 추위와 주림으로 고통스러운 하루가 지나갔다.

줄-이다「동사」

'줄다'의 사동사

㈀ 짐을 줄이다.

몸무게를 줄이다.

소리를 줄이다.

⋮

위에서 보듯이 '주림'과 '줄임'은 형태론적으로는 전혀 관계가 없다. '주림'은 동사 '주리다'에서 파생된 명사이고, '줄임'은 '줄다'에 사동 접미사가 '-이-'가 결합하여 만들어진 사동사 '줄이다'에 명사형 어미 '-(으)ㅁ'이 결합한 활용형이다.

명사 '주림'은 동사 '주리다'의 어간 '주리-'에 명사형 어미 '-(으)ㅁ'이 결합한 활용형 '주림'과 그 형태가 같다. 하지만 역시 위의 1, 2를 적용해서 명사 '주림'과 명사형 '주림'을 구별할 수 있다.

2.20. '조용이'가 아니라 '조용히'라고 하면 조용할게.

조용이 좀 해!

책상도 좀 깨끗이 하고!

윽! 또 잔소리 시작했군....

'조용히' 하라고 하면 조용히 할 거야. 엄마~~!!

'깨끗이'는 '깨끗이'인데 '조용히'는 왜 '조용히'야?

근데, 넌 어떻게 구분해??

(의심 의심)

국어 시간에 배웠죠!! ㅎ

1. 'ㅅ'으로 끝나면 '-이' : 깨끗이, 버젓이

2. 'ㅅ' 이외의 자음으로 끝나면 '-히' : 조용히, 가만히, 급히

3. 'ㄱ'으로 끝나면 알아서 외울 것 : 끔찍이, 막막히

"책상" 정리가 중요해? 지금!

보고 읽는 거 아니고 참고하는 중임!

오~우리 아들 제법인데??

아, 그리고 한 가지 더!!
'일찍이', '틈틈이'처럼 '*일찍하다', '*틈틈하다'가 없는 경우는 '-이'가 결합해요.

좀 헷갈리긴 하죠? 하하하

'조용-하다', '깨끗-하다'처럼 'X-하다'[1]의 X에 '깨끗이', '조용히'처럼 부사를 파생시키는 접미사 '-이'나 '-히'가 결합하여 만들어진 부사들이 있다. 이때 언제 '-이'가 결합하고, 언제 '-히'가 결합하는지가 사람들을 곤혹스럽게 한다. 'X이'인 경우와 'X히'인 경우가 정확히 딱 구분이 되면 좋겠지만, 실상은 그렇지 못하기 때문이다. 그러다 보니 나름대로 어떻게 구분해 보려고 하다가도, 어느 순간 '이게 뭐야!' 하고 내려놓게 되기도 한다.

그러나 그렇다고 암담해 할 필요까지는 없다. 정확히 학문적으로 이를 구분하는 규칙이 있는 것은 아니지만, 헷갈리지 않고 잘 쓸 수 있을 만큼의 규칙성은 있다. 지금부터 이에 대해 설명하기로 하겠다. 크게 3가지만 기억하자. 3가지는 순서대로 기억해서, 계기적으로 적용하는 것이 좋다. 1, 2, 3이 문법 규칙처럼 예외 없이 정확한 규칙성을 보이는 것은 아니지만, 그래도 일반인들이 사용하는 국어의 범위 내에서는 대체로 그대로 적용해도 무리가 없다.

1 'X-하다'의 X가 'ㅅ'으로 끝나면 'X이'이다.

2 'X-하다'의 X가 모음으로 끝나거나 'ㅅ' 이외의 자음으로 끝나면 'X히'이다.

3 단 'X-하다'의 X가 'ㄱ'으로 끝난 경우에는 'X이'도 있고, 'X히'도 있으므로 개별적으로 외우는 수밖에 없다. 이때 'X히'와 결합한 형태가 적으므로 'X히'가 결합한 형태만 따로 외우는 것이 효율적이다.

---

1   'X-하다'에서 '-하다'가 접미사이고, X는 어근이다. 어근 X는 주로 '조용하다', '일하다', '공부하다'처럼 명사인 경우가 대부분이고, '잘하다', '못하다'처럼 부사인 경우도 있다.

이제 각각의 예를 보자. 〈표준국어대사전〉에 있는 예들을 모두 제시하지는 못하는데, 사실 그럴 필요가 없기도 하다. 〈표준국어대사전〉에 있는 단어들 중에는 일상에서 거의 쓰이지 않는 것들도 많고, 또 이 자리에서 굳이 모든 단어를 다 봐야 할 필요도 없기 때문이다.

먼저 (1)은 □에 해당하는 단어들의 목록이다. 배열 순서는 '가다다' 순이다.

(1)	가붓이	구붓이
	깨끗이	따뜻이
	반듯이[2]	버젓이
	생긋이	어렴풋이
	오붓이	지긋이[3]
	파릇이	향긋이

---

2 '반듯이'의 의미는 '삐뚤어지거나 기울거나 굽지 않고 바르게'의 뜻이다. '반드시'도 있다. '반드시'는 '틀림없이 꼭'의 의미를 가지고 있다. 의미상 '반듯이'와 '반드시'가 다르므로 의미로 둘을 구분할 수 있다. '반듯이'와 '반드시'의 차이에 대해서는 '☞ 2.10. '반드시' 쓸까?, '반듯이' 쓸까?' 참조.

3 '지긋이'의 의미는 '나이가 많아 듬직하게', '참을성 있게'의 의미이다. '지그시'도 있다. '지그시'는 '슬며시 힘을 주거나, 조용히 참고 견디는 모양'을 나타낸다. 의미상 '지긋이'와 '지그시'가 다르므로 의미로 둘을 구분할 수 있다. '지긋이'와 '지그시'의 차이에 대해서는 '☞ 2.10. '반드시' 쓸까?, '반듯이' 쓸까?' 참조.

다음으로 (2)는 ②에 해당하는 단어들의 목록이다.

(2)	가난히	가만히
	가뿐히	가지런히
	간간히	거뜬히
	고스란히	구부정히
	굳건히	궁금히
	급히	깔끔히
	꼼꼼히	꾸준히
	나란히	날렵히
	날씬히	느슨히
	단단히	도저히
	든든히	마땅히
	말끔히	멍청히
	무던히	부지런히
	불쌍히	비스듬히
	사뿐히	쓸쓸히
	알뜰히	얌전히
	엄연히	유난히
	조용히	차분히
	찬찬히	천천히
	첩첩히	촘촘히
	훌륭히	훤히

마지막으로 (3)은 ③에 해당하는 것으로, 'X-하다'의 'X'가 'ㄱ'으로 끝난 단어들의 목록이다.

---

(3) **'X이' 형**   **X히' 형**

빡빡이	까마득히/가마득히
어수룩이	그득히
자욱이	딱히
진득이/찐득이	똑똑히
촉촉이	빼곡히
축축이	⋮
큼지막이	
큼직이	
⋮	

'X-하다'의 'X'에 '-이', '-히'가 결합하여 부사가 된 것 외에도 '곰곰이', '겹겹이'처럼 '-이'가 결합하여 부사가 된 단어들이 있다. 이들은 '*곰곰-하다(×)', '*겹겹-하다(×)'가 없다. 그래서 'X-하다'의 'X'에 '-이'가 결합한 것과 그 성격이 다르다. 이러한 유형의 부사에는 다시 두 종류가 있는데, 거의 대부분 '-이'가 결합한 것이다.

첫째, 이미 부사로 쓰이는 단어에 '-이'가 결합하여 부사가 된 단어들이다.

곰곰이	더욱이
일찍이	쫑긋이
홀로이	히쭉이

'곰곰', '더욱', '일찍', '쫑긋', '홀로', '히쭉' 모두 그 자체로 부사로 쓰이는 단어들이다. 그런데 여기에 다시 '-이'가 결합하여 부사가 된 것들이다. 이 경우는 '-이'가 결합하기 전보다 의미상 강조의 느낌이 더해진다. 즉 '곰곰'보다는 '곰곰이'가 더 강조의 느낌이 있다.

둘째, 명사가 반복된 것 뒤에 '-이'가 결합하여 부사가 된 단어들이다.

간간이	겹겹이
곳곳이	길길이
나날이[4]	낱낱이
다달이[5]	땀땀이
몫몫이	번번이
샅샅이	앞앞이
옆옆이	줄줄이
집집이	철철이
칸칸이	틈틈이

이제 총정리를 해 보자. 그러니까 'X이'인지 'X히'인지 헷갈리면,

(1) 'X-하다'의 단어가 있는지 없는지부터 확인하자. 그래서 'X-하다'의 단어가 없다면 고민할 필요 없이 'X이'가 맞는다고 생각해도 무방하다.

---

[4] '나날이'는 '날+날'에서 /ㄹ/가 탈락하여 '나날'이 되고, 이 '나날'에 '-이'가 결합하여 '나날이'가 되었다.

[5] '다달이'는 '달+달'에서 /ㄹ/가 탈락하여 '다달'이 되고, 이 '다달'에 '-이'가 결합하여 '다달이'가 되었다.

(2) 'X-하다'의 단어가 있으면, 이제 위에서 제시한 ①, ②, ③을 적용하자.

> ① 'X-하다'의 X가 'ㅅ'으로 끝나면 'X이'이다.
>
> ② 'X-하다'의 X가 모음으로 끝나거나 'ㅅ' 이외의 자음으로 끝나면 'X히'이다.
>
> ③ 단 'X-하다'의 X가 'ㄱ'으로 끝난 경우에는 'X이'도 있고, 'X히'도 있으므로 개별적으로 외우자.

2.21. 이거 '살까', 저거 '살까'? 둘 다 '살게'.

〈한글 맞춤법〉 제1장 제1항은 "표준어를 소리대로 적되, 어법에 맞도록 함을 원칙으로 한다."이다. 여기서 소리대로 적은 것은 표기와 소리가 일치하지만, 어법에 맞게 적은 것은 표기와 소리가 다르다. 활용형에서 어간과 어미는 원칙적으로 어법에 맞게 즉, 원래의 형태를 밝혀서 적는다. 즉 '먹고', '읽으면', '감지'처럼 적는다. 발음은 각각 [먹꼬], [일그면], [감찌]이다. 이처럼 어법에 맞게 적는다는 것은 어간의 형태와 어미의 형태를 밝혀 적는다는 뜻이고, 그러니까 표기와 발음이 달라질 가능성이 높다. 많은 사람들이 맞춤법을 골치 아프다고 여기게 되는 이유 중의 하나가 바로 어법에 맞게 적는 이러한 표기 때문이기도 하다.

특히 어미가 어법에 맞게 적은 표기인 경우, 즉 표기와 발음이 다를 때 더 어려워하고 골치 아파하는 경향이 있다. (1)의 어미들이 바로 이러한 예들이다.

(1) 어미	예
-(으)ㄹ걸[껄]	할걸[할껄] 먹을걸[머글껄]
-(으)ㄹ게[께]	할게[할께] 먹을게[머글께]
-(으)ㄹ수록[-쑤록]	할수록[할쑤록] 먹을수록[머글쑤록]
-(으)ㄹ지[-찌]	할지[할찌] 먹을지[머글찌]
-(으)ㄹ지라도[-찌라도]	할지라도[할찌라도] 먹을지라도[머글찌라도]
-(으)ㄹ지언정[-찌언정]	할지언정[할찌언정] 먹을지언정[머글찌언정]

(1)의 어미들은 된소리로 발음된다. 된소리로 발음하는 것이 표준 발음이다. 하지만 표기는 된소리로 되기 전의 형태를 표준어로 삼았다. 이처럼 원칙적으로 어미는 된소리로 발음되더라도 된소리 발음을 표기에 반영하지 않고, 원래의 형태를 밝혀 적는다.

하지만 늘 그렇듯 예외는 있다. 어미 중에도 된소리로 표기하는 것들이 몇 개 있다. (2)의 어미들이 바로 그것이다.

(2)

어미	예
-(으)ㄹ까	할까? 먹을까?
-(으)ㄹ꼬	할꼬? 먹을꼬?
-(으)ㄹ쏘냐	할쏘냐? 먹을쏘냐?

위의 3개 어미만 머릿속에 넣어 두자. 이 3개는 모두 의문문을 만드는 종결 어미라는 공통점이 있다. 간혹 3개가 분명히 기억되지 않을 때는 의문문을 만드는 어미였다는 사실을 떠올려서 기억을 보완할 수 있다. 아무튼 (2)의 3개만 기억하고, 어미는 발음이 된소리로 되더라도 된소리를 표기에 반영하지 않는다고 생각하면 된다. 그러면 맞춤법에 틀릴 일이 거의 없다.

맞춤법 오류 중에 무척이나 높은 빈도를 차지하는 것 중에 하나가 바로 '할걸', '할게'를 소리대로 '*할껄(×)', '*할께(×)'로 표기하는 오류이다.

(3) ㉠ 내가 *할께(×).
    ㉡ 내일이면 원서 접수가 *끝날껄(×).

(3)의 오류는 바로 (2)의 어미 '할까?'의 '-(으)ㄹ까'로부터 잘못 추론하면서 생기는 현상이다. 다음을 잘 기억하자. 그래서 앞으로는 틀리지 않도록 하자.

어미에 된소리 표기는 없다. 단 '할까?, 할꼬?, 할쏘냐?'는 예외.

그러면 왜 (1)의 어미들을 소리대로 적지 않고 어법에 맞게 적도록 하였을까? (1)의 어미들은 모두 기원적으로는 '관형사형 어미 -(으)ㄹ + 의존 명사' 구성이었다. 그러다가 시간이 흐르면서 하나의 어미로 변화한 것들이다. 그래서 이러한 기원적인 사실을 감안하여 소리대로 적은 표기가 아닌, 형태를 밝혀 적은 표기를 채택한 것이다.

하나만 더 기억하자. 일반적으로 많은 사람들이 어미처럼 생각하지만 실제 어미가 아니면서, 또 소리대로 적으면 안 되는 예이다. 이미 설명에서 추론할 수 있듯이, 어미가 아닌데 어미처럼 생각하니까 당연히 표기 오류가 많은 예이다. 표기만이 아니라, 띄어쓰기도 자주 틀리는 예이다.

(4)   ㉠ 내일은 비가 올∨거야[올꺼야].
　　　네가 떠나면, 마음이 아플∨거야[아플꺼야].
　　㉡ 내 꿈은 내가 찾을∨거야[차즐꺼야].
　　　시골길이라 길이 좁을∨거야[조블꺼야].

'올 거야', '찾을 거야'는 관형사형 어미 '-(으)ㄹ'이 결합한 관형어 뒤에 의존 명사 '거'가 결합한 구성이다. 그리고 '거야'는 '거이야'에서 즉, 의존 명사 '거' 뒤에 서술격 조사 '이', 그리고 종결 어미 '-야'가 결합한 구성에서 서술격 조사 '이'가 탈락한 것이다(거이야 → 거야).

관형사형 어미 '-(으)ㄹ' 뒤에 의존 명사가 오면 '할∨수[할쑤]', '할∨줄[할쭐]', '할∨것[할껟]', '할∨바[할빠]'처럼 예외 없이 의존 명사의 첫소리가 된소리가 된다. (4)는 이러한 음운 변동 규칙의 적용을 받은 것이다.

'거야'는 '거이야'에서 서술격 조사 '이'가 탈락한 것이다(거이야 → 거야). '이것은 새이야 → 이것은 새야'에서 보듯이 모음으로 끝난 체언 뒤에서 서술격 조사 '이'는 탈락되는 경우가 많다. 이러한 음운 변동에 의해 '거이야 → 거야'가 된 것이다.

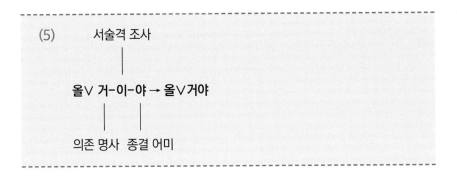

'올 거다[올꺼다]'의 '거다'도 마찬가지이다. 즉 '거다'는 '거이다'에서 서술격 조사 '이'가 탈락한 것이다(거이다 → 거다). 이 역시 '이것은 새이다 → 이것은 새다'와 같은 현상이다. 모음으로 끝난 체언 뒤에서 서술격 조사 '이'는 탈락되는 경우가 많다.

2.22. '희망'의 표준 발음이 *[희망](×)이 아니라고요!

'주의'는 [주의]도 표준 발음이고 [주이]도 표준 발음 맞나요?

[주의] ?
[주이] ?

맞아!! 그런데 [ㅢ]만 표준 발음인 것도 있고 [ㅣ]만 표준 발음인 것도 있어.

헷갈리지 않으려면 참고해~~. 아래 표를

가능하면 순서대로 기억해~

01 어두이면서 초성 자음이 없으면 '의사[의사]'처럼 [ㅢ]만 표준 발음

02 비어두의 'ㅢ'는 '주의[주의/주이]'처럼 [ㅢ]가 항상 표준 발음, [ㅣ]도 표준 발음으로 허용

03 어두, 비어두 상관없이 '희망[히망]', '무늬[무니]'처럼 초성 자음이 있으면 [ㅣ]만 표준 발음

04 관형격 조사 '의'는 [ㅢ]가 표준 발음인데, [ㅔ]도 표준 발음으로 허용

'ㅢ'의 표준 발음이 무엇일까? 어쩌면 너무나 당연한 것을 왜 묻느냐는 사람이 있을 수도 있겠다. 왜냐하면 'ㅢ'의 표준 발음은 [ㅢ]이니까. 그런데 'ㅢ'의 표준 발음이 [ㅢ]가 아닐 때도 있다. 그래서 단순하지 않고, 단순하지 않기 때문에 각종 시험에서 문제로 잘 출제되기도 한다.

'희망'을 표준 발음으로 발음해 보라고 하면, 억지스럽게 어떻게든 [희망]으로 발음하려고 노력하는 사람들이 있다. 그 이유는 '희망'을 [히망]으로 발음하면 표준 발음이 아니라고 생각하기 때문이다. 그런데 '희망'은 [히망]이 표준 발음이고, *[희망](×)이 표준 발음이 아니다.

순간 '이게 뭐지?' 하는 사람이 있을 수도 있겠다. 이런 반응이 부자연스럽지 않

다. 그만큼 'ㅢ'의 발음은 복잡하고 헷갈린다. 〈표준 발음법〉 규정을 찾아서, 'ㅢ' 발음 부분을 봐도 무슨 말인지 한눈에 들어오지 않고 여전히 머리가 아플 가능성이 크다.

하지만 쉽게 정리할 수 없는 것은 아니다. 얼핏 복잡해 보이지만, 나름대로 한눈에 파악할 수 있다. 한눈에 파악하기 위해서는 '어두일 때'와 '비어두일 때'를 구분해서 이해하는 것이 좋다.

> Ⅰ. **어두이면서 초성 자음이 없으면** '의사[의사]'처럼 **[ㅢ]만 표준 발음.**[1]
>
> Ⅱ. **비어두의 'ㅢ'는** '주의[주의/주이]'처럼 **[ㅢ]가 항상 표준 발음, [ㅣ]도 표준 발음으로 허용.**
>
> Ⅲ. **어두, 비어두 상관없이** '희망[히망]', '무늬[무니]'처럼 **초성 자음이 있으면 [ㅣ]만 표준 발음.**
>
> Ⅳ. **관형격 조사 '의'는 [ㅢ]가 표준 발음인데, [ㅔ]도 표준 발음으로 허용.**

가능하면 'Ⅰ → Ⅱ → Ⅲ → Ⅳ'의 순서대로 기억하는 것이 좋다.

'ㅢ' 발음은 현대 국어에서 상당히 다양하게 발음되고 있다.[2] 〈표준 발음법〉도 이러한 현실을 수용한 것이다. 허용 발음은 표준 발음이 아니라고 오해하는 사람들이

---

1   '의사'의 '의'에 초성 자음 'ㅇ'이 있다고 생각하는 사람이 있을 수 있다. 사실 이렇게 생각하는 사람이 무척이나 많다. 하지만 '의사'의 'ㅇ'은 글자의 꼴을 갖추기 위해 들어간 형식 문자이다. 그러니까 '의사'의 'ㅇ'은 소리가 없다. '의사'를 국제음성기호로 나타내면 [iysa]인데, [iysa]에서 초성에 자음이 없다는 것을 확인할 수 있다.

2   'ㅢ'의 발음을 국제음성기호로 나타내면 /iy/이다. 'ㅑ/ya/', 'ㅛ/yo/'와 비교해 보면 반모음(활음) /y/가 모음 뒤에 있는 이중 모음이다. 중세 국어만 하더라도 'ㅢ/iy/'처럼 반모음 /y/가 뒤에 오는 이중 모음들이 여럿 있었는데, 모두 사라지고 현대 국어에서는 'ㅢ/iy/' 하나만 남았다. 이처럼 'ㅢ' 하나만 남게 되다 보니, 'ㅢ'의 발음이 안정되지 못하고 상당히 복잡한 양상으로 나타나는 것이다.

있는데, 허용 발음도 분명 표준 발음이다.

하나만 더 기억하자. 관형격 조사 '의'는 절대로 어두에 올 수 없다. 항상 비어두에만 온다. 그러다 보니 관형격 조사 '의'에도 'Ⅱ'를 과잉으로 적용하여 [ㅣ]로 발음하는 것도 허용된다고 오해하는 경우가 있다. 그러나 관형격 조사 '의'를 [ㅣ]로 발음하는 것은 표준 발음이 아니다. 관형격 조사 '의'의 허용 발음은 [ㅔ]이다.

관형격 조사 '의'를 [ㅔ]로 발음하는 것도 허용한 것은, 'ㅢ' 발음에 대한 것이라기보다는 관형격 조사라는 특정 형태소에 대한 특수한 규정이다. 그래서 Ⅳ는 별도로 기억해 두는 것이 좋다.

'나의' : **[나의]**, **[나에]**, ＊[나이](×)

3. — 문법에 대한 간단한 이해로 쉬워지는 맞춤법

3.1. '갈비찜'은 '갈비찜'인데, '갈빗국'은 왜 '*갈비국(×)'이 아니지?

어? 갈비찜은 갈비찜인데, 갈빗국은 왜 갈비국이 아니지?

'갈빗국'에는 사이시옷이 있어서 그렇지~~

언제 사이시옷이 들어가요?

메뉴
갈비찜
갈비
더 깊은 맛 하는 집
갈빗국

[갈비꾹]
갈빗국
[갈비꾹]처럼 된소리로 발음되면 사이시옷이 있는 표기가 맞다.

[윈물]
윗물
[윈물]처럼 발음을 했을 때 종성에 [ㄴ]이 첨가되면 사이시옷이 있는 표기가 맞다.

마지막으로 한 가지만 더!!
한자는 사이시옷을 넣지 않는데, 아래 6개만 예외적으로 사이시옷을 넣어.

찻간, 곳간, 툇간
숫자, 횟수, 셋방

어떤 때 사이시옷을 넣고, 어떤 때 사이시옷을 넣지 않는지는 우리나라 국민이라면 누구나 어려워하는, 가장 골치 아파 하는 문제 중의 하나이다. 관련된 용어도 통일되어 있지 않다. 〈한글 맞춤법〉, 〈표준 발음법〉에서는 '사이시옷'인데, 학교문법에서는 '사잇소리'를 더 많이 쓴다. 우리는 규범의 문제를 다루므로 여기서는 '사이시옷'이라는 용어를 사용하기로 한다.

사이시옷이 있느냐 없느냐를 고민하는 대상은 합성어[1]이다. 합성어 중에서도 두

---

1   문법적으로는 합성어의 정의는 '어근 + 어근'의 구성으로 이루어진 단어이다. '땅, 하늘, 바람'처럼 하나의 형태소가 단어인 것을 단일어라고 하고, 둘 이상의

구성 요소 중에 적어도 하나는 고유어이어야 한다. 그러니까 아래 요건이 충족되지 않으면, 사이시옷이 있는 표기가 맞는지, 없는 표기가 맞는지 고민할 필요가 없다. 사이시옷 표기의 대상 자체가 아니므로 당연히 사이시옷이 없다.

> ① **합성어이고, 명사일 것.**
> ② **두 구성 요소 중 적어도 하나는 고유어일 것.**

그러니까 사이시옷을 넣어야 할지 말아야 할지 고민이 될 때는 제일 먼저 해당 단어가 합성어인지 아닌지를 판단하고, 합성어가 아니면 고민할 이유가 없다. 또한 합성어이기는 하지만, 그 품사가 명사가 아니어도 즉, ①이 충족되지 않았을 때도 사이시옷 유무를 고민할 필요가 없다. '해님'이 '*햇님(×)'이 아니고 '해님'인 이유는 합성어가 아니어서 사이시옷 첨가의 대상이 아니기 때문이다. '해님'은 명사 '해'에 접미사 '-님'이 결합한 파생어이다. 파생어는 사이시옷 표기의 대상 자체가 아니다.

그리고 '효과', '초점'에서 사이시옷이 들어가지 않은 것은 '효과(效+果)', '초점(焦+點)'처럼 두 구성 요소가 모두 한자이기 때문이다. 사이시옷 첨가의 조건 중에 두 구성 요소 중에 적어도 하나는 고유어이어야 한다는 ②가 충족되지 않았다. '효과', '초점'은 두 구성 요소 모두 고유어가 아니기 때문이다. 그래서 사이시옷이 첨가된 '*횻과(×)', '*촛점(×)'은 틀린 표기이다.

①, ②가 충족된다고 해서 모두 사이시옷을 넣는 것은 아니다. 그렇다면 언제 사

형태소로 이루어진 단어를 복합어라고 한다. 복합어는 다시 '어근 + 접사'로 이루어진 파생어와, '어근 + 어근'으로 이루어진 합성어로 나뉜다. 어근은 단어인 경우가 대부분이지만, '착하다'의 '착'이나 '괴롭다'의 '괴'처럼 단어가 아닌 것도 있다. '착하다'는 어근 '착'에 접미사 '-하-'가 결합한 파생어이고, '괴롭다'는 어근 '괴'에 접미사 '-롭-'이 결합한 파생어이다. 그런데 사이시옷 유무가 문제가 되는 것은 모두 명사이니까, 사이시옷과 관련하여 합성어라고 할 때는 그냥 쉽게 '단어 + 단어'가 결합하여 또 다른 단어가 된 것이라고 생각해도 무방하다.

이시옷을 넣고, 언제 사이시옷을 넣지 않는지 어떻게 알 수 있을까? 100% 정확하게 이를 판별하는 기준은 없다. 그렇지만 또 무조건 외워야 하는 것도 아니다. 아래의 내용을 이해해서 적용하면, 일단 사이시옷을 넣는지 넣지 않는지 많은 경우 판단이 가능하다. 크게 보면 (1), (2) 두 가지밖에 안 되니까 2가지만 우선 기억하자.

(1) [고기꾹]처럼 발음을 했을 때 후행 요소의 첫소리가 된소리로 발음되면, 사이시옷이 있는 표기가 맞다.

- 후행 요소의 첫소리가 된소리가 됨 → 사이시옷 넣음.

  [갈비꾹/갈빋꾹] → **갈빗국**

  [만두꾹/만둗꾹] → **만둣국**

  [무ː꾹/묻ː꾹] → **뭇국**

  [개ː꽈/갣ː꽈] → **갯과**[2]

비교) 후행 요소 첫소리가 된소리가 되지 않음 → 사이시옷 넣지 않음.

  [갈비구이] → **갈비구이**

  [개집] → **개집**[3]

  [무ː밥] → **무밥**

(2) [윈물]처럼 발음을 했을 때 선행 요소의 종성에 [ㄴ]가 첨가되면, 사이시옷이 있는 표기가 맞다.

- 선행 요소 종성에 [ㄴ]가 첨가됨 → 사이시옷 넣음.

  [윈물] → **윗물**

---

2 개, 늑대, 여우, 너구리 따위가 속해 있는 과(科). '고양잇과', '개구릿과', '다람쥣과'처럼 다른 과(科)도 대부분 사이시옷이 들어간다.

3 개가 들어가 사는 작은 집.

[찬닙]⁴ → **찻잎**

[수돈물] → **수돗물**

[나문닙] → **나뭇잎**

비교) 선행 요소 종성에 [ㄴ]가 첨가되지 않음 → 사이시옷 넣지 않음.

[동이물] → **동이물**⁵

[차나무] → **차나무**

[고기밥] → **고기밥**

[줄기입] → **줄기잎**

사잇소리가 첨가된 표기가 맞는지 첨가되지 않은 표기가 맞는지에 대한 판단은 위의 (1), (2)를 통해서 많은 부분 해소가 된다. (1)에서 후행 요소의 첫소리가 된소리가 될 때 사이시옷을 넣는다고 했는데, 후행 요소의 첫소리가 이미 된소리이거나 된소리가 될 수 없는 소리일 때는 어떻게 할까? 결과적으로 이는 (1)이 충족되지 않은 것이니까 사이시옷을 넣지 않는다.

---

4   [찬닙], [나문닙]은 선행 요소 종성에도 [ㄴ]가 첨가되었고, 후행 요소의 초성에도 [ㄴ]가 첨가되었다. 그런데 사이시옷 유무를 판단할 때는 선행 요소 종성에 [ㄴ]가 첨가되었는지만 확인하면 된다. 후행 요소 첫소리에 [ㄴ]가 첨가되었느냐 안 되었느냐는 사이시옷을 표기하느냐 안 하느냐에 관여적이지 않다.

참고로 후행 요소의 첫소리에 첨가된 /ㄴ/는 '막일[망닐], 담요[담뇨]'에서의 /ㄴ/ 첨가와 같다. 선행 음절 종성이 자음으로 끝나고 후행 음절 초성이 / ㅣ / 모음이나 /ㅑ, ㅕ, ㅛ, ㅠ, ㅒ, ㅖ/처럼 반모음 /y/로 시작하는 이중 모음일 때 /ㄴ/가 첨가된다. '찻잎'은 다음과 같은 과정을 겪은 것이다.

차 + 잎 → 찻잎 → 찻닢 → 찬닙 → [찬닙]

5   동이로 긷는 물. 또는 동이에 담은 물.

[소똥]	→	**소똥**
[갈비찜]	→	**갈비찜**
[북어탕]	→	**북어탕**
[보리쌀]	→	**보리쌀**
[허리춤]	→	**허리춤**
[강아지풀]	→	**강아지풀**

위의 단어들은 후행 요소의 첫소리가 된소리가 될 수 없다. 이미 된소리는 된소리이므로 된소리가 될 수 없다. 또한 거센소리(유기음) /ㅍ, ㅌ, ㅊ, ㅋ, ㅎ/도 결코 된소리가 될 수 없다. 그래서 후행 요소의 첫소리가 된소리 /ㅃ, ㄸ, ㅆ, ㅉ, ㄲ/이거나 거센소리 /ㅍ, ㅌ, ㅊ, ㅋ, ㅎ/일 때는, 고민하지 말고 사이시옷을 넣지 않은 표기가 맞는다고 생각하면 된다.

그런데 한 가지 분명히 기억해 두어야 할 것이 있다. 위의 (1), (2)에서 '**발음을 했을 때**'의 발음은 나의 발음이 아니라 표준 발음을 말한다. 문제는 나의 발음이 표준 발음이라는 것을 보장하지 못할 때가 있다는 점이다. 하지만 너무 걱정하지 말자. 이 책을 보는 대부분의 독자는 이미 표준어 교육을 잘 받아서 적어도 표준어 단어의 발음은 대부분 표준 발음으로 한다.

표준어 단어가 아니라 사투리 단어를 쓸 때는 표준어가 아니기 때문에 표기가 어떤지 고민할 필요가 없다. 어문 규범의 관점에서 보면, 사투리를 쓰는 것은 이미 어문 규범에 맞지 않다. 그러니까 사투리를 대상으로 사이시옷을 넣을지 말지를 고민할 이유가 없다. 사이시옷 유무는 표준어 단어, 단어 중에서도 명사, 명사 중에서도 합성어, 합성어 중에서도 두 구성 요소 중에 적어도 하나는 고유어인 합성어에만 국한된 문제이다.

마지막으로 한 가지만 더 기억하자. 이것은 어쩔 수 없이 무조건 암기하는 것 외에 달리 방법이 없다. 6개밖에 안 되니까 그냥 외우자. 두 구성 요소가 모두 한자임에도 예외적으로 사이시옷을 넣어 주는 한자어 단어이다. 아래에서 보듯이 '간(間)'으로 끝나는 단어가 3개, 그리고 '숫자', '횟수', '셋방' 이렇게 합이 6개이다.

찻간(車間)　**곳간**(庫間)　**툇간**(退間)

숫자(數字)　**횟수**(回數)　**셋방**(貰房)

참고로 '셋방'과 맞물려서 그 표기를 헷갈려 하는 것이 '전세-방(傳貰房)'이다. '전세방'은 두 구성 요소가 모두 한자일 때는 사이시옷을 적지 않는다는 원칙의 적용을 받아서 사이시옷을 넣지 않은 '전세방'이 맞다.

3.2. 신분증은 없으신 게 아니고 없는 거야.

---

(1)　　㉠ *커피 나오셨습니다.(×)

　　　　㉡ *옷이 좀 크시네요.(×)

　　　　㉢ *강아지가 예쁘시네요.(×)

---

(1)은 일상에서 심심찮게 들을 수 있는 말들이다. 그런데 이런 말을 들을 때마다 왠지 어색하고 몸에 맞지 않은 옷을 입은 듯한 느낌이 든다. 학생들이나 지인들이 문법적으로 맞는지, 또는 왜 이렇게 표현하는지 자주 묻는 질문이기도 한 걸 보면, 이것이 나만의 느낌은 아닌 듯하다. 그런데 일상의 언어생활에서 (1)과 같은 말들을 자주

접하다 보니, 이제는 귀에 꽤나 익숙해진 면도 있다. 익숙해지다 보면 자연스러워지고, 자연스러워지다 보면 맞는 것처럼 느껴지게 되기도 한다.

이 책이 어문 규범에 대해 설명하는 책이므로 먼저 어문 규범에 맞는지 틀렸는지에 대한 답부터 하고 나서, '왜?'에 대한 설명을 하기로 하자. 일단 어문 규범의 관점에서 (1)은 모두 잘못된 즉, 틀린 말이다. 다시 말해 문법적으로 틀린 말이다.

'-시-'는 서술어의 주체(또는 주어)가 높임의 대상일 때 주체(또는 주어)를 높이는 선어말 어미이다. 그리고 '-습니다/-ㅂ니다', '-네요'는 청자가 높임의 대상임을 나타내는 장치이다.[1] 그런데 (1㉠~㉢)에서 서술어의 주체(또는 주어)인 '커피', '옷', '강아지'는 높임의 대상이 아니다. 높임의 대상이 아니므로 '-시-'로 높일 수 없다.

좀 더 구체적으로 살펴보자.

(2)	틀린 표현		맞는 표현
	*커피 나오셨습니다.(×)	→	커피 나왔습니다.
	*옷이 좀 크시네요.(×)	→	옷이 좀 크네요.
	*강아지가 예쁘시네요.(×)	→	강아지가 예쁘네요.
	*카드가 새로 나오셨는데요.(×)	→	카드가 새로 나왔습니다.
	*표기가 틀리셨습니다.(×)	→	표기가 틀렸습니다.

'-시-'를 넣는 것이 맞는지 아닌지는 (2)에서처럼 서술어의 주체(또는 주어)를 확인

---

1   '-습니다/-ㅂ니다'는 청자가 높임의 대상일 때, 청자를 높이는 어말 어미이다. 그리고 '-네요'는 어말 어미 '-네'에 높임의 뜻을 더하는 보조사 '요'가 결합한 것으로, 역시 청자가 높임의 대상일 때 청자를 높인다.

해 보면 스스로 판단할 수 있다. 서술어의 주체(또는 주어)가 높임의 대상이면 '-시-'를 넣어야 맞고, 서술어의 주체(또는 주어)가 높임의 대상이 아니면 '-시-'를 넣지 않아야 맞다.

그런데 여기서 한 가지 문법적인 사실을 더 이해할 필요가 있다. 그것은 바로 간접 높임이다. 간접 높임은 서술어의 주체(또는 주어)는 높임의 대상이 아니지만, 그것이 높임의 대상과 직접적으로 관련되어 있을 때 '-시-'를 넣어 간접적으로 높임의 대상을 높여 주는 것이다.

---

(3)　　㉠ 아버지는 키가 크시다.

　　　　㉡ 할아버지는 책이 많으시다.

　　　　㉢ 우리 선생님은 성격이 좋으시다.

(3㉠)에서 서술어 '크다'의 주어는 '아버지'가 아니라 '키'이다. '키'는 높임의 대상이 아니다. 그렇지만 (3㉠)은 문법적으로 맞는 문장이다. 왜냐하면 (3㉠)에서 '키'는 높임의 대상이 아니지만, 그 '키'가 높임의 대상인 '아버지'와 관련되어 있기 때문에 '-시-'를 통해 '아버지'를 간접적으로 높이고 있다. 이러한 간접 높임의 문장은 문법적으로 맞는 표현이다.

(3㉡), (3㉢)도 (3㉠)과 마찬가지이다. 즉 (3㉡)에서 '많다'의 주어는 '책'인데, 그 '책'이 높임의 대상인 '할아버지'의 '책'이기 때문에 '-시-'를 통해 '할아버지'를 간접적으로 높이고 있다. (3㉢)에서도 '좋다'의 주어인 '성격'은 높임의 대상이 아니지만, '성격'이 높임의 대상인 '우리 선생님'과 직접적으로 관련되어 있기 때문에 '-시-'를 통해 '우리 선생님'을 간접적으로 높이고 있다.

이처럼 간접 높임은 문법적으로 맞는 문장이다. 하지만 (1)은 간접 높임과 무관하다. 그래서 (1)은 문법적으로 틀린 문장이다.

지금부터는 어문 규범의 관점에서 잠시 비켜서서, 왜 일상에서 (1)과 같은 표현이 자주 들리는지에 대해 알아보자. 일상에서 자주 들린다는 것은 설령 내가 쓰지는 않는다 하더라도 많은 사람이 쓰고 있다는 말이다. '틀린 표현이면 쓰지 말아야 하는 거 아니야.' 하고 생각한다면, 그것은 어문 규범의 관점이나 시험을 봐야 하는 관점에서는 타당하다. 하지만 우리가 일상에서 자연스럽게 의사소통하는 맥락에서는 꼭 타당하다고 할 수만은 없다. 언어는 기본적으로 사회적 약속이기 때문이다. 그래서 어쨌든 많은 사람이 쓴다는 것은 그렇게 사회적 약속이 변화하고 있는 것이기도 하다.

언어 변화라는 관점에서 보면, (1)에서의 '-시-'는 주체(또는 주어)를 높이는 기능을 하는 것이 아니다. 오히려 청자를 높이는 기능에 더 가깝다. 청자를 높이는 언어적 장치가 이미 있음에도 '-시-'를 통해서 청자를 한 번 더 높이는 것으로 해석될 수 있다. 한 가지 장치로 청자를 높이는 것보다 두 가지 장치로 청자를 높이면, 높임의 의미가 강화되는 효과가 있다. 그것은 '생각되다'가 이미 피동의 의미인데, 여기에 다시 피동문을 만드는 '-어지다'를 결합해 '생각되어지다'라고 할 때 피동의 의미가 더 강해지는 것과 같다. 아무튼 (1)에 쓰인 '-시-'는 서술어의 주체(또는 주어)와 상관없이 청자를 높이기 위해 들어간 '-시-'이다. (1)과 같은 예를 몇 개 더 보자.

(4) ㉠ *한 달 후면 유효 기간이 끝나십니다.(×)

　　 ㉡ *신분증이 없으시면, 출입이 어려우십니다.(×)

　　 ㉢ *방학이 되시면 무엇을 하시죠?(×)

어문 규범의 관점에서는 당연히 (4)에서 '-시-'를 넣지 않은 (4')가 올바른 문장이다.

(4') ㉠ 한 달 후면 유효 기간이 끝납니다.

　　　㉡ 신분증이 없으면, 출입이 어렵습니다.

　　　㉢ 방학이 되면 무엇을 하시죠?

하지만 실제 일상생활에서는 (4)와 같은 말들을 어렵지 않게 듣는다. (4)와 같은 말들은 노년 세대보다는 청소년이나 젊은 세대에서 더 많이 들을 수 있다. 그래서 이를 맞냐 틀리냐의 어문 규범의 관점에서가 아니라, 언어 변화의 관점에서 보기도 한다.

그러나 어문 규범의 관점에서 (1), (4)는 명백히 틀린 문장이다. 그러므로 적어도 글에서는 이런 문장을 쓰지 않도록 주의해야 한다.

3.3. '눈같이', '눈∨같은', '눈과∨같이' 흰 꽃

동일한 형태인데 어떤 때는 띄어 써야 하고, 어떤 때는 붙여 써야 한다면 당연히 쓸 때마다 헷갈릴 수밖에 없다. 형태가 같은데 띄어 써야 하는 경우도 있고, 붙여 써야 하는 경우도 있다는 것은 형태만 우연히 같을 뿐 사실은 별개의 서로 다른 단어(또는 형태소)[1]라는 뜻이다. 특히 조사와, 조사 외에 다른 품사 이렇게 두 가지로 쓰이는

---

1   뜻을 가지고 있는 것 중에서 더 이상 쪼갤 수 없는 것을 형태소라고 한다. 형태소 중에서 자립해서 쓰일 수 있는 것을 단어라고 한다. 단어는 다시 '산', '강', '하늘'처럼 하나의 형태소가 곧 단어인 단일어와, 둘 이상의 형태소로 이루어진 복합어가 있다. 복합어는 둘 이상의 형태소로 이루어진 단어인데, '선생-님', '새-

경우가 띄어쓰기에서는 가장 어렵다. 왜냐하면 조사는 앞말에 붙여 써야 하고, 조사 외의 다른 품사는 앞말과 띄어 써야 하기 때문이다.

학생들의 글쓰기에서 매우 높은 빈도로 나타나는 대표적인 예가 바로 '같이'이다. '같이'는 조사 '같이'도 있고, 부사 '같이'도 있다. 조사 '같이'는 (1)처럼 선행하는 체언(명사, 대명사, 수사)과 붙여 써야 하고, 부사 '같이'는 (2)처럼 띄어 써야 한다.

---

(1)　조사 '같이'

　　㉠ 눈같이 흰 꽃.

　　㉡ 바람같이 시간이 지나갔다.

　　㉢ 그는 새벽같이 길을 떠났다.

　　㉣ 공부를 하려면 지금같이 해서는 힘들다.

---

(2)　부사 '같이'

　　㉠ 다∨같이 함께 갑시다.

　　㉡ 내가 하는 것과∨같이 따라 하세요.

　　㉢ 예상한 바와∨같이 좋은 결과가 나왔다.

이미 조사 '같이'인지 부사 '같이'인지를 아는 사람은 띄어쓰기를 헷갈려 하지 않을 것이다. 그리고 이미 맞춤법에 맞게 쓰인 글이라면 역시 조사인지 부사인지 고민할 이유가 없다. 붙여 쓴 '같이'는 조사이고, 띄어 쓴 '같이'는 부사이다.

그런데 대부분의 사람들에게 정작 문제가 되는 것은 내가 글을 쓸 때이다. 글을

파랗다'처럼 두 구성 요소 중에서 어느 하나라도 접사이면 파생어라고 하고, '봄-바람', '오-가다'처럼 두 구성 요소 모두 어근이면 합성어라고 한다.

써야 하는데 '나같이'로 붙여 써야 할지 '나∨같이'로 띄어 써야 할지가 고민이 되는 것이다. 그런데 간단한 문법적인 사실 하나만 기억해도 띄어 써야 할지, 붙여 써야 할지로 고민하지 않아도 된다.

'같이' 앞에 체언이 오면 붙여 쓴다. 이때 '같이'는 조사이다.

그러니까 '같이' 앞에 체언이 오면, 이 경우는 '같이'가 조사로 쓰인 것이니까 붙여 써야 한다고 우선 판단해도 좋다. (1㉠~㉣)에서 '같이' 앞에 온 것은 명사 '눈', '바람', '새벽', '지금'이다.

부사 '같이'는 (2㉠)처럼 혼자 쓰이기도 하지만, 대체로 (2㉡,㉢)처럼 앞에 '~와/과'가 오는 경우가 많다. 즉 '~와/과 같이' 구성으로 나타난다.

'같이' 앞에 '~와/과'가 오면 '~와/과∨같이'처럼 띄어 쓴다. 이때 '같이'는 부사이다.

'~와/과∨같이' 구성에서의 '같이'는 항상 부사 '같이'이므로 앞말과 띄어 쓴다.

여기까지는 쉽게 이해했으리라 생각한다. 그런데 실제 '같이'의 띄어쓰기를 헷갈려 하는 더 큰 이유는 형용사 '같다'의 활용형 '같은' 때문이다. 형용사 '같다'의 활용형 '같은'은 서술어이니까 당연히 앞말과 띄어 써야 한다. 그런데 조사 '같이'와 혼동하여 띄어 쓰지 않고 붙여 쓴 경우가 무척이나 많다. 그 이유는, '같다'의 활용형 '같은'도 (3)에서 보듯이 조사 '같이'와 마찬가지로 주로 앞에 체언이 오기 때문이다. 이렇다 보니 조사 '같이'와 헷갈리게 되는 것이다.

(3) ㉠ 봄∨같은 하루.

   ㉡ 이슬∨같은 눈망울.

   ㉢ 산이 예쁘기로는 설악산∨같은 곳이 없다.

   ㉣ 이 세상에 우리 부모님∨같은 분들은 없다.

하지만 이것만 기억하고 있으면, 헷갈릴 일이 없다.

'같은'은 무조건 앞말과 띄어 쓴다. 즉 항상 '∨같은'이다.

'같은'은 형용사이다. 즉 '같은'은 형용사 '같다'의 어간 '같-'에 관형사형 어미 '-(으)ㄴ'이 결합한 활용형이다. 어미는 어간의 품사를 바꾸지 않으므로 '같은'의 품사는 여전히 형용사이다.

(3)에서는 '같은'이 체언 바로 뒤에 왔다. 그런데 (3)은 원래 (4)에서 조사 '와/과'가 생략된 것이다.

(4) ㉠ 봄과 같은 하루.

   ㉡ 이슬과 같은 눈망울.

   ㉢ 산이 예쁘기로는 설악산과 같은 곳이 없다.

   ㉣ 이 세상에 우리 부모님과 같은 분들은 없다.

마지막으로 이제 스스로 지금까지의 설명을 이해했는지 아니면, 아직 조금 부족한지 확인해 보자. 다음을 띄어쓰기해 보자.

눈같이흰꽃

눈같은흰꽃

눈과같이흰꽃

정답은 다음과 같다.

눈같이∨흰∨꽃

눈∨같은∨흰∨꽃

눈과∨같이∨흰∨꽃

3.4. '옷이 예쁘대.'와 '옷이 예쁜데.'는 어떻게 달라?

A: 밥은 언제 **먹는대**? 물어 봤어?

B: 몰라. 아무튼 난 벌써 **먹었는데**.

A: 왜 나한테는 안 알려 줘. 기분 **나쁜데**.

위 대화에서 보면 A의 '먹는대?'는 '-대'로 써야 하고, B의 '먹었는데'는 '-데'로 써야 한다. 또한 A의 '기분 나쁜데'도 '-데'로 써야 한다. 이때 '-대'와 '-데'를 바꾸어 쓰면 맞춤법에 틀린다.

많은 사람들이 '-데'로 써야 하는 경우와, '-대'로 써야 하는 경우를 어려워한다. 어려워하기 때문에 정말 많이 틀리는 사례이기도 하다. (1)은 '-데'로 끝나는 종결 어미들이고, (2)는 '-대'로 끝나는 종결 어미들이다.

(1)			
㉠	-데	아이가 공부를 잘하데. 그는 왜 내 곁을 떠났데?	
㉡	-ㄴ데/-은데	옷이 예쁜데. 왜 기분이 좋은데?	
㉢	-는데	말이 잘 달리는데. 도대체 왜 그러는데?	
㉣	-던데	그곳 경치 참 좋던데. 왜 그렇게 고향이 그립던데?	

(2)		
㉠	-대	옷이 예쁘대. 그녀는 무척 똑똑하대. 그는 잠도 안 자고 공부했대. 아빠가 여행 같이 가겠대. 뭐가 그리 좋대?
㉡	-ㄴ대/-는대	그녀가 내일 떠난대. 몸이 아파서 못 온대. 영이는 도서관에서 책 읽는대. 이제는 외국인들도 김치를 잘 먹는대 이미 떠난 사람 왜 잡는대?

설명의 편의를 위해 (1㉠~㉣)의 종결 어미를 '-데'로 끝나는 어미, (2㉠~㉡)의 종결 어미를 '-대'로 끝나는 어미라고 부르기로 하자. 중요한 것은 이 둘을 구분하는 것인데, 구분하는 방법은 한 가지만 기억하면 된다.

'데/대'가 헷갈릴 때, '데/대'를 '-다고 해'로 대체해서 말이 되면 '-대'이고, 말이 안 되면 '-데'이다.

그러면 실제 적용을 한번 해 보자.

(3)

-데/-대	'-다고 해'로 대체	결론
아이가 공부를 잘하*데/대*.	*잘하-*다고 해*.(×)	아이가 공부를 잘하데.
옷이 예쁜*데/대*.	*예쁜-*다고 해*.(×)	옷이 예쁜데.
말이 잘 달리는*데/대*.	*달리는-*다고 해*.(×)	말이 잘 달리는데.
그곳 경치 참 좋던*데/대*.	*좋던-*다고 해*.(×)	그곳 경치 참 좋던데.

(4)

-데/-대	'-다고 해'로 대체	결론
옷이 예쁜*데/대*.	예쁜-*다고 해*.(○)	옷이 예쁜대.
그녀가 내일 떠난*데/대*.	떠난-*다고 해*.(○)	그녀가 내일 떠난대.
떠난 사람 왜 잡는*데/대*?	잡는-*다고 해*?(○)	떠난 사람 왜 잡는대?

왜 '-데'는 (3)처럼 '-다고 해'로 대체하면 비문이 되고, 왜 '-대'는 (4)처럼 '-다고 해'로 대체했을 때 자연스러울까? '-데'는 그 자체로 어미이기 때문에 '-다고 해'로 대체하는 것이 불가능하다. 반면 '-대'는 '-다고 해'가 줄어든 말이기 때문에 '-다고 해'로 대체하는 것이 자연스럽다.

'-데'인지 '-대'인지 헷갈리는 경우는 '-데', '-대'가 종결 어미로 쓰였을 때이다. 그러니까 종결 어미가 아닌 경우에는 '-데'인지 '-대'인지 전혀 헷갈릴 일이 없다. '-데'는 종결 어미로 쓰이기도 하지만 연결 어미로도 쓰인다. 지금까지 앞에서 한 얘기들은 모두 종결 어미로 쓰인 '-데'에 대한 것이다. 즉 이 종결 어미 '-데'와, 또 다른 종결 어미 '-대'가 헷갈리는 것에 대한 나름의 해결책을 제시한 것이다.

그런데 연결 어미로 쓰인 '-데'는 '-대'와 아무런 상관이 없다. 연결 어미는 '-데'만 있기 때문이다. 즉 연결 어미에는 '-대'가 없다. 그러니까 문장의 마지막이 아니면 항상 '-데'이다.

문장의 마지막이 아니면 무조건 '-데'이다.

'-ㄴ데/-은데', '-는데', '-던데'는 종결 어미로도 쓰이고 연결 어미로도 쓰인다. 연결 어미로 쓰였다는 것은 이어진문장이라는 뜻이고, 연결 어미가 결합된 문장은 이어진문장의 선행 문장이다. 그러니까 연결 어미가 결합된 부분이 문장의 마지막일 수 없다. 그래서 문장의 마지막이 아닌 곳에서 '-데'인지 '-대'인지 헷갈리면 무조건 '-데'인 것이다.

(1㉠)에서 보듯이 '-데'는 단독으로도 종결 어미로 쓰인다. 그러나 '-데'가 단독으로 연결 어미로 쓰이는 경우는 없다. 다시 말해 연결 어미 목록에 '-데' 단독형은 없다. 그러니까 '가데, 먹데, 착하데, 조용하데'처럼 용언 어간에 바로 '-데'가 결합한 경우, 즉 '-데'가 단독으로 쓰인 경우 이 '-데'는 종결 어미이다.

(5)는 연결 어미로 쓰인 '-ㄴ데/-은데', '-는데', '-던데'이다.

(5)

-ㄴ데/-은데	기분은 **나쁜데** 화를 낼 수 없었다. 시간은 **많은데** 무엇을 해야 하지?
-는데	노래는 잘 **부르는데** 춤은 못 춰. 비가 **오는데** 어디 가려고?
-던데	열심히 **공부하던데** 이번에는 꼭 합격해라. 요즘 집에 일찍 **들어가던데** 무슨 일 있어?

3.5. 뭘 먹든지, *먹던지(×) 맛있게 먹네.

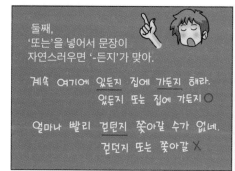

'-든지'와 '-던지'는 둘 다 연결 어미이다. 문법적인 설명을 먼저 하면 오히려 골치 아프다고 생각할 수 있으니까, 일단 '-든지'와 '-던지'를 구별하는 가장 간단한 방법부터 먼저 얘기하기로 하자. 그리고 나서 '-든지'와 '-던지'의 차이에 대해 자세히

설명하기로 하겠다.

(1)은 '-든지'가 포함된 문장이고, (2)는 '-던지'가 포함된 문장이다.

(1)　㉠ 춤을 추든지 노래를 부르든지 선택해라.
　　㉡ 산에 가든지 바다에 가든지 네가 결정해.
　　㉢ 계속 여기에 있든지 집에 가든지 알아서 해라.

(2)　㉠ 얼마나 빨리 걷던지 쫓아갈 수가 없었다.
　　㉡ 얼마나 재미있던지 연락하는 걸 깜빡했다.
　　㉢ 맛이 얼마나 좋던지 순식간에 다 먹어 버렸다.

'-든지'가 맞는지 '-던지'가 맞는지 헷갈릴 때 적용할 수 있는 방법은 세 가지가 있다. 세 가지 중 어느 것을 적용하든 상관이 없다. 스스로 가장 쉬운 방법을 선택해서 적용하면 된다.

첫째, '-았/었-'이 들어갈 수 없으면 '-든지', 들어갈 수 있으면 '-던지'이다.

가장 단순하게 해 볼 수 있는 방법이 '-았/었-'을 넣어 보는 것이다. (3)처럼 '-았/었-'이 들어갈 수 없으면 '-든지'이고, (4)처럼 '-았/었-'이 들어갈 수 있으면 '-던지'이다.

(3)　춤을 추든지 노래를 부르든지 선택해라
　→ *춤을 추었든지 노래를 불렀든지 선택해라.(×)

> (4) 맛이 얼마나 좋던지 순식간에 다 먹어 버렸다.
>
> → 맛이 얼마나 좋았던지 순식간에 다 먹어 버렸다.

그러면 왜 '-던지'에는 '-았/었-'이 들어갈 수 있을까? '-던지'에는 과거의 의미를 가진 선어말 어미 '-더-'가 있다. 그래서 과거 시제 선어말 어미 '-았/었-'이 들어가도 자연스럽다. 그리고 '-던지'를 포함한 안은문장의 서술어는 대부분 과거 시제 선어말 어미 '-았/었-'이 결합된 과거 시제로 표현된다. (2㉠~㉢)의 안은문장 서술어 '없었다', '깜빡했다', '먹어 버렸다'에서 과거 시제 선어말 어미 '-았/었-'을 확인할 수 있다.

둘째, '또는'을 삽입해서 문장이 자연스러우면 '-든지'이고, 이상해지면 '-던지'이다.

'-든지'로 연결된 문장 뒤에는 'A든지 또는'처럼 '-든지' 뒤에 '또는'을 삽입해도 의미적으로 영향이 거의 없다. 그래서 '-든지'인지 '-던지'인지 헷갈릴 때면, 뒤에 '또는'을 삽입해 보라. 그래서 자연스러우면 '-든지'가 맞고, 의미가 이상해지면 '-던지'이다.

> (5) 계속 여기에 있든지 집에 가든지 알아서 해라.
>
> → 계속 여기에 있든지 또는 집에 가든지 알아서 해라.

> (6) 얼마나 빨리 걷던지 쫓아갈 수가 없었다.
>
> →*얼마나 빨리 걷던지 또는 쫓아갈 수가 없었다.(×)

셋째, 'A든지 B든지'의 구조이면 '-든지'이다.

'-든지'는 (1)에서처럼 대부분 'A든지 B든지'의 구조로 되어 있다. 그래서 'A든지 B든지'의 구조로 표현되어 있으면 '-든지'가 맞다. (2)에서 보듯이 '-던지'는 'A던지 B던지'와 같은 구조의 문장이 거의 없고, 설령 억지로 만든다 하더라도 어색하다.

그런데 (7)처럼 '-든지'이지만 'A든지 B든지'의 구조가 아니라 '-든지'가 한 번만 나타나는 경우도 있다. 이때는 위의 첫째 방법 즉, 과거 시제 선어말어미 '-았/었-'을 넣어서 말이 되는지 안 되는지를 확인하면 된다. '-았/었-'을 넣었을 때 문장이 성립하지 않으면 '-든지'가 맞고, 문장이 성립하면 '-던지'가 맞다.

(7)　㉠ 어디에 살든지 나를 잊지 말아라.
　　→ *어디에 살았든지 나를 잊지 말아라.(×)
　　㉡ 무엇을 먹든지 맛있게 먹어야지.
　　→ *무엇을 먹었든지 맛있게 먹어야지.(×)

3.6. '떡볶이' 먹기 전에 '손톱깎이'로 손톱부터 깎자.

요즘은 음식점이나 분식집 메뉴판도 맞춤법에 맞게 잘 되어 있다. '메뉴판'도 '차림표'로 바꾼 집도 꽤 많이 눈에 띈다.[1] 그럼에도 여전히 틀린 표기 하나 정도는 심심

1 　'메뉴판(menu-板)'은 '영어-한자어' 구조의 단어이고, '차림표(차림-表)'는 '고유어-한자어' 구조의 단어이다. '차림표'에는 고유어 '차림'이 있으니까 고유어가 하나도 없는 '메뉴판'보다는 '차림표'를 쓰는 것이 낫다고 하는 주장도 있다. 아무튼 '메뉴판'도 표준어이고, '차림표'도 표준어이다. 언어가 사회적 약속이라는 언어의 본질적인 관점에서 보면, 어떤 말이 다른 말보다 더 낫다거나 좋다거나 하는 사고가 바람직한 것만은 아니다. 다만 외래어가 지나치게 남발되는 것은 문화적인 관점에서 볼 때 바람직하지는 않다. 그러니까 지나치게 고유어 사용

찾게 찾을 수 있다. 대표적인 게 '떡볶이'이다.

떡볶이

＊떡뽁기(×)

＊떡뽁이(×)

＊떡볶기(×)

'떡볶이'는 소리대로 적은 것이 아니라, 어법에 맞게 적은 것이다. 어법에 맞게 적는다는 것은 원래의 형태를 밝혀 적는다는 의미이다. '떡볶이'에서 '볶이'는 동사 '볶다'의 어간 '볶-'에 접미사 '-이'가 결합한 것이다. 그러니까 어법에 맞게 적으면 '볶이'이고, 여기에 '떡'이 결합하면 '떡볶이'이다.[2] '볶아[보까], 볶으니[보끄니]'를 통해서 '볶-'의 종성이 /ㄲ/라는 것을 확인할 수 있다. 이 사실을 기억하면, '떡볶이'의 표기를 틀릴 일이 없을 것이다.

'떡볶이'와 비슷하게 많이 틀리는 것이 '손톱깎이'이다. '손톱깎이'는 '손톱'까지는 틀리는 경우가 없고, 뒷부분의 '깎이'에서 틀린다.

손톱깎이

＊손톱깍기(×)

＊손톱깍이(×)

＊손톱깎기(×)

이 강요되어서도 안 되지만, 또 지나치게 외래어가 남발되는 것도 문제이다. 언중에 의해 자연스럽게 적정한 선이 유지되는 것이 가장 바람직하다.

2 '떡볶이'의 경우 '떡-볶이'처럼 '떡'과 '볶이'가 결합했다고 보는 견해도 있고, '떡볶-이'처럼 '떡볶-'에 접미사 '-이'가 결합했다고 보는 견해도 있다. '떡-볶이'로 보면 합성어이고, '떡볶-이'로 보면 파생어이다.

'손톱깎이'도 어법에 맞게 적은 표기이다. '깎이'는 동사 '깎다'의 어간 '깎-'에 접미사 '-이'가 결합한 것이다. '깎아[까까], 깎으니[까끄니]'를 통해서 '깎-'의 종성이 /ㄲ/라는 것을 확인할 수 있다. 이 사실을 알면 '손톱깎이'의 표기 역시 틀릴 일이 없을 것이다.

비슷하게 기억하면 좋을 단어 하나만 더 보자. '닦달하다'는 빈도가 높은 어휘는 아니지만, 잘못 표기하는 사례가 아주 많은 어휘이다.

닦달하다

* 닥달하다(×)

* 닥딸하다(×)

'닦달하다'의 어원이 무엇인지는 정확히 알기 어렵지만, 의미로 추론해 보면 '닦달하다'의 '닦'이 '닦다'의 어간 '닦-'이라는 것은 추론할 수 있다. '닦-'의 종성이 /ㄲ/라는 것은 '닦아[다까], 닦으니[다끄니]'를 통해서 확인할 수 있다. 이 사실을 기억하면 '닦달하다'의 표기 역시 헷갈리지 않을 것이다.

'닦달하다'를 '닦다'의 '닦-'에 '다듬질'이 결합하여 만들어진 단어라고 말하는 이도 있다. 하지만 이는 실제 확인되지 않은 일종의 '카더라' 정도의 설이다. '닦달하다'의 '닦'이 '닦다'의 '닦-'이라는 것까지는 개연성이 있는 사실이지만, '달'이 무엇이지를 알 수 있는 단서가 국어사 자료상으로 확인이 되지 않는다.

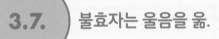

3.7. 불효자는 울음을 욺.

'만들다'의 어간 '만들-'에 명사형 어미가 결합한 형태는 '만듦'이고, 어미 '-ㅂ니다/-습니다'가 결합한 형태는 '만듭니다'이다. 이처럼 /ㄹ/ 말음으로 끝난 동사나 형용사가 명사형 어미 '-(으)ㅁ'[1]과 결합했을 때, 그리고 어말 어미 '-ㅂ니다'와 결합했을

---

1   명사형 어미는 동사나 형용사를 마치 명사처럼 기능할 수 있도록 해 주는 형태소이다. 반면 명사 파생 접미사는 품사를 명사로 만들어 주는 형태소이다. 국어에서 명사형 어미의 형태도 '-(으)ㅁ'이고 명사 파생 접미사의 형태도 '-(으)ㅁ'이다. 그러나 행동하는 양상은 차이가 있다. '울다'에 명사형 어미가 결합하면 '욺'이고, 명사 파생 접미사가 결합한 명사는 '울음'이다. 어미는 결합하는 어간

때의 양상이 다르다. 그런데 '만듦'에 유추되어 '만듭니다'를 '*만듧니다(×)'로 표기하는 오류가 자주 보인다. 이런 오류를 범하게 되는 데는 명사형 '만듦'에 유추된 탓도 있지만, 또 하나의 이유는 '밟다', '여덟'처럼 국어에서 종성에 'ㄼ' 받침의 표기가 허용되기 때문이다.

어쨌든 '만들- + -(으)ㅁ', '만들- + -ㅂ니다'의 표기가 '만듦', '만듭니다'라는 것을 꼭 기억해 두자. /ㄹ/ 말음으로 끝난 동사와 형용사는 모두 '만들다'와 같은 행동을 한다. 따라서 동사와 형용사가 무엇이든 /ㄹ/ 말음으로 끝났으면 모두 '만듦', '만듭니다'를 기억해서 똑같이 적용하면 된다.

> ① 만듦 : /ㄹ/ 말음 어간 + -(으)ㅁ → 'ㄻ'.
> ② 만듭니다 : /ㄹ/ 말음 어간 + -ㅂ니다 → 어간 말음 /ㄹ/ 탈락.

그러면 실제 /ㄹ/ 말음으로 끝난 동사와 형용사들의 활용형[2]을 확인해 보자.

명사형 ('-(으)ㅁ' 결합형)	'-ㅂ니다' 결합형
울다, **욺**	**웁니다**
살다, **삶**	**삽니다**
알다, **앎**	**압니다**
놀다, **놂**	**놉니다**

의 품사를 바꾸지 못하므로 명사형 어미가 결합한 명사형 '욺'의 품사는 여전히 동사이다. 명사형과 파생 명사의 형태가 같은 것은 '삶'과 '앎'이다.

2 동사와 형용사 어간에 어미가 결합하는 것을 활용이라고 하고, 어간에 어미가 결합한 형태를 활용형이라고 한다. 그러니까 '만들-'에 '-(으)ㅁ'이 결합하는 것이 활용이고, '만듦'은 활용형이다.

졸다, 졺	좁니다
불다, 붊	붑니다
얼다, 얾	업니다
흔들다, 흔듦	흔듭니다

여기서 더 나아가 왜 '만들- + -ㅂ니다'를 '만듭니다'로 표기하느냐고 묻기도 한다. 그런데 맞춤법에서 '왜?'라고 물으면 사실 그 대답이 옹색할 때가 대부분이다. 왜냐하면 특별히 문법적인 이유가 있어서 그렇게 정한 경우보다는 대부분 그냥 그렇게 정하자고 약속한 것이기 때문이다. 맞춤법 규정은 문법적 사실을 밝힌 것이 아니라, 표기를 효율적으로 쉽게 하기 위해 정해 놓은 것이다. 그래서 때로는 '왜?'라고 묻는 것이 의미가 없기도 하다. 그냥 그렇게 정한 것일 뿐이다.

어간의 형태만 놓고 보면, 명사형 '만듦'은 어간의 형태를 밝혀 적은 표기이므로 어법에 맞게 적은 표기에 더 가깝다. 반면 '만듭니다'는 어간의 말자음 /ㄹ/가 탈락한 발음대로 적은 것이므로 소리대로 적은 표기에 더 가깝다. 물론 '만듭니다'에서 어미 '-ㅂ니다'는 그 형태를 밝혀 적은 것이다. '만듭니다'의 발음은 [만듬니다]이다. 그러므로 '만듭니다' 전체는 어법에 맞게 적은 것도, 소리대로 적은 것도 아니고, 둘을 적절하게 섞은 표기이다.

그러면 왜 이렇게 정했을까? 그것은 당시 학자들이 이렇게 표기하는 것이 효율적이라고 판단했기 때문이다. 특별히 문법적인 이유가 있어서 그렇게 한 것은 아니다. 이상하게 들릴지는 모르겠지만 당시 맞춤법 제정에 참여했던 학자들이 왜 그렇게 판단했는지는 알 수 없고, 안다고 해도 의미가 없다. 맞춤법 중에는 일단 외우는 게 상책인 것들이 있다. 이것도 외울 수밖에 없다. 그러나 그렇다고 무작정 외울 수는 없고, 그래서도 안 된다. 맞춤법 규정들이 예외 없이 규칙적으로 적용되지는 않지만, 그래도 그 나름의 규칙이 있다. 그래서 그 나름의 규칙을 통해 효율적으로 외우는 것이 필요하다. 앞에서 제시한 ①, ②가 바로 그 나름의 규칙에 해당한다.

여기서 멈출 수도 있지만, 기왕에 시작한 거 명사형과 파생 명사를 비교하는 데까지 가 보자. 왜냐하면 이 역시 많이 혼란스러워 하는 문제이고, 그래서 잘 틀리기도 하기 때문이다. 동사이든 형용사이든 모두 명사형 어미 '-(으)ㅁ'과 결합하는 데는 특별히 제약이 없다. 그래서 모든 동사와 형용사는 명사형 어미 '-(으)ㅁ'이 결합한 활용형이 있다. 그러나 명사 파생 접미사 '-(으)ㅁ'과 결합하여 파생 명사를 만드는 데는 일부의 동사 또는 형용사만이 참여한다. 그래서 /ㄹ/ 말음으로 끝난 동사나 형용사 중에는 '-(으)ㅁ'이 결합한 파생 명사가 있는 것도 있고, 없는 것도 있다. 파생 명사가 있는 경우에도 아래에서 보듯이 그 형태가 단일한 양상은 아니다.

동사	파생 명사
울다	울음
얼다	얼음
졸다	졸음
놀다	노름[3]
살다	삶
알다	앎
날다	×
불다	×
만들다	×
흔들다	×

[3] 기원적으로 '노름'은 '놀다'의 어간 '놀-'에 명사 파생 접미사 '-(으)ㅁ'이 결합하여 만들어진 파생 명사이다. 그런데 '노름'에는 '놀다'의 의미에서 멀어져 도박을 뜻하는 아주 한정된 의미만을 가지게 되었다. 그러나 보니 언중에게서 '노름'이 '놀다'에서 온 명사였다는 어원 의식도 흐릿해지게 되었다. 그래서 표기도 소리대로 적은 '노름'으로 정하였다.

'울다'의 명사형은 '욺'이고, 파생 명사는 '울음'이다. 즉 '울다'의 경우에는 명사형과 파생 명사의 형태가 서로 다르다. 반면 '살다'는 명사형도 '삶'이고 파생 명사도 '삶'으로 명사형과 파생 명사의 형태가 같다. 그런데 어떤 경우는 명사형과 파생 명사의 형태가 다르고, 어떤 경우에는 명사형과 파생 명사의 형태가 같은지에 대한 원칙이나 규칙은 없다. 그래서 이것은 어쩔 수 없이 각각 단어별로 기억하는 수밖에 없다.

3.8. 오늘이 '몇∨월' '며칠'이죠?

'월'이 언제인지를 물을 때는 '몇∨월'이고, '일'이 언제인지를 물을 때는 '며칠'이다. 그래서 '몇∨월∨며칠'이라고 표기해야 한다. 일단 '며칠'이 맞는 표기라는 것을 기억하자. '＊몇일(×)', '＊몇∨일(×)'은 틀린 표기이다.

며칠

＊몇일(×)

＊몇∨일(×)

'몇∨월'이라고 쓰기 때문에, 이에 유추하여 '＊몇∨일(×)'이라고 잘못 쓴 표기가 심심찮게 보인다. 여기서 왜 '월'을 나타낼 때는 '몇∨월'로 쓰고, '일'을 나타낼 때는 '며칠'로 쓰는지에 대한 의문이 자연스럽게 제기된다.

'며칠'의 표기를 '*몇∨일(×)'로 하지 않은 이유는 그 발음이 '몇∨월[며둴]'과 다르기 때문이다. 즉 만일 '*몇∨일(×)'이라면 '몇∨월[며둴]'과 마찬가지로 그 발음이 [며딜]인 것이 자연스럽다. 하지만 그 발음이 [며칠]이라는 점에서 '몇∨월'과 구성이 같다고 할 수 없다. 그래서 '며칠'은 '몇∨월'과 같은 '*몇∨일(×)'의 구 구성이 아니라, 하나의 단어 ― 품사는 명사 ― 로 보고 소리대로 '며칠'을 표준어로 삼았다.

'몇∨월'은 관형사 '몇'[1]에 명사 '월(月)'이 결합한 명사구이다. 그 발음은 '몇'이 음절의 끝소리 규칙의 적용을 받아 [면]으로 된 후에 '월'의 비어 있는 초성으로 연음되어 [며둴]이다.

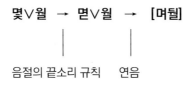

기원적으로 볼 때도 '며칠'은 '몇∨일'의 구 구성에서 변화한 것으로 보기 어렵다. 문헌 자료상으로 '며칠'에 소급되는 형태는 16세기 자료인 『번역박통사』에서의 '며츨'이다. 그러니까 '며칠'은 '며츨'에서 변화한 형태이다(며츨 > 며칠). '며츨 > 며칠'과 같은 변화를 겪은 단어들이 꽤 있는데, '아츰 > 아츰 > 아침', '기츰 > 기침', '거츨다 > 거칠다' 등이 이에 해당한다.

---

1   '몇'은 명사로도 쓰이고, 관형사로도 쓰인다. '나이가 몇이야?', '몇이 같이 가자.'에서 '몇'은 격조사와 결합하였으므로 명사로 쓰인 '몇'이다. 이에 비해 '몇 명이냐?', '과일 몇 개'에서 '몇'은 명사를 수식하고 있으므로 관형사로 쓰인 '몇'이다. '몇'은 의미적으로 수를 나타낸다. 그래서 관형사로 쓰인 '몇'을 수 관형사라고도 한다.

현재 표준어 중에는 '며칠'처럼 어원이 분명하지 않다고 판단하여 원형을 밝혀 적지 않은 형태 즉, 소리대로 적은 형태를 표준어로 삼은 것들이 있다.

아재비[2]
부리나케

'아재비'는 '앚+아비'로 추정되는데, '아ᅀᆞ+아비'였을 가능성도 있다. 어쨌든 정확히 기원적으로 무엇이었는지가 문헌 자료를 통해서 문증되지는 않는다. '부리나케'도 '불이∨나게'에서 온 것으로 추정은 되지만, 정확히 '불이∨나게'에서 '부리나케'가 된 것인지 확증되지는 않는다. 이처럼 기원적으로 분명히 그 원래의 형태를 증명하기 어려운 경우에는 소리 나는 그대로의 형태로 표준어로 삼았다. 그래서 '아재비', '부리나케'가 표준어이다.

기원적으로 어원이 무엇이었는지는 알지만, 그 형태가 원래의 형태에서 멀어져서 소리대로의 형태를 표준어로 삼은 것도 있다. 대표적인 예가 '강낭콩', '사글세'이다.

'강낭콩'의 어원은 '강남콩'이고, '사글세'의 어원은 한자어 '삭월세(朔月貰)'이다. 그런데 '강낭콩'을 '강남콩'으로 인식하지 못하는 사람들이 많아지고, '사글세'를 한자어 '삭월세'로 인식하지 못하는 사람들이 많아지면서, 굳이 어원을 밝혀 적을 이유가 없어지게 된 것이다. 그래서 소리대로 '강낭콩', '사글세'를 표준어로 삼았다. '사글세'와 달리 '월세'는 언중이 여전히 한자어 '월세(月貰)'라는 인식이 남아 있기 때문에 '월세'가 표준어이다.

이밖에도 '어깨', '으뜸' 역시 어원 의식이 희박해진 말이다. 그래서 원래의 형태를 밝혀 적지 않고, 소리대로의 형태를 표준어로 삼았다. '어깨'는 기원적으로 '엇개'에

---

2   〈표준국어대사전〉에서는 '아저씨'의 낮춤말, '아주버니'의 낮춤말로 뜻풀이 되어 있다. 그런데 방언에 따라서는 '삼촌'을 가리키기도 하고, '숙모'를 가리키기도 한다.

서 변한 말이고, '으뜸'은 기원적으로 '웃듬'에서 변한 말이다.

엇개   >   **어깨**

웃듬   >   **으뜸**

3.9.　'빌어먹는' 것이 아니라 '빌려 먹는' 건데요.

둘 중 어느 것이 맞을까?

이 자리를 빌려 고마움을 전합니다.

＊이 자리를 빌어 고마움을 전합니다.(✕)

　감사의 마음을 전할 때 흔히 하는 표현이다. 그런데 '빌려'가 맞는지, '빌어'가 맞는지 잠시 주저했던 경험들이 아마도 있을 것이다. 그리고 '빌어'로 잘못 쓰거나 말하는 경우를 자주 보고 들었을 것이다.

　'빌려'를 써야 할지 '빌어'를 써야 할지 헷갈릴 때 정말 잘 모르겠으면, 일단 '빌려'

로 쓰는 게 확률상 맞을 가능성이 훨씬 높다. 왜냐하면 '빌어'로 써야 하는 경우가 매우 한정되어 있기 때문이다. '빌려'는 '빌리다'의 활용형이고(빌리- + -어 → 빌려), '빌어'는 '빌다'의 활용형이다(빌- + -어 → 빌어). 먼저 '빌리다'와 '빌다'가 어떻게 활용하는지 활용 양상부터 확인해 보자.

'빌리다'의 활용 : 빌리고 빌리니 빌려 빌린 빌릴

'빌다'의 활용 : 빌고 비니 빌어 빈 빌

'빌리다'와 '빌다'는 당연히 의미도 다르다. '빌리다'는 빈도가 높은 단어이기 때문에 '빌리다'의 의미가 무엇인지 모르는 사람은 거의 없을 것이다. 문제는 '빌다'이다. 그러니까 '빌다'의 의미를 정확히 알아 두는 것이 중요하다. 그러면 '빌려'와 '빌어'를 의미로도 충분히 구별할 수 있다.

'빌다'는 '남의 물건 ― 주로 양식이나 밥 ― 을 공짜로 사정하여 얻는 경우'에만 쓰고, 그 외의 경우는 '빌리다'가 맞다. '빌리다'는 부정적인 의미를 가지지 않지만, '빌다'는 부정적인 의미를 가지고 있다. 우리는 누구나 남에게서 무엇인가를 빌리고 또, 남에게 무엇인가를 빌려 주기도 한다. 하지만 우리는 누구나 남에게서 무엇인가를 빌거나, 또는 남에게 무엇인가를 빌어 주지도 않는다. 빌거나 빌어 주는 상황은 예외적이고 특수한 상황인 셈이다.

---

(1)   ㉠ 탁발승이 집집마다 시주를 빌고 다닌다.

㉡ 그는 아무 것도 하지 않은 채 이웃에게서 밥을 빌어먹고[1] 산다.

---

1   '빌어먹다'는 원래 '빌어∨먹다'처럼 구였던 것인데, 이후 단어가 되었다. '빌어먹다'는 단어이므로 붙여 쓴다. 참고로 '빌려∨먹다'는 여전히 구이므로 띄어 써야 한다.

(1㉠)에서 빈 것은 '시주'이고, (1㉡)에서 빈 것은 '밥'이다. 이처럼 '빌다'의 대상은 주로 양식이나 밥일 때가 많다. 그리고 (1㉠)에서 빈 시주는 '탁발승'의 것이고, (1㉡)에서 빈 밥은 '그'의 것이다.

그런데 빈 대상이 양식이나 밥이 아닌 물건일 때는 '빌다' 대신 '빌리다'를 써도 의미가 서로 통한다. 의미가 통한다는 것이지 의미가 같다는 말은 결코 아니다. 의미는 완전히 다르다. '빌리다'와 '빌다'의 의미 차이는 물건의 소유주로 명료하게 구분할 수 있다.

A가 B로부터 X를 빌리다.　→　X의 주인은 B

A가 B로부터 X를 빌다.　→　X의 주인은 A

빌린 것의 주인은 빌린 사람이 아니라 여전히 빌려 준 사람이다. 하지만 빈 것은 빈 사람이 얻은 것이므로 빌어 준 사람이 주인이 아니라 빈 사람이 주인이다.

(2)　㉠ 그는 친구에게 옷을 빌어서 입었다.
　　㉡ 그는 친구에게 옷을 빌려서 입었다.

(2㉠,㉡)에서 옷의 원래 주인은 친구였다. 그런데 (2㉠)에서는 그가 옷을 빌었기 때문에 옷의 주인이 친구에서 '그'로 바뀌었다. 반면 (2㉡)에서 옷의 주인은 여전히 '친구'이다.

이처럼 빈 것은 내 것이지만, 빌린 것은 내 것이 아니다. 이를 확장하면, 손에 잡히는 구체적인 사물은 빌 수도 있고, 빌릴 수도 있다. 하지만 손에 잡히지 않는 추상적인 것은 '빌다'의 대상으로 적절하지 않다. 빈 대상은 소유하는 것인데, 추상적인 것은 소유의 개념과 연결되기 어렵기 때문이다.

1 대상(목적어)이 구체적인 사물일 때는 '빌리다'일 수도 있고 '빌다'일 수도 있는데, 대부분의 경우는 '빌리다'이다.

2 대상(목적어)이 추상적인 것일 때는 항상 '빌리다'이다.

아래 (3)에서 대상인 목적어는 모두 추상적인 것이다. 그러니까 2를 적용하면 '빌리다'가 맞는다는 것을 알 수 있다.

(3) ㉠ 이번에는 네 힘을 좀 빌리자.

㉡ 농번기에는 남의 손을 빌릴 수밖에 없다.

㉢ 머리는 빌릴 수 있으나 건강은 빌릴 수 없다.

㉣ 그의 표현을 빌리자면, 그녀는 참 좋은 사람이다.

(3㉠~㉣)에서 대상(목적어)은 순서대로 '네 힘', '남의 손', '머리, 건강', '그의 표현'인데, 모두 추상적인 것들이고, 또한 나의 소유가 될 수 없는 것들이다. 그러므로 '빌다'로 쓰면 안 되고, '빌리다'로 써야 한다.

3.10. '회상컨대' '간편컨대'와 달리, '생각건대'

우리말에 '일하다, 생각하다, 공부하다, 장난하다, 자랑하다'처럼 'X-하다' 구성의 단어가 무척이나 많다. 이때 '-하다'는 접미사이다.[1] 이러한 'X-하다' 구성의 단어 중에는 특정 어미와 결합할 때 어간 'X하-'와 어미를 줄여서 표현하는 것들이 있다. 예컨대 '생각하건대'는 '생각건대'로 그리고, '간편하게'는 '간편케'로 줄여서 표현한다.

그런데 이때 줄어드는 방식이 단일하지 않다. '생각하건대 → 생각건대'처럼 줄어

---

1 〈표준국어대사전〉에서 '공부하다, 일하다. 생각하다'에서의 '-하다'는 접미사로 분류한다. '-하다'가 접미사이기 때문에 'X-하다' 구성의 단어들은 모두 파생어 이다.

들기도 하고, '간편하게 → 간편케'처럼 줄어들기도 한다.

첫째, 'X하-'에서 '하'가 통째로 탈락하면서 줄어드는 경우.

원래의 형태	줄어든 형태
생각하지 않게	생각지 않게
생각하지 못해	생각지 못해
생각하다 못해	생각다 못해
생각하건대	생각건대
넉넉하지 않다	넉넉지 않다
답답하지 않게	답답지 않게

둘째, 'X하-'에서 '하'의 /ㅏ/ 모음이 탈락하고, 남은 /ㅎ/가 축약되면서 줄어드는 경우.

원래의 형태	줄어든 형태
간편하지 않게	간편치 않게
간편하다 못해	간편타 못해
간편하게	간편케
만만하지 않다	만만치 않다
회상하건대	회상컨대

'넉넉하다'는 '넉넉하지 않다 → 넉넉지 않다' 하나의 예만 제시했지만, '생각하다' 처럼 '넉넉하지 않게 → 넉넉지 않게, 넉넉하지 못해 → 넉넉지 못해, 넉넉하다 못해 → 넉넉다 못해 …' 이런 식으로 평행하게 확장하면 된다. '만만하다'도 마찬가지이다. '만만하지 않게 → 만만치 않게, 만만하다 못해 → 만만타 못해, 만만하게 → 만만케 …' 이런 식으로 평행하게 확장하면 된다.

여기까지 읽고 나면, 아마도 무지하게 복잡하다는 느낌이 들 것이다. 사실이 그렇다. 그런데 내가 글을 써야 하는 입장이면, 줄어든 형태가 무엇인지 고민하지 말고 그냥 원래의 형태대로 쓰면 된다. 하지만 내가 글을 쓰는 상황에만 놓이는 것은 아니고, 때로는 시험을 보는 상황에 놓이기도 하고, 질문을 받는 상황에 놓이기도 한다. 사실 여러 시험에서 맞춤법 문제로 잘 나오는 주제이기도 하다. 그래서 이와 관련된 내용을 모른 척 무시할 수만은 없다.

그러면 어떤 경우는 '하'가 통째로 탈락하고, 어떤 경우는 /ㅏ/ 탈락 후 /ㅎ/ 축약이 일어나는가? 이 지점에서 현재 〈한글 맞춤법〉은 상당히 무책임하다. 왜냐하면 설명이 아예 없기 때문이다. 단지 일부의 단어를 예시로 들어, 이 단어는 '하'가 통째로 탈락한 형태, 이 단어는 /ㅏ/ 탈락 후 /ㅎ/ 축약이 일어난 형태 이런 식으로 각각 정해 놓았을 뿐이다. 그래서 〈한글 맞춤법〉에서는 이와 관련된 규칙성을 전혀 찾을 수 없다. 그러면 실제로는 어떤 규칙성이 있느냐? 그렇지도 않다. 규칙성이나 원리가 없다. 그래서 어쩔 수 없이 이 책에서도 암기해서 해결하는 것 외에는 방법이 없다고 말할 수밖에 없다.

앞서도 얘기했지만, 줄어든 형태가 헷갈리면 줄어들기 전의 원래의 형태대로 쓰면 된다. 그런데 어떤 것은 줄어든 형태가 줄어들기 전의 형태보다 더 자주 쓰이기도 한다. (1)은 이러한 것들을 모아 놓은 것이다. 딱히 규칙이 없다 보니 (1)의 예들을 머릿속에 기억해 두는 것이 좋다.

---

(1) ㉠ 가타부타 ← 가(可)하다 부(不)하다

　　㉡ 간편케 ← 간편하게

　　㉢ 청컨대 ← 청하건대

　　㉣ 회상컨대 ← 회상하건대

　　㉤ 흔치 ← 흔하지

여기서 '-지 않다'의 축약에 대해서도 함께 살펴보는 것이 좋겠다. '-지 않다'는

모든 용언(동사, 형용사)과 결합할 수 있는데, '-지 않다'는 '-잖다'로 줄어들기도 한다. 줄어든 '-잖다'도 맞춤법에 맞는 표기이다.

---

(2)   **-지∨않다 → -잖다**

ㄱ 귀찮지 않다 → 귀찮잖다

ㄴ 그렇지 않다 → 그렇잖다

ㄷ 남부럽지 않다 → 남부럽잖다

ㄹ 두렵지 않다 → 두렵잖다

ㅁ 많지 않다 → 많잖다

ㅂ 예사롭지 않다 → 예사롭잖다

ㅅ 의롭지 않다 → 의롭잖다

ㅇ 적지 않다 → 적잖다

ㅈ 점잖지 않다 → 점잖잖다

'-지 않다'가 '-잖다'로 줄어드는 것은 'X하-'류 단어들이 '-지 않다'와 결합했을 때도 마찬가지이다. 그래서 'X하-'에서 '하'가 통째로 탈락한 첫째의 경우에는 'X하지 않다 → X지 않다 → X잖다'가 되어 결국 (2)와 같은 패턴이 된다. 그리고 'X하-'에서 /ㅏ/ 탈락 후 /ㅎ/ 축약이 일어나는 둘째의 경우에는 'X하지 않다 → X치 않다 → X찮다'가 된다.

생각하지 않다 → 생각지 않다 → 생각잖다

간편하지 않다 → 간편치 않다 → 간편찮다

정확하게 이해하고 싶으면 역순으로 올라가 보면 된다. 즉 '생각잖다'는 '생각지 않다'에서 줄어든 것이고, '생각지 않다'는 '생각하지 않다'에서 줄어든 것이다. 같은 순서로 '간편찮다'는 '간편치 않다'에서 줄어든 것이고, '간편치 않다'는 '간편하지 않다'에서 줄어든 것이다.

(3), (4)는 'X하다'에 '-지 않다'가 결합한 말들 중에서 어디선가는 나올 법한 것들이다. (3)은 'X하-'에서 '하'가 통째로 탈락하는 첫째 유형의 단어들이고, (4)는 'X하-'에서 /ㅏ/ 탈락 후 /ㅎ/ 축약이 일어나는 둘째 유형의 단어들이다.

---

(3) **X하지 않다 → X지 않다 → X잖다**

㉠ 갑갑하지 않다 → 갑갑지 않다 → 갑갑잖다

㉡ 거북하지 않다 → 거북지 않다 → 거북잖다

㉢ 깨끗하지 않다 → 깨끗지 않다 → 개끗잖다

㉣ 못하지 않다 → 못지않다[2] → 못잖다

㉤ 섭섭하지 않다 → 섭섭지 않다 → 섭섭잖다

㉥ 의젓하지 않다 → 의젓지 않다 → 의젓잖다

㉦ 익숙하지 않다 → 익숙지 않다 → 익숙잖다

---

(4) **X하지 않다 → X치 않다 → X찮다**

㉠ 대단하지 않다 → 대단치 않다 → 대단찮다

㉡ 무심하지 않다 → 무심치 않다 → 무심찮다

㉢ 변변하지 않다 → 변변치 않다 → 변변찮다

㉣ 성실하지 않다 → 성실치 않다 → 성실찮다

---

2 '못지않다'는 〈표준국어대사전〉에서 단어로 등재되어 있고, 뜻풀이는 '못지아니하다'의 준말로 되어 있다. 그런데 '않다'가 '아니하다'의 준말은 아니다. 그래서 사전의 처리 방식을 보고 '않다'를 '아니하다'의 준말로 오해하면 안 된다.

ⓜ 시원하지 않다 → 시원치 않다 → 시원찮다

ⓑ 심심하지 않다 → 심심치 않다 → 심심찮다

ⓢ 평범하지 않다 → 평범치 않다 → 평범찮다

ⓞ 허술하지 않다 → 허술치 않다 → 허술찮다

비율상으로 보면 (3)의 패턴을 보이는 단어보다 (4)의 패턴을 보이는 단어가 더 많기는 하다. 하지만 그렇다고 압도적인 비율이 아니기 때문에 크게 도움이 되지 않는다.

3.11. 썬 김치에 불은 라면

아래 문장에서 틀린 곳을 찾아보자.

밥맛이 없을 때는 물에 말은 밥에 썰은 김치 한 조각.

제목에 힌트가 있으니까 '*말은(×)', '*썰은(×)'이 틀렸다는 것을 찾을 수는 있을 것이다. 그런데 여전히 '왜 '"*말은(×)', *썰은(×)'이 틀렸지?" 하고 의문이 남아 있는 사람이 있을 듯하다. 이 경우는 아직 '말다', '썰다'와 같은 /ㄹ/ 말음 어간의 활용 패턴을 원리적으로 이해하고 있지 못하기 때문이다. 위 문장을 맞춤법에 맞게 쓰면 아

래와 같다.[1]

밥맛이 없을 때는 물에 **만** 밥에 **썬** 김치 한 조각.

맞춤법 중에는 어쩔 수 없이 단어별로 각각 기억해야 하는 것도 있지만, 가능한 한 규칙화해서 원리적으로 기억하는 것이 효율적이다. 원리화해서 기억하면, 수많은 예들을 일일이 기억할 필요가 없어진다. 그래서 기억이라는 측면에서 경제적이기도 하고, 기억의 한계로 인해 틀릴 가능성도 차단할 수 있다.

/ㄹ/ 말음을 가진 용언이 어미와 결합했을 때의 표기는 조금 복잡하다. 그렇지만 /ㄹ/ 말음을 가진 용언은 모두 똑같은 행동을 한다. 그러니까 당연히 원리화해서 기억하는 것이 단어마다 일일이 기억하는 것과는 비교할 수 없을 만큼 효율적이다.

(1)은 /ㄹ/ 말음 용언 어간의 활용[2]이다.

---

1   만화에 있는 '썬은 김치'의 경우, 광고 효과를 위해 의도적으로 맞춤법에 틀린 '*썰은(×)'을 선택한, 일종의 광고 전략이라고 판단된다. 아무래도 '썬 김치'보다는 '*썰은(×) 김치'가 발음했을 때 운율도 맞고, 눈에도 더 잘 띈다고 생각했을 수 있을 듯하다. 광고 중에는 이처럼 의도적으로 맞춤법을 지키지 않은 경우들이 있다. 대표적인 경우가 '*오뚜기(×)' 회사명이다. 맞춤법에 맞는 표기는 '오뚝이'이다. 아이스크림 이름 중에 '*설레임(×)'도 마찬가지이다. 동사가 '설레다'이니까, 명사형은 '설렘'이 맞다. 그런데 '설렘'이라고 하면 왠지 '*설레임(×)'이 가져다주는 느낌에 못 미치는 듯하다. 이런 이유가 광고에서 맞춤법을 의도적으로 일탈하게 하는 요인 중의 하나이다.

　　이처럼 필요에 의해 의도적인 맞춤법 일탈을 하는 것을 문제 삼아야 하는지는 논쟁의 여지가 있는 주제이다. 하지만 어문 규범의 관점에서 보면, 과도하게 이러한 현상이 일어날 때는 분명 문제가 될 수 있다.

2   동사와 형용사를 아울러 말할 때 용언이라고 한다. 그리고 '썰-다, 썰-고, 썰-면'에서 '썰-'을 어간이라고 하고, '-다', '-고', '-(으)면'을 어미라고 한다. 어간이 어미와 결합하는 것을 활용이라고 하고, '썰다, 썰고, 썰면'처럼 어간과 어미가

	−다	−고	−는	−아/어	−(으)면	−(으)니	−(으)ㄴ	−(으)ㄹ
(1)[3]	썰다	썰고	**써는**	썰어	썰면	**써니**	**썬**	**썰**
	말다	말고	**마는**	말아	말면	**마니**	**만**	**말**
	알다	알고	**아는**	알아	알면	**아니**	**안**	**알**
	놀다	놀고	**노는**	놀아	놀면	**노니**	**논**	**놀**
	불다	불고	**부는**	불어	불면	**부니**	**분**	**불**

/ㄹ/ 말음 용언이 어미 '−는'과 결합하면, '썰−＋−는 → 써는'처럼 어간 말음 /ㄹ/
가 탈락한다. '−는' 외에도 어미 '−(으)니', '−(으)ㄴ', '−(으)ㄹ'과 결합할 때도 마찬가지
로 어간 말음 /ㄹ/가 탈락한다. 이때 어미 '−(으)니', '−(으)ㄴ', '−(으)ㄹ'의 경우에는 어
미의 두음 /ㅡ/ 모음이 먼저 탈락하고, 이어서 어간 말음 /ㄹ/가 탈락한다.

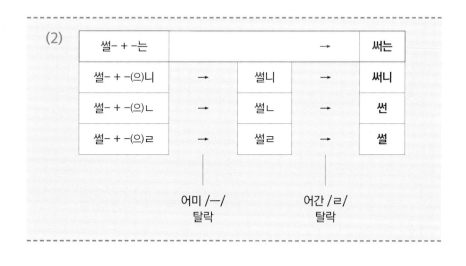

결합한 형태를 활용형이라고 한다.

3 '−(으)면'은 '가면'의 '−면'과 '먹으면'의 '−으면'을 함께 나타낸 것이다. '−(으)니',
   '−(으)ㄴ', '−(으)ㄹ'도 마찬가지이다.

〈한글 맞춤법〉에서 용언 어간과 어미는 원래의 형태를 밝혀 즉, 어법에 맞게 적는 것을 원칙으로 삼고 있다. 그런데 유독 /ㄹ/ 말음 어간의 경우에는 (2)에서 보듯이 어간 말음 /ㄹ/가 탈락하는 음운 변동이 일어났을 때, 소리대로 즉, /ㄹ/가 탈락한 대로 적게 해 놓았다. 그래서 /ㄹ/ 말음 어간인 '썰다'의 활용형의 표기는 음운 변동이 적용된 형태인 '써니', '썬', '썰'이 맞다. '*썰으니(×)', '*썰은(×)', '*썰을(×)'은 틀린 표기이다.

김치는 '썬 김치'인 것을 확인했으니까, 이제 '불은 라면'으로 가 보자. '불은 라면'에서 '불은'의 기본형은 '붇다'이다. 즉 '라면이 붇다.'이다. '붇다'의 활용형은 '붇다, 붇고, 불으면, 불어, 불으니, 불은, 불을, 붇는'이다. 결론부터 말하면, '붇다'는 /ㄷ/ 불규칙 용언이다. 그래서 활용 양상이 (1)의 /ㄹ/ 말음 어간하고도 다르고, /ㄷ/ 말음 규칙 어간하고도 다르다.

(3)은 /ㄷ/ 불규칙 용언의 활용이다. /ㄷ/ 말자음을 가진 동사 중에서 규칙 활용을 하는 '믿다', '얻다'의 활용과 비교하면서 보라. 그러면 /ㄷ/ 불규칙 용언의 활용 특징을 더 분명하게 파악할 수 있을 것이다.

(3)

-다	-고	-는	-아/어	-(으)면	-(으)니	-(으)ㄴ	-(으)ㄹ
붇다	붇고	붇는	불어	불으면	불으니	불은	불을
걷다	걷고	걷는	걸어	걸으면	걸으니	걸은	걸을
(물을) 긷다	긷고	긷는	길어	길으면	길으니	길은	길을
눋다	눋고	눋는	눌어	눌으면	눌으니	눌은	눌을
(물음을) 묻다	묻고	묻는	물어	물으면	물으니	물은	물을
싣다	싣고	싣는	실어	실으면	실으니	실은	실을

비교)

믿다	믿고	믿는	믿어	믿으면	믿으니	믿은	믿을
얻다	얻고	얻는	얻어	얻으면	얻으니	얻은	얻을

/ㄷ/ 불규칙 활용을 하는 용언 어간은 자음으로 시작하는 어미 앞에서는 '붇다, 붇고, 붇는'처럼 어간 말음이 /ㄷ/로 나타난다. 반면 모음으로 시작하는 어미와 결합할 때는 '불어, 불으면, 불으니, 불은, 불을'처럼 /ㄷ/가 아니라 /ㄹ/로 나타난다. 이처럼 자음으로 시작하는 어미 앞에서는 어간의 말자음이 /ㄷ/인 '붇-'이지만, 모음으로 시작하는 어미 앞에서는 어간의 말자음이 /ㄹ/인 '불-'이다.

이제 (3)의 /ㄷ/ 불규칙 용언의 활용과, (1)의 /ㄹ/ 말음 용언의 활용을 비교해 보자.

(4)

붇다	붇고	붇는	불어	불으면	불으니	불은	불을
썰다	썰고	써는	썰어	썰면	써니	썬	썰

(4)에서 보듯이 /ㄷ/ 불규칙 용언과 /ㄹ/ 말음 용언의 활용 양상은 서로 꽤 많이 다르다. (4)를 이해하고, 해당 용언이 /ㄷ/ 불규칙 용언인지, /ㄹ/ 말음 용언인지만 판단할 수 있으면 앞으로 맞춤법에 틀리게 적을 일은 없을 것이다.

이제 누군가가 '*썰은(×) 김치에 *분(×) 라면'이 왜 틀렸는지를 물으면 자신 있게 설명할 수 있을 것이다. 그리고 맞는 표현은 '썬 김치에 불은 라면'이라는 것도.

3.12. '숟가락'과 '젓가락'은 왜 받침이 달라?

'숟가락', '젓가락' 둘 다 '가락'이 결합하였는데, 왜 '숟가락'은 'ㄷ'이고 '젓가락'은 'ㅅ'일까? 아마 누구나 적어도 한 번쯤은 궁금해 했을 법한 문제일 듯싶다. 실제 정말 많은 사람들로부터 이에 대해 질문을 받기도 했다. 여기에는 역사적인 사실이 개입

되어 있다.

'숟가락'과 '젓가락'에서 쉽게 '가락'을 분리해 낼 수 있는데, 그러고 나서 남은 것은 각각 '숟'과 '젓'이다.

숟 + 가락

젓 + 가락

그러면 이제 '숟'과 '젓'에 대해 살펴보자.

(1) ㉠ 밥 한 술 뜨고 가.
     ㉡ 수저

(1㉠)에서 '술'을 '숟가락'으로 바꾸어도 의미가 그대로 보존된다. 이는 '술'과 '숟가락'의 의미가 다르지 않다는 것을 뜻한다. 그리고 '숟가락'에서 '가락'을 뺀 '숟'과 (1㉠)의 '술'이 어떤 관련성을 맺고 있음을 암시해 준다. (1㉡)의 '수저'에서는 '수'와 '저'를 확인할 수 있는데, '수'는 (1㉠)의 '술'과 같은 것이고, '저'는 '젓가락'의 '젓'과 같은 것이다.

이 정도 얘기를 듣고 나면, '수저'에서 '수'니까 '숟가락'이 '수 + ㅅ + 가락'에서 온 것 아니냐고 생각할 수 있다. 하지만 이는 상당히 문법적인 추론이기는 하지만, 역사적인 사실에 부합하지는 않는다.

'수저'의 형성 과정은 다음과 같다.

술 + 저 → 술저 > 수저

즉 '술저'에서 '술'의 /ㄹ/가 /ㅈ/ 앞에서 탈락한 것이다. 현대 국어에서는 '알지,

알자'처럼 /ㅈ/ 앞에서 /ㄹ/가 탈락하지 않지만, 과거에는 /ㅈ/ 앞에서도 /ㄹ/가 탈락하였다. '무자위(믈 + 자위)'[1], '바느질(바늘 + 질)'에서 /ㅈ/ 앞에서 /ㄹ/ 탈락의 흔적을 확인할 수 있다.

'수저'가 '술 + 저'였다는 사실을 알았다면, 이제 '숟가락'과 '젓가락'의 형성 과정에 대해 설명할 수 있는 기반이 마련된 셈이다. '저'의 중세 국어 어형은 '져'였다 (져 > 저).

---

(2)　㉠ 술 + ㅅ + 가락 → 숤가락 > 숟가락
　　　㉡ 져 + ㅅ + 가락 → 졋가락 > 젓가락

---

(2)에서 '숤가락', '졋가락'은 중세 국어 표기이다. 이때 'ㅅ'은 현대 국어의 사이시옷이 아니다. 중세 국어에서 'ㅅ'은 현대 국어의 관형격 조사 '의'와 같은 기능을 하던 관형격 조사이다.[2] 그러니까 중세 국어에서 '숤가락', '졋가락'은 하나의 단어가 아니라, 현대 국어로 치면 '술의 가락', '져의 가락'에 해당하는 명사구였다. 그러다가 근대 국어로 오면서 관형격 조사 'ㅅ'의 기능이 소멸되었다. 그러면서 '숤가락', '졋가락'을 하나의 단어로 인식하는 사람들이 늘어나게 되었고, 결국 '숟가락', '젓가락'이 하나의 단어가 되었다. 명사구였던 '숤가락', '졋가락'을 하나의 단어로 인식하게 된 데에는

1　'무자위'는 물을 높은 곳으로 퍼 올리는 장치이다. 한자어로는 '수차'라고 한다. 역사적으로 '무자위'는 '믈 + 자새'에서 변한 것이다. '자새'는 오늘날 '자새'를 말하는데, '자새'는 '얼레'의 일종이다.

2　중세 국어에서 관형격 조사는 '이/의'와 'ㅅ' 두 종류가 있었다. 참고로 중세 국어에서는 띄어쓰기를 전혀 하지 않았다.

- 이/의 : '사루미일', '달기알'처럼 유정물 명사에 결합.
- ㅅ : '냇가', '숤가락', '졋가락'처럼 무정물 명사에 결합.

관형격 조사 'ㅅ'의 소멸이 직접적인 원인이었지만, 띄어쓰기를 전혀 하지 않던 당시의 표기법도 일정 정도 영향을 끼쳤다.

'젓가락'이 왜 '젓가락'인지는 (2ⓛ)만으로도 충분히 설명되었으리라 생각한다. 문제는 '숟가락'이다. '숟가락'은 (2㉠)만으로는 왜 '숟가락'인지에 대한 의문을 해소하지 못했을 듯하다. 그러면 정말 '숤가락'에서 어떻게 해서 /ㄷ/ 종성의 '숟가락'이 되었을까?

이에 대해 실증적으로 설명하는 것은 자료의 부족으로 한계가 있다. 그렇지만 국어사에서 일어난 음운론적 변화를 통해 추론해 볼 수는 있다. '숤가락'에서 /ㄹ/가 탈락하고 남은 '숫'을 발음 그대로 표기하면서 이 표기가 굳어져 '숟가락'이 된 것이다. 음절의 끝소리 규칙에 의해 종성의 /ㅅ/는 [ㄷ]로 발음되는데, 그래서 '숫'은 [숟]으로 발음된다.

숤가락 → 숫가락[숟까락] > 숟가락

지금도 경상도 지역에서는 '숟가락'을 그냥 '술'이라고 하기도 하고, '술가락[술가락]'이라고 하기도 한다.

---

(3) ㉠ 아가, 정제 가서 술 가져 온나.(아가, 부엌에 가서 숟가락 가져 오너라.)
　　 ㉡ 이게 내 술가락이다.

여기까지 온 김에 '숟가락'의 'ㄷ'과 같은 형성 과정을 거친 단어들 중에서 우리가 일상적으로 접하는 단어 몇 개를 더 소개해 본다.

• **반짇고리** : 바느질 + ㅅ + 고리 → 바느짌고리 > 반짇고리
• **이튿날** : 이틀 + ㅅ + 날 → 이틄날 > 이튿날

- **섣달** : 설 + ㅅ + 달 → 섨달 > 섣달
- **사흘날** : 사울 + ㅅ + 날 → 사읐날 > 사흘날[3]

위의 단어들도 모두 기원적으로는 관형격 조사 'ㅅ'과 결합한 구였다. 그러다가 관형격 조사 'ㅅ'이 소멸하면서 '숟가락'과 같은 변화를 거쳐 단어가 되었다. 그리고 이들 단어에 있는 /ㄷ/도 '숟가락'처럼 종성의 /ㄹ/가 탈락하고 남은 'ㅅ'을 발음 그대로 'ㄷ'으로 표기하면서, /ㄷ/ 말음으로 변화하였다.

3　'사흘'의 중세 국어 어형은 '사올'이다. '사올'에서 /ㅎ/가 첨가되어 '사홀'이 되었고, 비어두의 /ㆍ/가 /ㅡ/로 변하여 현대 국어와 같은 '사흘'이 되었다

3.13. '맞는' 때문에 '알맞은'을 '알맞는'으로 혼동했군!

괄호 안에 **알맞은**(○) 말을 넣으시오.

괄호 안에 *알맞는(✕) 말을 넣으시오.

위에서 보듯이 '알맞은'이 맞고 '*알맞는(✕)'은 틀렸다. '*알맞는(✕)'은 맞춤법을 설명하는 자리면 어느 곳에서나 등장하는 예이다. 그 이유는 그만큼 '알맞은'을 '*알맞는(✕)'으로 잘못 쓰는 오류가 매우 높은 빈도로 나타나기 때문이다.

이 책은 '알맞은'이 맞고 '*알맞는(✕)'이 틀렸다는 사실 하나만을 말하기 위한 것은 아니다. 이와 관련된 문법적인 지식을 이해해서, 관련된 모든 단어들에 적용할 수 있게 하기 위해서이다. '알맞은'이 맞고 '*알맞는(✕)'이 틀렸다는 것을 판단하는 데 필요한 문법적인 지식은 간단하다.

형용사는 '-는'과 결합할 수 없다.

동사는 관형사형 어미 '-는'과 결합할 수 있지만, 형용사는 '-는'과 결합할 수 없다. 이 사실만 하나만 기억하면 '＊알맞는(X)'이 틀렸다는 것을 바로 이해할 수 있을 것이다. '알맞다'는 형용사이니까 당연히 '＊알맞는(X)'이 될 수 없다.

그러면 동사와 형용사는 어떻게 구분하느냐? 동사와 형용사를 구분할 수 있어야 '-는'과 결합한 활용형이 맞는지 틀리는지 판단할 수 있다. 동사와 형용사를 구분하는 가장 단순한 방법은 '-고 있다'를 결합시켜 보는 것이다.[1]

'-고 있다'가 결합 가능하면 동사이고, 결합이 불가능하면 형용사이다.

'알맞다'는 '＊알맞고 있다(X)'가 안 되므로 형용사이다. 형용사이니까 '-는'과 결합이 불가능하다. 그래서 '＊알맞는(X)'은 틀렸다.[2]

---

1   '-고 있다' 외에도 동사와 형용사를 구분하는 방법은 다음과 같은 것이 있다.

- 먹어라 : ＊알맞아라(X) ← 명령형의 가능 유무
- 먹자 : ＊알맞자(X) ← 청유형의 가능 유무
- 먹는다 : ＊알맞는다(X) ← 현재 시제 선어말 어미 '-는/ㄴ-'과의 결합 유무
- 먹으러 가자 : ＊알맞으러(X) 가자 ← 어미 '-(으)러'의 결합 유무
- 먹으려 한다 : ＊알맞으려(X) 한다 ← 어미 '-(으)려'의 결합 유무

2   형용사가 '-는'과 결합할 수 없는 이유는 '-는'에 현재 시제 선어말 어미의 흔적이 화석처럼 남아 있기 때문이다. '-는'은 중세 국어 '-ᄂᆞᆫ'의 후대형인데, 중세 국어 '-ᄂᆞᆫ'은 현재 시제 선어말 어미 '-ᄂᆞ-'에 관형사형 어미 '-(으)ㄴ'이 결합한 것이다(-ᄂᆞ- + -(으)ㄴ → -ᄂᆞᆫ > -는). 형용사는 현재 시제 선어말 어미와 결합할

'알맞은'을 '*알맞는(×)'으로 써서 틀리게 되는 이유 중에는 '맞다'의 활용형 '맞는'이 간섭을 하기 때문이다. 무슨 말이냐 하면, '맞다'는 동사이기 때문에 '맞는'이 가능하다. 그러니까 '맞는'에 이끌려 '*알맞는(×)'도 맞는 것으로 잘못 생각하게 되는 것이다.

형용사	동사
알맞다 *알맞고 있다(×)	맞다 맞고 있다
알맞은 것은 *알맞는 것은(×)	맞은 것은 맞는 것은

그런데 예외가 없지는 않다. '없다', '있다'가 바로 예외이다. 예외 없는 법칙이 없으므로, 예외가 있다고 해서 지금까지 한 설명이 틀렸다고 생각하지는 말자.

〈표준국어대사전〉에서 '없다'를 검색하면 형용사라고 되어 있다. 그럼에도 아래에서 보듯이 '없다'는 관형사형 어미 '-는'과 결합해서 쓰이고, 이를 규범에서도 맞는 표기로 인정하고 있다.

그는 모르는 게 **없는** 사람이다.

그것은 기억에 **없는** 물건이다.

참고로 '없다'의 반의어는 '있다'이고, '없다'의 반의어 '있다'는 형용사이다. 왜냐하면 반의어를 이루는 두 단어의 품사는 반드시 같아야 하기 때문이다. 그래서 '없다'가 형용사이므로 '없다'와 반의 관계를 이루는 '있다'도 형용사이다. 이 형용사 '있다'

수 없는데, 그래서 현재 시제 선어말 어미의 흔적이 남아 있는 '-는'과도 결합할 수 없다.

도 '-는'과 결합할 수 있다.

> 돈이 **있는** 사람과 **없는** 사람.
>
> 있으면 **있는** 대로, 없으면 **없는** 대로 산다.

그런데 '있다'는 동사로도 쓰이고 형용사로도 쓰인다. '돈이 있다.'의 '있다'는 형용사이고, '집에 있어라.'에서 '있다'는 동사이다. 이때 '있다'가 형용사인지 동사인지 판단하는 방법 중에 하나가 바로 반의어 '없다'로 대체해 보는 것이다. '없다'로 대체해서 문장이 여전히 적격하면 이때의 '있다'는 형용사이고, 적격하지 않으면 동사이다.

'돈이 있다.'에서 '있다'를 '없다'로 대체한 '돈이 없다.'도 여전히 적격한 문장이다. 그래서 이때의 '있다'는 형용사이다. 반면 '집에 있어라.'에서 '있다'를 '없다'로 대체한 '*집에 없어라.(X)'라는 비문이다. 그래서 이때의 '있다'는 동사이다.

3.14. '안 되'가 아니라 '안 돼'라고 해야지.

거기 소금 좀 줘~~

안 되!! 짜게 먹으면 안 좋아~

켁~! '안 돼'라고 해야지이~~

쩝~~ 왜 '안 돼'라고 해야 하는 거야?

'되어'가 줄어든 형태를 '돼'라고 하면 어간이 혼자 쓰인 것처럼 보이잖아~~ 동사, 형용사의 어간은 어미 없이 홀로 쓰일 수 없어! 그래서 '돼'로 적기로 정한 거야.

그럼 'ㅚ'로 끝나는 어간들은 모두 그런 거야?

빙고!!! ('쇠다-설을 쇄.' '죄다-꽉 좨.' '뇌다-낼 봬요.')

오~ 꿀팁인데?

이제 안 틀리겠지?

'하늘을 보아.'는 '하늘을 봐.'라고도 하고, '내 꿈꾸어.'는 '내 꿈꿔.'라고도 한다. 이처럼 '보아', '꾸어'가 줄어들면 준 대로 '봐', '꿔'라고 표기한다. '보아', '꾸어'가 줄어들면 그 발음이 [봐], [꿔]이고, 표기도 '봐', '꿔'이다. 즉 발음과 표기가 같다. 그러니까 헷갈리지 않는다.

'되어'도 줄어들면 준 대로 적는데, '되어'가 준 형태는 '돼'이다. 그런데 많은 사람들이 '안 돼'로 적어야 하는지, *안 되(×)'로 적어야 하는지 헷갈려 한다. '돼'인지 '되'인지 헷갈려 할 수밖에 없는 이유는 '돼'의 발음과 '되'의 발음이 구별이 되지 않기 때문이다.[1] 이처럼 발음상으로 '돼'와 '되'가 구분이 되지 않는데, 발음을 떠올려서 이를 적으려고 하기 때문에 '돼'인지 '되'인지 헷갈릴 수밖에 없다. 그러면 이를 해결하는 간단한 방법이 없을까? 당연히 있다.

'돼'인지 '되'인지 헷갈릴 때는 '-어'를 넣어 보라. '-어'를 넣어서 성립하지 않으면 '되'이고, '-어'를 넣어서 성립하면 '돼'가 맞다. 무슨 말이면 하면, '되서/돼서'를 써야 하는데 '*되서(X)'인지 '돼서'인지 헷갈릴 때, '-어'를 넣어 보라는 말이다. '되서/돼서'는 '-어'를 넣은 '되어서/돼어서'가 자연스럽다. 이처럼 '-어'를 넣어서 자연스러우면 '돼서'가 맞다. 반대로 '되고/돼고'는 '-어'를 넣은 '*되어고/돼어고(X)'가 안 된다. 그러면 '되고'가 맞다. 같은 방식으로 아래처럼 '-어'를 넣어서 '되'인지 '돼'인지를 판별할 수 있다.

되어고 (X)	되어니까 (X)	되어서 (O)	되었다 (O)
되고	되니까	돼서	됐다
'되어고'가 안 되니까 '되고'가 맞다	'되어니까'가 안 되니까 '되니까'가 맞다	'되어서'가 되니까 '돼서'가 맞다	'되었다'가 되니까 '됐다'가 맞다

그런데 왜 '-어'를 넣어서 성립하지 않으면 '되'이고, '-어'를 넣어서 성립하면 '돼' 인가? 여기에는 약간의 문법적인 설명이 필요하다. 문법적인 설명이라고 해서 지레 어렵다고 생각할 필요는 없다. 생각보다는 단순하다.

'되어'가 줄어든 형태를 '되'로 적으면 '되어'가 줄어든 것인지, 그냥 '되어'

---

1   '되'의 발음은 [되]와 [뒈] 둘 다 표준 발음이다. 그런데 국어 화자 중에 /ㅚ/를 단모음 [ö]로 발음하는 사람은 얼마 되지 않는다. 젊은 세대에서는 거의 없다. 대부분 이중 모음 [we]로 발음한다. 이중 모음 [we]는 한글 자모 'ㅚ'로도 표기 하고 또 'ㅞ'로도 표기한다.

에서 '-어'가 탈락한 것인지 표기상으로 구분이 되지 않는다. 그래서 '되어'가 줄어든 형태는 '돼'로, 그리고 '되다, 되지, 되어서'처럼 줄어들지 않은 원래의 어간[2]은 '되'로 표기함으로써 시각적으로 둘을 구분해 준 것이다.

줄어들기 전의 형태 '되어'와, 줄어든 형태 '돼' 둘 다 맞춤법에 맞는 표기이다. 어느 것으로 적든 상관이 없다.

여기까지 문제없이 이해했다면, 여기서 간단히 스스로 자문을 하고 대답을 해 보자. "'되요.'가 맞을까, '돼요.'가 맞을까?" 일단 결론부터 먼저 얘기하면 '돼요.'가 맞고, '*되요.(X)'는 틀렸다. 이것의 핵심은 '요'에 있다. '요'는 높임의 뜻을 더해 주는 보조사인데, 높임의 뜻을 더해 주고자 할 때 넣고, 그렇지 않으면 넣지 않는다. 그러니까 '요'가 있든 없든, 문법적으로 일단 맞는 상태여야 한다.

그런데 만일 '되.'라고 하게 되면 어간 '되-'가 어미 없이 혼자 쓰인 상태가 된다. 용언의 어간은 홀로 쓰일 수 없으므로 당연히 '*되.(X)'는 틀렸다. '*되.(X)'가 틀렸으니까 여기에 '요'가 결합한 '*되요.(X)'도 틀렸다. 아래 도표에서 '*먹요(X), *잡요(X), *보요.(X)'가 틀렸다는 것을 이해한다면, '*되요.(X)'가 틀린 이유도 바로 이해가 될 것이다.

---

2 '되다'에서 '되-'가 어간이고, '-다'가 어미이다. 다만 사전에서 동사나 형용사를 올릴 때는 편의상 어미 중에서 '-다'가 결합한 형태로 올리는 것뿐이다. '되-'는 '되다, 되고, 되지, 되면, 되어서'처럼 항상 뒤에 어떤 요소와 결합해서 쓰인다. 즉 어간 '되-' 혼자로는 쓰이지 못한다. 이때 '되-'를 동사 어간이라고 하고, 뒤에 결합한 '-다, -고, -지, -(으)면, -어서'를 어미라고 한다.

먹어.	먹어요. *먹요.(×)
잡아.	잡아요. *잡요.(×)
봐. (← 보아.)	**봐요.** **보아요.** *보요.(×)
돼. (← 되어.)	**돼요.** **되어요.** *되요.(×)

지금까지 '돼' 하나만을 위해서 이렇게까지 길게 설명한 것은 아니다. 그것은 '돼'에 대한 이해를 바탕으로 /ㅚ/를 가지고 있는 모든 단어의 표기까지 한꺼번에 이해할 수 있게 하기 위해서이다.

'돼'를 대상으로 한 지금까지의 설명을 이해했다면, 이제 어간 말음이 /ㅚ/인 모든 용언에 이를 적용하면 된다. 어간 말음이 /ㅚ/인 단어마다 일일이 '괘요.'는 맞고 '*괴요.(×)'는 틀리고 하는 식으로 외울 수는 없지 않겠는가? 이렇게 하는 것은 너무나 비효율적이고, 기억의 한계로 인해 결과도 보장하기 어렵다.

/ㅚ/로 끝난 용언은 모두 '되다'와 똑같은 활용을 한다.

괴다	돌을 괘.	괘서 – 괬다 – 괘요
뇌다	마음속으로 놰.	놰서 – 놨다 – 놰요
뵈다	내일 봬.	봬서 – 뵀다 – 봬요
쇠다	설 잘 쇄.	쇄서 – 쇘다 – 쇄요
외다	시를 다 왜.	왜서 – 왰다 – 왜요
죄다	꽉 좨.	좨서 – 좼다 – 좨요
쬐다	불 쫴.	쫴서 – 쬈다 – 쫴요

그러니까 단어가 나올 때마다 외울 필요가 전혀 없다. 위에서처럼 규칙화하여 기억하고 있으면, 어떤 단어가 나오든지 헷갈리지 않고 맞게 쓸 수 있을 것이다.

3.15. 수도꼭지 좀 잠가. *잠궈(×)

'잠그다'의 활용형의 표기는 '잠그고, 잠그니, **잠가, 잠갔다**'이다. 그런데 '잠그- + -아', '잠그- + -았-다'를 '잠가', '잠갔다'가 아니라 '*잠궈(×)', '*잠궜다(×)'로 표기하는 사례가 정말 많다. '*잠궈(×)', '*잠궜다(×)'는 맞춤법에 틀린 표기이다. 이렇게 표기하는 사람은 실제 발음도 '*[잠궈](×)', '*[잠궜다](×)'로 하고 있을 가능성이 높다. 보통의 경우 발음대로 표기하려는 경향이 있기 때문이다. 발음 '*[잠궈](×)', '*[잠궜다](×)'도 당연히 표준 발음이 아니다.

그런데 여기서 한 가지 분명히 기억해야 할 것은 맞춤법은 내가 발음한 대로 쓰는 게 아니라는 점이다. 물론 '하늘, 바람, 강'처럼 발음대로 써도 맞춤법에 맞는 것도 있다. 하지만 '오뚝이[오뚜기]', '햇빛[핻삗]', '할게[할께]'처럼 발음대로 쓰면 안 되는 즉, 어법에 맞게 써야 하는 것들도 많다. 동사나 형용사 어간에 어미가 결합한 활용형은 기본적으로 소리대로가 아니라 어법에 맞게 쓰는 것이 원칙이다. 아래를 보자.

---

(1) /ㅡ/ 말음 어간의 활용 양상

어간 \ 어미	-다	-고	-(으)니	-아/어	-았/었다
쓰-	쓰다	쓰고	쓰니	써	썼다
예쁘-	예쁘다	예쁘고	예쁘니	예뻐	예뻤다
아프-	아프다	아프고	아프니	아파	아팠다
잠그-	잠그다	잠그고	잠그니	잠가	잠갔다

---

(1)의 표를 보면, 왜 '잠가'인지 이해가 갈 것이다. /ㅡ/ 모음으로 끝난 어간은 같은 활용 양상을 보인다. 즉 /ㅡ/ 모음으로 끝난 어간은 '-아/어', '-았/었-' 어미와 결합할 때 어간의 말음절 모음 /ㅡ/가 탈락한다.[1] 그래서 '쓰- + -어' → 써', '아프- + -

---

[1] 어미 '-아/어', '-았/었-'은 어간의 말음절 모음이 /ㅏ, ㅗ/일 때는 '-아', '-았-'이 결합하고, 어간의 말음절 모음이 /ㅏ, ㅗ/ 이외의 모음일 때는 '-어-', '-었-'이 결합한다. 이를 모음 조화라고 한다. '쓰-'는 /ㅏ, ㅗ/ 이외의 모음이니까 '-

아 → 아파'가 된다. 평행하게 '잠그- + -아'는 '잠가'가 된다.

반면에 /ㅜ/로 끝난 어간이 '-어', '-었-'과 결합하면 '가꾸- + -어 → 가꿔', '가꾸- + -었다 → 가꿨다'가 된다.

(2) /ㅜ/ 말음 어간의 활용 양상

어간＼어미	-다	-고	-(으)니	-아/어	-았/었다
주-	주다	주고	주니	줘	줬다
가꾸-	가꾸다	가꾸고	가꾸니	가꿔	가꿨다
나누-	나누다	나누고	나누니	나눠	나눴다

이제 '잠그다'에 어미 '-아'나 '-았-'이 결합했을 때의 형태가 왜 '잠가', '잠갔다'인지 더 선명해졌으리라 생각한다. '잠궈'는 어간이 '잠구-'일 때의 형태이다. 그런데 어간은 '잠구-'가 아니라 '잠그-'이다. 그러므로 '*잠궈(X)'는 틀린 표기이다. 〈표준국어대사전〉에 '*잠구다(X)'는 표준어가 아니라고, 즉 '잠그다'의 잘못이라고 분명히 기술되어 있다.

지금까지의 설명을 간단히 정리해 보자. '잠그다'의 표기와 관련하여 다음의 두 가지 사실만 염두에 두고 있으면 헷갈릴 일이 없을 것이다.

어', '-었-'이 결합하였다. 다만 2음절 이상의 어간에서 말음절 모음이 /ㅡ/일 때는 선행 음절의 모음에 따라 '-아/어', '-았/었-'이 결정된다. '예쁘-'는 /ㅡ/에 선행하는 모음이 /ㅖ/이기 때문에 '-어', '-었-'이 결합하였고, '아프-'와 '잠그-'는 /ㅡ/에 선행하는 모음이 /ㅏ/이기 때문에 '-아', '-았-'이 결합하였다.

첫째, 어간이 /ㅡ/ 모음으로 끝났는지, /ㅜ/ 모음으로 끝났는지를 확인하자.

둘째, (1)의 활용 양상과 (2)의 활용 양상을 기억하자.

지금까지의 내용을 이해했다면, 이제 단어마다 일일이 개별적으로 활용형을 기억해야 한다는 생각을 하지 않을 것이다. 그럴 필요가 없기 때문이다. 그러니까 앞으로 '끄다, 크다, 담그다, 고프다, 나쁘다, 미쁘다, 슬프다 …'와 같은, /ㅡ/ 모음으로 끝난 단어를 만나면, (1)의 활용 패턴을 그대로 적용해서 해결하면 된다.

---

(3) ㉠ 끄다, 끄고, 꺼, 껐다

ㄴ 크다, 크고, 커, 컸다.

ㄷ 담그다 담그고 **담가** **담갔다**

ㄹ 고프다 고프고 **고파** **고팠다**

ㅁ 나쁘다 나쁘고 **나빠** **나빴다**

ㅂ 미쁘다 미쁘고 **미뻐** **미뻤다**

ㅅ 슬프다 슬프고 **슬퍼** **슬펐다**

그런데 늘 그렇듯 예외가 없지는 없다. /ㅡ/로 끝나기는 했지만, '이르다', '부르다'처럼 어간의 마지막 음절이 '르'인 단어들은 /ㅡ/로 끝났지만, (1)의 /ㅡ/ 말음 어간의 활용 양상을 따르지 않는다. 그러니까 '르'로 끝난 단어들은 자기들 나름의 독자적인 활용 양상을 보인다. 그래서 '르'로 끝난 어간들은 /ㅡ/로 끝난 어간들과 일단 다르다고 기억하자.

'르' 말음 어간은 그 안에서 또 (4), (5)처럼 2가지 다른 활용 양상을 보인다. (4)를 '러' 불규칙 용언이라고 하고, (5)를 '르' 불규칙 용언이라고 한다.

(4)

어간 \ 어미	-다	-고	-(으)니	-아/어	-았/었다
이르- (도착하다)	이르다	이르고	이르니	**이르러**	**이르렀다**
푸르-	푸르다	푸르고	푸르니	**푸르러**	**푸르렀다**
(색깔이) 누르-	누르다	누르고	누르니	**누르러**	**누르렀다**

(5)

어간 \ 어미	-다	-고	-(으)니	-아/어	-았/었다
다르-	다르다	다르고	다르니	**달라**	**달랐다**
모르-	모르다	모르고	모르니	**몰라**	**몰랐다**
자르-	자르다	자르고	자르니	**잘라**	**잘랐다**
흐르-	흐르다	흐르고	흐르니	**흘러**	**흘렀다**
부르-	부르다	부르고	부르니	**불러**	**불렀다**
머무르-	머무르다	머무르고	머무르니	**머물러**	**머물렀다**
⋮	⋮	⋮	⋮	⋮	⋮

그러면 '르'로 끝난 단어를 만났을 때, (4)처럼 활용하는지, (5)처럼 활용하는지를 어떻게 구별할 수 있을까? 다행스럽게도 '러' 불규칙 용언은 (4)에 나온 '이르다, 푸르다, 누르다' 3개만 기억하면 된다. 그러니까 '이르다, 푸르다, 누르다' 3개 외에 '르'로 끝난 단어는 모두 (5)와 같이 활용한다고 생각해도 무방하다.

그런데 인간 세상에도 자기만의 세상을 고집하는 사람이 있듯이, 인간이 사용하

는 언어이니까 언어에도 독자적인 노선을 걷고 싶어 하는 게 한두 개씩은 꼭 있기 마
련이다. '따르다', '치르다', '들르다'가 바로 이에 해당한다. 그러니까 어쩔 수 없이 '따
르다', '치르다', '들르다'의 활용은 별로도, 예외적으로 기억해 두자.

'따르다', '치르다'², '들르다'는 '르' 말음 어간임에도 '르' 말음 어간의 활용 양상을
따르지 않고, (1)의 /ㅡ/ 말음 어간의 활용 양상을 따른다.

(6)

어미 어간	-다	-고	-(으)니	-아/어	-았/었다
따르-	따르다	따르고	따르니	**따라**	**따랐다**
치르-	치르다	치르고	치르니	**치러**	**치렀다**
들르-	들르다	들르고	들르니	**들러³**	**들렀다**

'따르다'가 '르'로 끝났지만, '르'로 끝난 다른 어간들과 활용 패턴이 다른 이유는
역사적인 사실에서 찾을 수 있다. '따르-'의 중세 국어 어형은 '쁠오-'로 어간의 말음
절이 다른 '르' 말음 어간과 달리 /ㅗ/였다(쁠오- > 따르-). 현대 국어에서 '따르-'가
'르' 말음절 어간의 활용 패턴과 다른 활용 패턴을 보이는 이유를 바로 이러한 역사적

---

2   '치르다'와 관련된 맞춤법 오류에 대한 자세한 설명은 '☞ 5.5. 시험은 치르고, 마
     음은 추스르고.' 참조.

3   '들러'는 '들르- + -어 → 들러'인데, 여기서는 /ㅡ/ 탈락만 일어났다. 그러니까
     /ㅡ/ 말음 어간의 활용 양상(쓰- + -어 → 써)과 같다. '흐르- + -어 → 흘러'와 비
     교하면 쉽게 그 차이를 알 수 있을 것이다. '흘러'에서는 /ㅡ/ 탈락과 함께 없던
     /ㄹ/가 첨가되었다.

인 사실에서 찾을 수 있다.

그러나 '치르다', '들르다'가 왜 '르' 말음 어간의 활용 양상을 따르지 않고, /ㅡ/ 말음 어간의 활용 양상을 따르는지는 어원적으로도 추론하기 어렵다. 그냥 얘들은 조금 튀는 애들이라고 생각하자.

3.16. 쳇! '체'와 '채'를 구별 못한다고?

안녕하세요!!!!
오랜만이네요~

자리에 앉은 채로 인사하면 어떡해?
벌떡 일어나서 반갑게 아는 체 해야지~~~!!

오랜만에 봤는데~~ㅠㅠ

아~네네!! 그렇네요~앞으로 조심할게요~.
근데, '앉은 채'와 '아는 체'의 '채와 체'는
어떻게 구별해요?   항상 헷갈려요~~

"아하하"
궁금한 건 못 참아.   "머쓱"

아! 그건 '척'으로 대체해서 말이 되면 '체'야.

아는 체 → 아는 척 ○

앉은 채 → 앉은 척 X

체: 그럴듯하게 꾸미는
거짓 태도나 모양

'체'와 '채'를 많이들 헷갈려 한다. 이유는 '체'와 '채'의 발음이 구별되지 않기 때문이다.[1] 그러다 보니 발음으로 추론해서 표기하려면 늘 '체'가 맞는지, '채'가 맞는지 헷

---

1   '체'와 '채'의 발음이 구별되지 않고 같다고 할 때 그 발음이 [체]인지 [채]인지
   묻는 사람들이 많다. 그런데 한글 자모로는 정확한 발음을 나타낼 수 없다. 음
   성학적으로 그 소리는 [ㅔ]보다는 높이가 낮고, [ㅐ]보다는 높이가 높은 소리이
   다. 국제음성기호로 나타내면 [E]이다. 그러니까 [ㅔ]와 [ㅐ]가 변별되지 않는
   다고 할 때 그 소리는 [e]도 아니고 [ɛ]도 아니고, 이 두 소리의 중간음에 해당하
   는 [E]이다. 'ㅔ'와 'ㅐ'를 변별하지 못하는 사람은 'ㅔ'를 발음해도 [E]이고, 'ㅐ'
   를 발음해도 [E]이다.

갈릴 수밖에 없다. 그런데 '체'와 '채'를 구별하는 방법은 아주 단순하다.

'척'으로 대체했을 때 문장의 의미가 그대로 유지되면 '체'이고,

'척'으로 대체했을 때 문장의 의미가 성립되지 않으면 '채'이다.

의미상 '체'와 '척'은 서로 비슷하다. 〈표준국어대사전〉에서는 '체'도 "그럴듯하게 꾸미는 거짓 태도나 모양."으로, '척'도 "그럴듯하게 꾸미는 거짓 태도나 모양."으로 뜻풀이가 똑같이 되어 있다. 그래서 '체'는 '척'으로 대체해도 문장의 의미가 그대로 유지된다. 하지만 '채'는 '척'과 의미가 다르기 때문에 '척'으로 대체될 수 없다. 여기에 시각적인 부분까지 연결해서 이해하면 더 확실하게 구별이 가능하다. '척'의 모음이 'ㅓ'이니까 같은 'ㅓ'를 가지고 있는 '체'가 서로 통한다.

체: 그럴듯하게 꾸미는 거짓 태도나 모양.

반갑게 아는 *체//채* 했다.

↓

반갑게 아는 **척** 했다.(○)

↓

반갑게 아는 **체** 했다.

채: 이미 있는 상태 그대로 있다는 뜻을 나타내는 말.

자리에 앉은 *체//채* 인사를 했다.

↓

자리에 앉은 **척** 인사를 했다.(×)

↓

자리에 앉은 **채** 인사를 했다.

참고로 기원적으로 '체'는 한자 '體'에서 온 말이다. '體'의 한자음이 옛날에는 '톄'였는데, 아래에서 보듯이 '톄'에서 구개음화되어 '쳬'가 되고, '쳬'에서 반모음 /y/가 탈락하여 현대 국어와 같은 '체'가 되었다. 아래 기호는 국제음성기호(IPA)이다. /ㅈ/의 국제음성기호가 /ʧ/이고, /ㅊ/는 /ʧʰ/이다.

톄(體) > 쳬   > 체
tʰyəy > ʧʰye > ʧʰe

3.17. '오십시오' 하면 오고, '가세요' 하면 갈게요.

일반적으로 '하세요.'는 별로 헷갈려 하지 않는다. 즉 '하세요.'가 맞는지 '*하세 오.(×)'가 맞는지를 두고 갈등하는 일은 많지 않다. 실제 이런 질문을 받아 본 적도 별로 없다. 지금까지 많은 사람들이 필자에게 질문해 온 것은 '하십시오.'가 맞는지 '* 하십시요.(×)'가 맞는지이다.

'하십시오.'가 맞는지 '*하십시요.(×)'가 맞는지 헷갈리는 이유는 발음 때문이다. 일상적인 대화 상황에서 자연스럽게 말을 할 때 우리는 대부분은 '하십시오.'를 [하십 씨요]라고 발음한다. 의식적으로 또박또박 표기에 충실하게 발음하면 [하십씨오]이 기는 하지만, 자연스러운 발화 상황에서는 거의 대부분 [하십씨요]처럼 발음한다. 즉 마지막 음절의 발음이 [요]이다. 그리고 이 [요]는 '하세요.'의 '요'와 같다. 그렇다 보니 발음상 [하십씨요]의 마지막 음절 '요'를 '하세요.'의 '요'와 같다고 생각하게 되는 것이다. 이렇게 되면 '*하십시요.(×)'라고 표기하는 실수를 하게 된다.

〈한글 맞춤법〉은 소리대로 적는 것도 많지만, 어법에 맞게 적는 것도 많다. 어법에 맞게 적는 것은 소리대로 적으면 안 되는 것들이다. '하십시오.'가 맞는지 '*하십시요.(×)'가 맞는지 갈등하는 것은 '오뚝이'가 맞는지 '오뚜기'가 맞는지 헷갈리는 것과 원인이 같다. '오뚝이'로 적든 '오뚜기'로 적든 발음은 [오뚜기]로 같다. 그렇다 보니 [오뚜기]를 듣고서 이를 소리대로 적어야 할지 어법에 맞게 적어야 할지 때문에 헷갈리는 것이다. [하십씨요], [오뚜기] 둘 다 소리대로 적으면 안 되고 어법게 맞게 적어야 한다. 그래서 '하십시오.', '오뚝이'가 맞다.

다시 본론으로 돌아와서, 그러면 어떻게 하면 한 방에 '하십시오./*하십시요.(×)'가 헷갈리는 것을 해결할 수 있을까? 해결책은 의외로 무척 단순하다. 이것만 기억하자.

'-오.'인지 '요.'인지 어느 것이 맞는지 헷갈릴 때,

이를 삭제하고 나서 문장이 성립하지 않으면 '-오.'이고,

이를 삭제하고 나서도 문장이 성립하면 '요.'이다.

그러면 이를 실제로 적용을 한번 해 보자.

	'오/요' 삭제		결론
하십시오/요.	*하십시.(×)	→	하십시오.
가시오/요.	*가시.(×)	→	가시오.
앉으시오/요.	*앉으시.(×)	→	앉으시오.
먹으오/요.	*먹으.(×)	→	먹으오.
예쁘오/요.	*예쁘.(×)	→	예쁘오.

가세오/요.	가세.(○)	→	가세요.
하세오/요.	하세.(○)	→	하세요.
앉지오/요.	앉지.(○)	→	앉지요.
먹어오/요.	먹어.(○)	→	먹어요.
예뻐오/요.	예뻐.(○)	→	예뻐요.

위의 예를 통해 이제 '오/요.'가 헷갈릴 때 간단하게 '오.'인지 '요.'인지를 판단할 수 있을 것이라 생각한다.

그런데 왜 그런가? '왜'에 대해 설명하려면 약간의 문법적인 지식이 필요하다. 먼저 '-십시오', '-(으)오'는 그 자체로 하나의 어미이다. '-십시오', '-(으)오' 전체가 하나의 어미인데, 여기서 '오'만 따로 삭제한다는 것 자체가 있을 수 없다. '오'만 삭제할 수 없는 것이 아니다. '-십시오'에서 '십'을 삭제한다든가 '시'를 삭제한다든가 하는 것도 불가능하다. 더군다나 '-(으)오'의 경우에는 '오'를 빼면 아예 어미가 삭제되어 버리는 결과가 된다. 그래서 '-십시오', '-(으)오'처럼 '오'로 종결되는 어미의 경우에는 마지막 음절 '오'를 삭제하면 문장이 성립하지 않게 된다.

반면 '요'는 다르다. '요'는 어미가 아니라 보조사이다. 보조사는 의미적으로 필요할 때 첨가하는 것이다. 그래서 그 의미가 필요하지 않으면 굳이 넣지 않아도 아무런 상관이 없다. 보조사 '요'는 높임의 뜻을 나타내고자 할 때 넣는 보조사이다. 즉 청자가 나보다 높은 사람일 때 문장의 마지막에 '요'를 넣어서 높임의 뜻을 나타낸다. 그런데 청자에게 높임의 뜻을 나타내고 싶지 않으면 넣지 않아도 문장의 적격성에는 영향을 주지 않는다. 다만 상대방을 높여야 하는데 높이지 않음으로써 어색한 상황이 생길 수는 있다.

높이지 않을 때	높일 때
밥 먹어.	밥 먹어**요**.
집에 가.	집에 가**요**.
싫어.	싫어**요**.

위에서 표의 왼쪽에서 보듯이 '요'가 없는 상태로도 적격한 문장이다. '요'가 없어도 문법적으로 적격한 문장이어야만 또 '요'가 첨가될 수 있다. '요'가 첨가되기 전의 문장이 문법적으로 틀린 문장이면 '요'를 첨가하는 것도 불가능하다.

3.18. '런지'는 운동할 때나 쓰고, 어미는 '-는지'만 쓰고.

학생들이 쓴 리포트를 보다 보면, 정말 많이 발견되는 맞춤법 오류 중의 하나가 '-는지'와 관련된 것이다.

> 내가 그 일을 잘 **할는지**(○) 모르겠다.
> 내가 그 일을 잘 *할른지(×) 모르겠다.
> 내가 그 일을 잘 *할런지(×) 모르겠다.

위에서 보듯이 '할는지'만 맞고 *할른지(×), *할런지(×)는 틀렸다. 그런데 '할는지'가 맞는다고 하면, "이게 뭐지?" 하는 눈으로 보는 학생들이 있다. 왜냐하면 한 번

도 [할는지]라는 발음을 들어 본 적이 없기 때문이다. 여기서 '할는지'를 '*할른지(✕)',
'*할런지(✕)'로 잘못 표기하게 되는 이유가 무엇인지 눈치챘을 것이다. 즉 그 이유는
바로 발음 때문이다.

국어에는 아래 표에서 보듯이 'ㄹ-ㄴ' 연쇄 즉, 선행 음절 종성이 /ㄹ/로 끝나고,
후행 음절 초성이 /ㄴ/일 때는 후행 음절 초성 /ㄴ/가 /ㄹ/에 동화되어 /ㄹ/로 변동
한다. 이를 유음 동화라고 한다.[1]

표기	발음
설날	[설랄]
달님	[달림]
물놀이	[물로리]
할는지	[할른지]

'-는지'를 '-*른지(✕)'나 '*-런지(✕)'로 표기하는 오류는 사실 한 가지 사실만 분
명히 기억해도 절대 틀릴 일이 없다.

국어의 어미 목록에는 '-는지'라는 형태만 있다.

그러니까 '*-른지(✕)', '*-런지(✕)'와 같은 형태는 존재하지 않는다.

'할는지', '먹을는지'를 형태소 분석하면 '하- + -ㄹ는지', '먹- + -을는지'이다. 즉

1 　'ㄹ-ㄴ' 연쇄뿐만 아니라 위치가 바뀐 'ㄴ-ㄹ' 연쇄일 때도 대부분의 경우 유음
　　동화가 일어난다.

　　　신라　　　→　[실라]
　　　난로　　　→　[날로]
　　　전래동화　→　[절래동화]

'할는지', '먹을는지'에서 어미는 '-(으)ㄹ는지'이다. [할른지], [먹을른지]의 발음을 듣더라도 국어의 어미 목록에 '*-른지(×)'나 '-*런지(×)' 형태가 존재하지 않는다는 사실만 기억하면, '*할른지(×)', '*먹을른지(×)'처럼 잘못 표기하는 실수를 하지 않을 것이다.

참고로 '*할런지(×)'와 같은 표기 오류가 발생하는 원인에는 '하던지'의 '-던지'가 간섭을 하는 것도 있다. 즉 왠지 '-던지'와 '*-런지(×)'가 대응쌍을 이루는 것처럼 잘못 생각하게 만드는 것이다. 그러나 국어의 어미 목록에 '-는지'라는 형태만 있다는 사실을 다시 한번 분명히 기억하자.

그런데 '-던지'는 '-던지' 나름대로 또 다른 어려움이 있다. 그것은 '-든지'와 헷갈려 하는 것이다. '-던지'와 '-든지'는 문법적으로는 전혀 다른 두 가지이다. '-든지'는 하나의 어미(어말 어미)이고, '-던지'는 과거 시제 선어말 어미 '-더-'에 어말 어미 '-ㄴ지'가 결합한 구성이다.[2] '-든지'와 '-던지'는 의미를 통해서 구별할 수 있지만, 그럼에도 또 많이 헷갈려 하는 문제이기도 하다.[3]

---

2   어말 어미에는 종결 어미, 연결 어미, 전성 어미가 있는데, '-든지'와 '-ㄴ지'는 연결 어미이다.

3   이에 대한 자세한 설명은 '☞ 3.5. 뭘 먹든지, *먹던지(×) 맛있게 먹네.' 참조.

4. — 띄어쓰기가 헷갈리는 맞춤법

4.1. '나밖에'와 '창문∨밖에'

띄어쓰기와 관련하여 어려움을 겪는 것 중에는 기능이 다르지만 형태가 같은 경우이다. 여기서 기능이 다르다는 것은 품사가 다르다는 말과 같다. 이렇게 말하면 "단어와 단어는 띄어 쓰니까, 품사가 다르면서 형태가 같더라도 어차피 띄어 쓰는 건 매한가지인데 왜 띄어쓰기가 헷갈린다고 하지?" 하고 반문하는 사람이 있을 수도 있겠다. 맞는 말이다. 품사는 단어의 갈래이니까, 9품사[1] 중의 하나라는 말은 곧 그것이

---

1   국어의 9품사는 명사, 대명사, 수사, 동사, 형용사, 관형사, 부사, 조사, 감탄사
     이렇게 9가지이다. 이 중에서 '명사, 대명사, 수사'를 묶어서 체언이라고 하고,
     '동사, 형용사'를 묶어서 용언이라고 한다. 그리고 '관형사, 부사'를 묶어서 수식

단어임을 전제한다. 그리고 단어와 단어는 띄어 쓰는 것이 원칙이다.

그런데 두 형태가 같고 품사가 다른데, 그 다른 두 품사 중의 하나가 조사일 때는 띄어쓰기에 어려움을 겪게 될 수밖에 없다. 왜냐하면 조사는 단어로 분류되어 있기는 하지만, 맞춤법에서 반드시 앞말에 붙여 써야 하기 때문이다. 그리고 단어와 어미의 형태가 우연히 같은 경우에도 마찬가지로 띄어쓰기에 어려움을 겪는다. 어미 역시 앞말인 어간에 반드시 붙여 써야 한다. 그래서 형태가 같으면서 하나는 품사가 조사이고, 하나는 조사 외의 다른 품사일 때, 앞말에 붙여 써야 할지 앞말과 띄어 써야 할지를 두고 고민하는 상황이 발생한다. 형태가 같은 단어와 어미도 마찬가지이다.

여기서는 이러한 것들 중에서 빈도가 아주 높으면서 잘 틀리는 '밖에'에 대해 설명하기로 하겠다. '밖에'는 다음의 두 종류의 '밖에'가 있다.

밖에	조사	앞말에 붙여 쓴다.
	밖 + 에	앞말과 띄어 쓴다.

조사는 선행하는 체언에 반드시 붙여 써야 하니까 조사 '밖에'는 선행하는 체언에 붙여 쓴다. 그런데 명사 '밖'에 조사 '에'가 결합한 구성인 '밖에'가 우연히 조사 '밖에'와 그 형태가 같다. 명사 '밖'에 조사 '에'가 결합한 곡용형[2] '밖에'는 선행하는 체언과 띄어 써야 한다.

지금부터는 조사 '밖에'와 곡용형 '밖 + 에'를 어떻게 구분할 수 있는지에 대해 살펴보자. 각각을 구분할 수 있으면, 자동적으로 띄어 쓸지, 붙여 쓸지가 결정된다.

언이라고 한다. 잉여적이긴 하지만 그래도 굳이 남은 2가지 품사인 조사, 감탄사에도 이름을 붙이면, 조사는 관계언, 감탄사는 독립언이다.

2 체언(명사, 대명사, 수사)에 조사가 결합하는 것을 곡용이라고 하고, 체언에 조사가 결합한 형태를 곡용형이라고 한다. 그러니까 '밖'과 '에'가 결합하는 것이 곡용이고, 결합한 '밖에'가 곡용형이다.

(1)　**밖에: 조사**

　ㄱ 나는 공부밖에 모르는 사람이야.

　ㄴ 나를 알아주는 사람은 나밖에 없어.

(2)　**밖에: 밖(명사) + 에(조사)**

　ㄱ 창문∨밖에 사람이 있다.

　ㄴ 집 안에 말고 집∨밖에 둬라.

(1)의 조사 '밖에'와, (2)의 곡용형 '밖에' 두 경우 모두 선행하는 말은 체언이다. 그런데 조사 '밖에'는 선행하는 체언에 붙여 써야 하고, 곡용형 '밖 + 에'는 선행하는 체언과 띄어 써야 한다. 그러니까 사람들이 더 헷갈려 할 수밖에 없기도 하다. 그러나 이 둘을 구분하는 방법은 의외로 간단한다.

　'밖에'를 '안에'로 대체했을 때,

　문장이 성립하면 앞말과 띄어 쓰고(곡용형 '밖에'),

　문장이 성립하지 않으면 붙여 쓴다(조사 '밖에').

조사 '밖에'는 명사 '밖'의 의미가 없다. 그래서 '밖에'를 '안에'로 대체하면 당연히 문장이 성립하지 않는다. 문장이 성립하지 않는다는 것은 이때의 '밖에'가 조사라는 뜻이다. 조사이니까 앞말에 붙여 써야 한다.

반면 '밖에'를 '안에'로 대체해도 의미상 말이 되면 이때 '밖에'는 '밖 + 에(조사)'의 곡용형이니까 선행하는 체언과 띄어 쓴다. '안에'도 '안 + 에(조사)'의 곡용형이므로 서로 대체가 가능하다. 물론 '밖에'가 '안에'로 단어가 바뀌었으므로 의미는 당연히 달라지게 되어 있고, 경우에 따라서는 의미가 약간 어색할 수도 있다. 그러나 여기서 중요한 것은 의미가 달라지고 조금 어색하더라도 문장이 성립하느냐 하지 않느냐 하는 것이다.

(1㉠)에서 '*공부안에'가 성립되지 않고, (1㉡)에서 '*나안에'도 성립되지 않는다. 그러니까 '공부밖에', '나밖에'처럼 붙여 쓴다. 반면 (2㉠)에서는 '창문 안에'라고 해도 문장이 성립하고, (2㉡)에서도 '집 안에'라고 해도 문장이 성립한다. 그러니까 '창문V밖에', '집V밖에'로 띄어 쓴다.

4.2. 화 낼 만해, 화 낼 만도∨해.

'만'은 조사이기도 하고, 의존 명사이기도 하다. 즉 형태는 같지만, 조사인 '만'과, 의존 명사인 '만'은 전혀 다른 단어이다. 띄어쓰기도 조사 '만'은 앞말에 붙여 써야 하고, 의존 명사 '만'은 앞말과 띄어 써야 한다. 그러다 보니 당연히 띄어쓰기가 어려울 수밖에 없다. 하지만 언제 붙여 써야 하고, 언제 띄어 써야 하는지를 구별하는 게 그렇게 어려운 문제는 아니다. 다음의 첫째, 둘째만 잘 기억해서 적용하면 된다.

첫째, '만' 앞에 체언(명사, 대명사, 수사)이 오면, 이때 '만'은 조사이니까 앞말인 체언에 붙여 쓴다.

둘째, '만' 앞에 '할∨만'처럼 관형사형 어미가 결합한 용언의 활용형이 오면, 이때 '만'은 의존 명사이니까 앞말과 띄어 쓴다.

(1) **조사 '만'**

　㉠ 엄마는 나**만** 혼내.

　㉡ 오늘은 공부**만** 할 거야.

　㉢ 눈**만** 감아도 잠이 온다.

(2) **의존 명사 '만'**

　㉠ 그는 화를 낼∨**만**도 하다.

　㉡ 그녀는 내가 **좋아할**∨**만**은 한 사람이다.

　㉢ 이제는 그녀가 나를 **이해할**∨**만**도 할 텐데.

　'첫째'와 **'둘째'**를 적용해 보면, (1)에서는 '만' 앞에 체언이 왔으므로 조사이다. '만' 앞에 온 '나'는 대명사이고, '공부', '눈'은 명사이다. (2)에서는 '만' 앞에 관형사형 어미가 결합한 용언의 활용형(낼, 좋아할, 이해할)이 왔으므로 의존 명사이다. 이제 '만'을 붙여 써야 하는지 띄어 써야 하는지로 갈등하지 않아도 되지 않을까 싶다.

　의존 명사 '만'은 대부분의 경우 (2)처럼 관형사형 어미가 결합한 용언의 수식을 받는다. 그런데 (3)처럼 수 관형사의 수식을 받는 경우도 있다.

---

(3)　㉠ 일∨분∨**만**에 일을 끝냈다.

　　㉡ 이십∨년∨**만**의 만남이다.

　　㉢ 나는 두∨번∨**만**에 시험에 합격했다.

---

(3)처럼 수 관형사의 수식을 받는 의존 명사 '만'은 관형사형 어미가 결합한 용언의 활용형의 수식을 받는 '만'과는 또 다른 의존 명사 '만'이다. 즉 동음이의어이다. 그러니까 (2)의 '만'이 '만1(의존 명사)'이라면 수 관형사의 수식을 받는 (3)의 '만'은 '만2(의존 명사)'인 셈이다.

(2)의 '만1'의 의미

「1」 앞말의 동작이나 행동을 할 만한 이유가 있다.(2㉠,㉡)

「2」 앞말의 동작이나 행동을 할 가능성이 있다.(2㉢)

(3)의 '만2'의 의미

「1」 앞말이 가리키는 시간적 거리를 나타낸다.(3㉠,㉡)

「2」 앞말이 가리키는 횟수를 끝으로.(3㉢)

'만2'는 위의 '첫째', '둘째' 기준으로 띄어쓰기를 판별할 수 없다. (3)에서 보듯이 '만2' 앞에는 또 다른 의존 명사('분', '년', '번')가 온다. '만2' 앞에 오는 의존 명사는 단위를 나타내는 말이어서, 이를 단위성 의존 명사라고 부른다. 의존 명사 '만2' 앞에 오는 단위성 의존 명사는 다시 수 관형사의 수식을 받는다. 그래서 '만2'는 아래에서 보듯이 [수 관형사 + 단위성 의존 명사] 구성의 수식을 받는다.

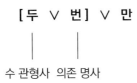

그러면 (3)의 '만2'의 띄어쓰기를 헷갈리지 않게 할 수 있는 방법은 무엇인가? (3)의 '만2'가 의존 명사라는 것을 이미 알고 있는 사람은 당연히 띄어 쓸 것이다. 그러나 이 정보를 알지 못하는 대부분의 사람들은 나름의 방법이 필요하다. 한눈에 들어올 만큼 간결하지는 못하지만, 의존 명사 '만2'의 띄어쓰기는 아래 기준으로 판별할 수 있다.

[수 관형사 + 단위성 의존 명사] 구성의 수식을 받는 '만'은 의존 명사이므로 앞말과 띄어 쓴다.

예외적으로 속 썩이는 게 하나 더 있기는 하다. '하루', '이틀', '사흘'처럼 시간을 나타내는 명사가 '만' 앞에 올 때도 이때의 '만'은 (3)과 같은 '만2'이다. 그러니까 띄어 써야 한다.

(4) ㉠ 하루∨만에 일을 끝냈다.
　　 ㉡ 집 나간 지 나흘∨만에 들어왔다.

'하루∨만', '나흘∨만'에서 '하루', '나흘'은 [수 관형사 + 단위성 의존 명사] 구성과 같은 역할을 한다. 하지만 문법을 전공하지 않은 사람의 입장에서 이렇게 분석하는 것은 쉬운 일이 아니다. 그래서 문법적으로 이해하기 어려우면, 그냥 예외처럼 기억해 두는 편이 좋다.

마지막으로 하나만 더 보자. 조사 '만', 그리고 의존 명사 '만1'과 '만2'의 문제는 아니지만, 이들과 구별하기가 어려워서 역시 띄어쓰기를 자주 틀리는 예이다. 그것은 바로 보조 형용사 '만하다'이다.[1] '만하다'는 그 자체로 하나의 단어이다. 그리고 항상 관형사형 어미가 결합한 용언의 활용형의 수식을 받는다.

---

(5) ㉠ 반찬이 **먹을**∨**만하다**.

　　㉡ 이제 **살**∨**만하게** 되었다.

　　㉢ 그동안 **괄목할**∨**만한** 성과가 있었다.

보조 형용사 '만하다'와 관련된 내용을 정리하면 다음과 같다.

'만하다'는 그 자체로 하나의 단어이다.

그리고 항상 관형사형 어미가 결합한 용언의 활용형의 수식을 받는다.

그래서 '살∨**만하다'처럼 앞말과 띄어 쓰는 것이 원칙이다.**

다만 '살만하다'처럼 붙여 쓰는 것도 허용된다.

그런데 '만하다'를 단어가 아닌, '*만∨하다(X)'와 같은 구로 잘못 이해해서 '만하

1　보조 형용사라는 말은 형용사는 형용사인데 혼자서는 못 쓰이는 형용사라는 뜻이다. 그래서 앞에 '보조'라는 수식어를 넣어 '보조 형용사'라고 한다. 혼자서는 못 쓰이고, (5)에서처럼 관형사형 어미가 결합한 용언의 활용형과 반드시 함께 쓰인다(먹을∨만하다, 살∨만하다, 괄목할∨만하다).

　　'만하다'의 '만'도 원래는 (2)와 같은 의존 명사 '만1'이었다. 즉 원래는 의존 명사 '만1'에 동사 '하다'가 결합한 '만∨하다' 구성이었는데, 이후 '만'과 '하다'가 밀접해져서 단어가 된 것이다. 그래서 (5)에서 보듯이 항상 관형사형 어미 '-(으)ㄹ'이 결합한 말, 즉 관형사형 어미 '-(으)ㄹ'이 결합한 용언의 활용형의 수식을 받는다.

다'를 '*만∨하다'처럼 띄어 쓰는 오류가 무척이나 많다.[2] '*만∨하다(X)'와 같은 표기가 없다는 사실과, '만하다'가 하나의 단어라는 사실을 정확히 기억하도록 하자.

---

2   '만하다'에 대한 자세한 설명은 '☞4.8. '할∨만하다', '할만하다', '할∨만은∨하다" 참조.

4.3. 하늘만큼, 죽을∨만큼 사랑해.

　　조사는 앞말에 붙여 쓰고, 의존 명사는 앞말과 띄어 쓴다. 그런데 동일한 형태가 하나는 조사이고, 하나는 의존 명사일 때는 띄어쓰기가 헷갈릴 수밖에 없다. 형태가 같으므로 형태를 통해서는 조사인지 의존 명사인지 판단할 수 없고, 그렇기에 붙여 쓰는지 띄어 쓰는지도 판단하기 어렵다.

　　이러한 것들 중에서 여기서는 '만큼'에 대해서 살펴보기로 하자. 이 문제는 아주 기본적인 문법 지식 하나만 기억하면 간단히 해결할 수 있다.

　　　'만큼' 앞에 오는 말이 관형사형 어미가 결합한 용언의 활용형이면 앞말과
　　　띄어 쓰고, 이 외에는 모두 앞말에 붙여 쓴다.

여기서 관형사형 어미는 '-(으)ㄹ', '-는', '-(으)ㄴ', '-던'을 말한다. 즉 이런 어미가 결합한 말이 앞에 오면 무조건 띄어 쓴다. 관형사형 어미가 결합한 용언의 활용형의 수식을 받는다는 것은 이때의 '만큼'이 의존 명사라는 것을 말해 준다.

---

(1) **의존 명사 '만큼'**

ⓐ **먹을**∨**만큼**만 덜어라.

ⓑ **주는**∨**만큼**만 받아 와라.

ⓒ **노력한**∨**만큼** 결과가 있을 것이다.

ⓓ 그러리라고는 상상도 **못했던**∨**만큼** 다들 어찌할 바를 몰랐다.

(2ⓐ)의 '먹을'은 관형사형 어미 '-(으)ㄹ'이 결합한 활용형이고, (2ⓑ)의 '주는'은 관형사형 어미 '-는'이, (2ⓒ)의 '노력한'은 관형사형 어미 '-(으)ㄴ'이, (2ⓓ)의 '못했던'은 관형사형 어미 '-던'이 결합한 활용형이다. 이들 모두 뒤에 오는 의존 명사 '만큼'을 수식하고 있다.

'만큼' 앞에 오는 말이 (1)처럼 관형사형 어미가 결합한 용언의 활용형일 때는 띄어 쓴다. 그러나 (1)과 달리 앞에 오는 말이 체언일 때는 붙여 쓴다. 이때의 '만큼'은 조사이다. 조사이니까 앞말인 체언에 붙여 쓴다.

---

(2) **조사 '만큼'**

ⓐ 어머니의 사랑이 **하늘만큼** 크다.

ⓑ 동생이 어느새 **나만큼** 키가 컸다.

---

(2)에서 '만큼' 앞에 온 '하늘'은 명사이고, '나'는 대명사이다.

정리하면, '만큼' 앞에는 관형사형 어미가 결합한 용언의 활용형이 오거나, 그렇지 않으면 체언이 온다. 즉 둘 중에 하나가 온다. 앞에 관형사형 어미가 결합한 용언의 활용형이 오면 이때의 '만큼'은 의존 명사이고, 그래서 앞말과 띄어 쓴다. 반면 앞에 체언이 오면 이때의 '만큼'은 조사이고, 그래서 앞말에 붙여 쓴다.

이미 맞춤법에 맞게 쓰여진 글에서 '만큼'이 의존 명사인지 조사인지는 금방 판단할 수 있다. 띄어 쓴 '만큼'은 의존 명사이고, 붙여 쓴 '만큼'은 조사이다. '만큼'을 띄어 써야 할지 붙여 써야 할지가 헷갈리는 경우는 내가 글을 쓸 때이다. 이때 '만큼'을 띄어 써야 할지 붙여 써야 할지 헷갈리는 이유는 결국 '만큼'이 의존 명사인지 조사인지를 판단하지 못하기 때문이다. 이럴 때 위에서 제시한 방법을 스스로 적용하면 된다. 내가 쓰고자 하는 문장에서 '만큼' 앞에 오는 말이 관형사형 어미가 결합한 용언의 활용형인지, 체언인지를 확인하는 것이다. 그러면 띄어쓰기 문제도 자동으로 해결된다.

4.4. 만난∨지 오래돼서 네 생각이 나는∨데를 왔어.

표면적으로 보면 같은 것처럼 보이지만, (1㉠)의 '만난∨지'의 '-(으)ㄴ∨지'와 (1㉡)의 '예쁜지'의 '-(으)ㄴ지'는 전혀 다른 성격의 것이다. 우선 눈에 보이는 차이는 띄어쓰기가 다르다.

---

(1) ㉠ 우리 **만난∨지**가 꽤 오래되었지?

   ㉡ 할미꽃이 얼마나 예쁜지 모르지?

띄어쓰기만 빼면, '만난∨지'의 '-(으)ㄴ∨지'와 예쁜지'의 '-ㄴ지'는 그 형태가 같

다. 그래서 띄어 써야 할지, 붙여 써야 할지 헷갈려서 많이 틀린다. (1㉠)의 '만난∨지'의 '-(으)ㄴ∨지'는 관형사형 어미 '-(으)ㄴ'에 의존 명사[1] '지'가 결합한 구성이다. 그래서 띄어 써야 한다. 이에 비해 '예쁜지'의 '-(으)ㄴ지'는 어미이고, 어미이기 때문에 앞말인 어간에 붙여 써야 한다.

-(으)ㄴ∨지	-(으)ㄴ지
관형사형 어미 + 의존 명사	어미

이 둘을 구분하는 방법은 간단하다.

> *'-(으)ㄴ∨지'*인지 *'-(으)ㄴ지'*인지 헷갈릴 때,
>
> ① '시간의 경과'의 의미가 있으면 '-(으)ㄴ∨지'로 띄어 쓴다.
>
> ② 앞에 오는 어간이 형용사이면 '-(으)ㄴ지'로 붙여 쓰고, 동사이면 '-(으)ㄴ∨지'로 띄어 쓴다.

'만난∨지'에는 만나고 난 이후의 시간의 경과의 의미가 있다. 반면 '예쁜지 몰라'에는 시간의 경과의 의미가 없다.

그리고 '-(으)ㄴ지'는 형용사하고만 결합한다. 그러니까 '-(으)ㄴ지'로 붙여 써야 할지, '-(으)ㄴ∨지'로 띄어 써야 할지 헷갈릴 때는 어간이 형용사인지 동사인지를 확인하면 된다. 어간이 형용사이면 어미이니까 어간에 붙여 쓰고, 어간이 동사이면

---

1   의존 명사는 반드시 관형어의 수식을 받아야 문장에서 쓰일 수 있다. 그렇지만 격조사와 결합하여 문장에서 주어나 목적어로 쓰인다. 관형어의 수식을 받고, 격조사와 결합하여 주어나 목적어로 쓰이는 것은 명사이다. 그런데 반드시 관형어의 수식을 받아야만 문장에 쓰일 수 있기 때문에 '의존'을 붙여 '의존 명사'라고 한다.

'-(으)ㄴ∨지'로 띄어 쓴다. '예쁜지'에서 '-(으)ㄴ지' 앞에 오는 어간 '예쁘-'는 형용사이고, '만난∨지'에서 '-(으)ㄴ∨지' 앞에 오는 '만나다'는 동사이다.

그러면 형용사인지 동사인지는 어떻게 구별하느냐? 제일 간단한 방법은 '-고 있다'를 결합시켜 보는 것이다.[2] '-고 있다'를 결합시켜서 성립하지 않으면 형용사이고, 성립하면 동사이다. '*예쁘고 있다'는 성립하지 않는다. 그래서 '예쁘다'는 형용사이다. 반면 '만나고 있다'는 성립한다. 그래서 '만나다'는 동사이다.

'-(으)ㄴ지'와 '-(으)ㄴ∨지'의 관계와 평행한 예 하나만 더 보자. 붙여 쓰는 '-는데'와 띄어 쓰는 '-는∨데'에 대한 것이다. '-는데'는 동사하고만 결합하고 '-는∨데'의 '-는' 역시 동사하고만 결합한다.[3]

(2) ㉠ 비가 **오는데** 우산도 없이 갔다.

　　　달콤한 꿈을 한창 **꾸는데** 엄마가 깨웠어.

　　㉡ 지금 **가는**∨데가 어디야?

　　　살을 **빼는**∨데는 시간이 필요하다.

2　　동사와 형용사를 구분하는 기준에 대해서는 '☞3.13. '맞는' 때문에 '알맞은'을 '알맞는'으로 혼동했군!'의 각주1) 참조.

3　　형용사는 현재 시제 선어말 어미와 결합할 수 없다. 어미 '-는데'가 동사하고만 결합하고, 관형사형 어미 '-는' 역시 동사하고만 결합하는 것은 이 사실과 관련이 있다. 즉 어미 '-는데'의 '는' 그리고, 관형사형 어미 '-는'에 현재 시제 선어말 어미가 화석처럼 들어 있기 때문이다.

　　중세 국어에서 현재 시제 선어말 어미는 '-ᄂᆞ-'였다. 어미 '-는데'의 '는', 그리고 관형사형 어미 '-는'의 '는'은 역사적으로 '-ᄂᆞ- + -은 > -는'이다. 그래서 '-는데'와 관형사형 어미 '-는'이 동사하고만 결합하고, 형용사하고는 결합하지 못한다.

'-는데'와 '-는∨데'를 구분하는 방법은 의미를 확인하는 것이 가장 빠르고 정확하다. (2ⓛ)에서 '가는∨데'는 '가는 곳'의 의미로, '살을 빼는 데'는 '살을 빼는 것(또는 일)'의 의미이다. 이처럼 '데'가 '곳'이나 '것'(또는 '일')의 의미로 해석될 때는 '-는∨데'처럼 '-는'과 '데'를 띄어 쓴다. 이때의 '데'는 의존 명사이다.

-는데	-는∨데
어미	관형사형 어미 + 의존 명사

'데'를 '곳' 또는 '것'(또는 '일')으로 대체해서 의미가 통하면 '-는∨데'로 띄어 쓴다. 그렇지 않으면 '-는데'로 붙여 쓴다.

어미 '-는데'는 "뒤의 사태가 일어나기 전의 어떤 상황"을 나타낸다. (2㉠)에서 선행 문장 '비가 오는데'는 후행하는 '우산도 없이 갔다.'의 사태가 일어나기 전의 상황이다. 또한 '달콤한 꿈을 꾸는데' 역시 '엄마가 깨웠다'의 사태가 일어나기 전의 상황이다.

참고로 어미 '-는데' 뒤에는 쉼표(',')를 넣기도 한다. 쉼표를 넣고 넣지 않고는 필수적이지 않다. 필요한 경우에 쉼표를 넣을 수 있다.

4.5. 고백하고 말∨테야. 거절 당할지라도.

띄어쓰기와 관련하여 사람들을 시쳇말로 멘붕[1]에 빠지게 하는 것이 있다. 그건 바로 띄어 써야 하는 '-(으)ㄹ∨테야'와, 반대로 붙여 써야 하는 '-(으)ㄹ뿐더러'[2]이다.

---

1 '멘붕'은 아직 규범에 반영되어 있는 단어는 아니다. 즉 표준어는 아니다. 'metal 붕괴(崩壞)'를 줄여 만든 단어인데, 이처럼 최근에는 고유어, 한자어, 외래어 상관없이 줄여서 단어를 만드는 방식이 매우 생산적이다.

2 '-(으)ㄹ뿐더러'는 '잘생겼을뿐더러'의 '-을뿐더러'와 '예쁠뿐더러'의 '-ㄹ뿐더러'를 함께 나타낸 것이다. 사전에서는 '을뿐더러'로 검색을 하든 'ㄹ뿐더러로' 검색을 하든 두 경우 모두 검색이 되고, 뜻풀이는 똑같다.

(1) 오늘은 꼭 말을 하고야 **말∨테야**.

그때 그랬다면 **잘했을∨텐데**.

(2) 그는 얼굴도 **잘생겼을뿐더러** 마음씨도 착하다.

장미는 **예쁠뿐더러** 향기도 좋다.

〈표준국어대사전〉에서 '을테야' 또는 'ㄹ테야'를 검색하면, 검색되지 않는다. '을테야' 또는 'ㄹ테야'가 검색되지 않는다는 것은 '-(으)ㄹ테야'가 어미가 아니라는 것을 의미한다. 즉 어미보다 큰 구성이다. 반면 '을뿐더러' 또는 'ㄹ뿐더러'를 검색하면 검색이 되고, 뜻풀이에서 '어미'라는 것도 확인할 수 있다.

'-(으)ㄹ∨테야'에서 '테야'는 의존 명사 '터'에, 서술격 조사 '이', 그리고 어미 '-야'가 결합한 구성이다. 즉 '테야'는 '터이야 → 테야'처럼 '터이야'에서 줄어든 구성이다.

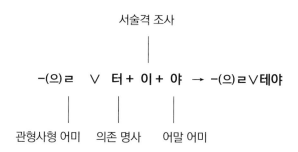

의존 명사는 선행하는 관형어와 띄어 쓴다. 그러니까 당연히 '할∨테야'처럼 띄어 쓴다.

그러면 여기서 한걸음 더 나아가 보자. '-(으)ㄹ지라도'는 붙여 쓸까, 띄어 쓸까? 당장 사전을 검색해 보자. 〈표준국어대사전〉에 'ㄹ지라도' 또는 '을지라도'를 검색하면 표제어로 검색이 되고, 뜻풀이에서 어미라는 것도 확인할 수 있다. 그러니까 '-을지라도'는 붙여 쓰는 게 맞다. 사실 '-(으)ㄹ지라도'도 '*-(으)ㄹ∨지라도(X)'처럼 띄어 쓴 오류를 많이 볼 수 있다. 그만큼 '-(으)ㄹ지라도' 역시 왠지 띄어 써야 할 것 같지만, 하나의 어미이기 때문에 반드시 붙여 써야 한다.

---

(3) 잠을 못 **잘지라도** 이 일을 꼭 마무리할 것이다.
    일이 뜻대로 되지 **않을지라도** 실망하지 마라.

'-(으)ㄹ뿐더러', '-(으)ㄹ지라도'가 하나의 어미라는 것을 확인하였고, 하나의 어미이니까 붙여 써야 한다는 것도 알았다. 그런데 분석적인 사람이라면, '-(으)ㄹ뿐더러', '-(으)ㄹ지라도'의, '뿐', '지'가 직관적으로 '-(으)ㄹ∨테야'의 '터'처럼 의존 명사가 아닌가 하고 생각할 수 있다. 이런 추론 자체가 틀린 것은 아니지만, 현재의 맞춤법에서는 틀렸다. 추론 자체가 틀린 것은 아니라는 말은 역사적으로 '-(으)ㄹ뿐더러', '-(으)ㄹ지라도'가 원래는 '관형어 + 의존 명사' 구성에서 하나의 어미로 변화한 것이기 때문이다. 과거에 어떤 구성이었든 현재는 '-(으)ㄹ뿐더러', '-(으)ㄹ지라도' 전체가 하나의 어미이니까 붙여 써야 한다.

'-(으)ㄹ뿐더러', '-(으)ㄹ지라도'를 마치 띄어 써야 하는 것처럼 생각하게 만드는 이유는 '뿐'과 '지'가 여전히 의존 명사로 쓰이고 있기 때문이다. 의존 명사는 앞말과 반드시 띄어 써야 한다. 그러다 보니 의존 명사 '뿐', '지'가 간섭하여 '-(으)ㄹ뿐더러', '-(으)ㄹ지라도'를 '*-(으)ㄹ∨뿐더러(X)', '*-(으)ㄹ∨지라도(X)'처럼 띄어 쓰는 오류가 자주 나타난다.

---

(4) 의존 명사 '**뿐**'
    ㉠ 나는 해야 하는 일을 할 **뿐**이다.
    ㉡ 그는 그저 가만히 웃을 **뿐** 아무 말이 없었다.
    ㉢ 자리에 앉아만 있었을 **뿐**이지 공부를 하지는 않았다.

---

(5) 의존 명사 '**지**'

　　㉠ 만난 **지** 일년이 지났다.

　　㉡ 고향을 떠나온 **지**가 언제인지 기억도 안 난다.

　　㉢ 강아지가 집 나간 **지** 이틀 만에 돌아왔다.

　기왕에 여기까지 온 김에 조금만 더 앞으로 나아가 보자. 사실 '뿐'은 의존 명사뿐만 아니라 보조사로도 쓰여서 띄어쓰기에 더 어려움을 겪는 예이다. 보조사로 쓰인 '뿐'은 선행하는 명사에 붙여 쓴다.

(6) 보조사 '**뿐**'

　　㉠ 믿을 건 노력**뿐**이다.

　　㉡ 그는 나**뿐** 아니라 모든 사람에게 친절하다.

　　㉢ 그녀는 학교에서**뿐**만 아니라 집에서도 항상 부지런하다.

　그러면 (4)처럼 의존 명사 '뿐'이어서 띄어 써야 하는 경우와, (6)처럼 보조사 '뿐'이어서 붙여 써야 하는 경우를 어떻게 구분하지? 한 가지 사실만 정확히 기억하자.

　　관형사형 어미 '-(으)ㄹ'이 결합한 용언의 활용형이 앞에 오면 의존 명사
　　'뿐'이고, 앞말과 띄어 쓴다.
　　이 외의 '뿐'은 보조사이고, 앞말에 붙여 쓴다.

　의존 명사 '뿐' 앞에는 항상 관형사형 어미 '-(으)ㄹ'이 결합한 관형어가 온다. (4㉠~㉢)에서 보면, '할', '웃을', '있었을'처럼 관형사형 어미 '-(으)ㄹ'이 결합한 관형어가 '뿐' 앞에 왔다.

반면 (6)의 보조사 '뿐' 앞에는 관형사형어미 '-(으)ㄹ'이 결합한 관형어가 없다. (6
㉠)에서는 '뿐' 앞에 명사 '노력'이, (6㉡)에서는 대명사 '나'가 왔다. 그리고 (6㉢)의 '학
교에서뿐만'의 경우에는 '뿐' 앞에 '학교에서'라는 곡용형이 왔다.[3] 보조사와 보조사는
중첩돼서 나타날 수 있다. 그래서 '학교에서뿐' 뒤에 또 다른 보조사 '만'이 결합하여
'학교 + 에서 + 뿐 + 만 → 학교에서뿐만'이 되었다.

---

3 체언에 조사가 결합하는 것을 곡용이라고 하고, 체언에 조사가 결합한 것을 곡
용형이라고 한다. 즉 명사 '학교'와 조사 '에서'가 결합하는 것은 곡용이고, 이렇
게 결합한 '학교에서'는 곡용형이다.

4.6. 심보가 못되면 인간이 못∨되는 거야.

야!! 니 말만 믿고
샀다가
완전 망했어!! ㅠ

아~놔!

참 나~~.. 잘되면 제 탓이고,
못되면 내 탓이냐??

너처럼 심보가 못되면
인간이 못 되는 거야~~.

(쳇, 맞는 말만 하니 할 말이
없군……)

근데, '못되다'는 언제
띄어 쓰고 언제 붙여
쓰는 거야?

이 상황에서
궁금하다니!!

저 녀석이?!

잘 들어!! '못' 대신 '안'을 대체해서 말이 되면
'못∨되다'이고, 말이 안 되면 '못되다'야.

인간이 못 되다 → 인간이 안 되다 ○ 못∨되다

못된 심보→안된 심보 X
못되다

현대 국어에서 '잘하다', '잘되다'는 동사이다. 그리고 '못하다'는 동사로도 쓰이고 형용사로도 쓰인다. 동사와 형용사는 단어이고, 단어는 붙여 쓴다. 그러므로 '잘하다', '잘되다', '못하다'는 붙여 쓴다. 그러니까 '잘하다', '잘되다', '못하다'는 고민하지 말고 그냥 붙여 쓰면 된다.

(1) **잘하다**

- 처신을 잘하다.

- 공부를 잘하다.

- 축구를 잘하다.

- 오해를 잘하다.

- 잘하면 올해는 결실을 거둘 것이다.

(2) **잘되다**

- 농사가 잘되다.

- 공부가 잘되다.

- 부모는 자식이 잘되기를 바란다.

- 잘되면 우리 둘 다 합격할 거야.

(3) **못하다**

동사

- 노래를 못하다.

- 말을 잊지 못하다.

형용사

- 솜씨가 예전만 못하다.

- 마음이 편안하지 못하다.

어원적으로 '잘하다', '잘되다'는 부사 '잘'에 동사 '하다', '되다'가 결합한 동사구 (통사적 구성)였다. '못하다' 역시 부사 '못'에 동사 '하다'가 결합한 동사구(통사적 구성) 였다. 이처럼 원래는 동사구였는데, 시간이 흐르면서 사람들이 이를 하나의 단어로 인식하게 되면서 단어로 변화하였다.

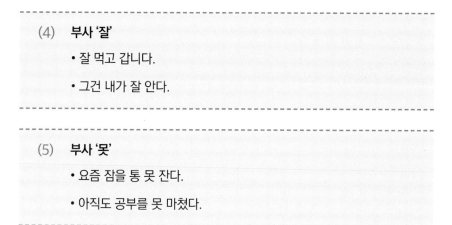

기원적 구성 : 동사구		현대 국어 : 단어
잘∨하다		**잘하다**(동사)
잘∨되다	>	**잘되다**(동사)
못∨하다		**못하다**(동사/형용사)

그런데 '잘하다', '잘되다', '못하다'에 있는 '잘', '못'이 현대 국어에서 여전히 부사로 활발하게 쓰이고 있다.

---

(4) **부사 '잘'**

• 잘 먹고 갑니다.

• 그건 내가 잘 안다.

---

(5) **부사 '못'**

• 요즘 잠을 통 못 잔다.

• 아직도 공부를 못 마쳤다.

이처럼 '잘'과 '못'이 부사로 활발하게 쓰이다 보니, 이미 단어가 된 '잘하다', '잘되다', '못하다'도 부사 '잘'에 '하다', 부사 '잘'에 '되다', 부사 '못'에 '하다'가 결합한 구성으로 오해하는 경우가 생긴다. 그래서 '*잘∨하다', '*잘∨되다', '*못∨하다'처럼 띄어쓰는 오류를 범하게 되는 것이다. 그러나 다시 한번 말하지만, '잘하다', '잘되다', '못하다'는 단어이므로 붙여 쓴다.

그러면 '못되다'는 붙여 써야 하나, 띄어 써야 하나? '못되다' 역시 기원적으로는 부사 '못'에 '되다'가 결합한 동사구(통사적 구성)였던 것인데, 이후 단어로 변화하였다. 품사는 형용사이다. 그러니까 형용사 '못되다'는 붙여 쓴다.

그런데 부사 '못'에 '되다'가 결합한 동사구 '못V되다' 역시 쓰인다. 그러니까 형용사인 단어 '못되다'도 있고, 동사구 '못V되다'도 있다. 이 둘은 의미를 통해 '못되다'로 붙여 써야 할지, '못V되다'로 띄어 써야 할지를 판단해야 한다.

형용사 '못되다'의 의미는 아래에서 보듯이 원래의 동사구 '못V되다'에서 멀어져 독자적인 의미를 가지게 되었다. 그래서 우선은 의미를 통해 형용사 '못되다'와 동사구 '못V되다'를 구분할 수 있다.

못되다: 형용사

「1」 성질이나 품행 따위가 좋지 않거나 고약하다.

- 못된 심보.
- 못된 장난.
- 못되게 굴다.

「2」 일이 뜻대로 되지 않은 상태에 있다.

- 그 일이 못된 게 남의 탓이겠어.

못V되다: 동사구

- 원숭이가 인간이 못 되는 이유는 무엇인가?
- 열 척이 못 되는 배로 수백 척의 일본군을 물리쳤다.

그러나 의미로 구분이 잘 안 되거나, 의미로 구분하는 것에 여전히 어려움을 겪어 '못되다'로 붙여 써야 할지 '못V되다'로 띄어 써야 할지 고민되는 사람이 있을 수 있다. 이때 가장 간단한 방법은 다음과 같다.

'못'을 '안'으로 대체했을 때 말이 안 되면 '못되다'이고, 말이 되면 '못V되다'이다.

	'못'을 '안'으로 대체	결론
못된/못∨된 심보	*안된* 심보(×)	**못되다**
못된/못∨된 장난	*안된* 장난(×)	**못되다**
인간이 *못되는/못∨되는*	인간이 *안 되는*(○)	**못∨되다**
열 척이 *못되는/못∨되는*	열 척이 *안 되는*(○)	**못∨되다**

형용사 '못되다'인지 동사구 '못∨되다'인지를 이해하기 위해서는 문법적인 사실에 대한 약간의 지식이 필요하다. '못되다'는 형용사이기 때문에 주어 하나만 필요로 한다. 반면 동사구 '못∨되다'는 '되다'가 주어 하나와 보어 하나를 필요로 하는 동사이기 때문에 (6)처럼 주어 하나와 보어 하나가 있어야만 적격한 문장이 된다.

---

(6) ㉠ 원숭이가 인간이 된다. → 원숭이가 인간이 못∨된다.

  ㉡ 배가 열 척이 된다. → 배가 열 척이 못∨된다.

그러니까 '못되다/못∨되다'가 헷갈릴 때는, 주어 하나만으로 문장이 적격한지, 아니면 주어 하나와 보어 하나가 있어야 문장이 적격한지를 보고 판단할 수 있다.

그런데 대개 주어가 생략되는 경우가 많다. 그래서 '못되다'로 붙여 써야 할지, '못∨되다'로 띄어 써야 할지를 판단하기가 쉽지는 않다.

---

(7) ㉠ 심보가 **못된** 사람은 인간이 **못∨된다**.

  ㉡ 심보가 **못되면** 인간이 **못∨된다**.

(7㉠)에서 앞에 나온 '못된'의 주어는 '심보가'이다. 그리고 뒤에 나온 '된다'의 주

어는 '사람은'이고, '인간이'는 보어이다. 그런데 (7ⓒ)의 경우에는 주어가 생략되어 있다. 즉 앞에 나온 '못되면'의 주어는 '심보가'인데, 뒤에 나온 '된다'의 주어는 생략되어 있다. '된다' 앞에 있는 '인간이'는 '된다'의 보어이다. 이처럼 실제 언어 사용에서는 '되다'의 주어가 생략되는 경우가 많다. 그래서 주어 하나만 요구하는지, 주어와 보어 두 개를 요구하는지를 통해서 '못되다'인지 '못V되다'인지를 구분하기가 쉽지는 않다. 하지만 말 그대로 쉽지 않을 뿐이지, 구분할 수 없는 것은 아니다. 다만 생략된 문장 성분을 복원할 수 있는 정도의 문법적 지식이 필요하다.

4.7. '큰∨사람'과 '작은∨사람', 하지만 '큰일', *'작은일(×)'

원래는 '관형어∨명사'의 구 구성이었는데, 단어가 된 것들이 있다. 이들의 경우 붙여 써야 할지 띄어 써야 할지 헷갈릴 수밖에 없다. 그래서 이러한 단어들은 어쩔 수 없이 머릿속에 기억해 두는 수밖에 달리 방법이 없다. '관형어∨명사'의 구 구성 중에서 단어가 된 것들을 구별할 수 있는 특별한 규칙이나 기준이 전혀 없기 때문이다.

한 가지 유일한 방법은 의미를 통해 구 구성인지 단어인지를 판별하는 것이다. 그런데 의미라는 것이 명료하지 않아서 크게 도움이 안 될 때가 많다. 그러나 어느 정도까지는 의미를 통해서 판별할 수는 있다.

단어가 되면 '관형어∨명사'의 구 구성이었던 시절의 의미에서 일정 정도 변화가 생긴다. 쉬운 예로 백부와 숙부를 의미하는 '큰아버지'와 '작은아버지'를 보자. 원래

'큰∨아버지', '작은∨아버지'처럼 '관형어∨체언'의 구 구성이었고, 의미도 키가 크고 작다는 뜻이 있었다. 하지만 단어가 된 '큰아버지'와 '작은아버지'에는 키와 관련된 어떠한 의미도 없다.

　다음은 원래 '관형어∨명사'의 구 구성이었던 것인데, 둘 사이가 긴밀해져서 단어(합성어)가 된 것들이다. 이러한 단어들이 많지만, 여기서는 그중에서 특히 띄어쓰기 오류가 빈번한 단어들을 선정하여 정리하였다.

구 구성	>	명사
큰∨일	>	큰일
큰∨길	>	큰길
큰∨누나	>	큰누나
그∨중	>	그중
그∨때	>	그때
이∨때	>	이때
저∨때	>	접때[1]
한∨번	>	한번
한∨눈	>	한눈
한∨잔	>	한잔

(테이블 왼쪽 행 묶음 표시: ㉮, ㉯, ㉰)

1　'저때'는 〈표준국어대사전〉에 올라 있지 않고, '접때'만 올라 있다. '접때'는 '때'가 과거에 /ㅂ/계 어두 자음군이었음을 보여 주는 언어 화석이다. 무슨 말이냐하면, '때'가 /ㅂ/계 어두 자음군이던 중세 국어 '빼'이던 시기에 지시 관형사 '저'와 결합하여 '저 + 빼 → 저빼'가 형성되었다. 이후에 '빼'의 /ㅂ/가 '저'의 종성으로 내려와 '접때'가 되었다(저 + 빼 → 저빼 > 접빼 > 접때).

한∨마디	>	한마디
한∨소리	>	한소리
한∨걸음	>	한걸음

이들 단어는 이미 단어가 되었기 때문에 붙여 써야 한다. 하지만 여전히 '관형어 ∨명사'의 구 구성으로 인식하여 붙여 쓰지 않고 띄어 쓰는 오류를 많이 보이는 예들이다. 그러면 '큰일'과 '큰∨일' 즉, 단어인지 '관형어∨명사' 구성인지를 어떻게 구분할 수 있는가? 앞에서도 말했듯이 의미를 통해서 구분할 수밖에 없다.

대표적으로 ㉮에서는 '큰일', ㉯에서는 '그중', ㉰에서는 '한번'을 들어 설명을 계속하기로 하자.

---

(1) **큰일**

• **큰일**이 났다.

• 조만간 **큰일**이 일어날 듯하다.

• 시험이라는 **큰일**을 앞두고 조심해야지.

'큰'은 형용사 '크다'의 어간 '크-'에 관형사형 어미 '-(으)ㄴ'이 결합한 활용형이다 (크- + -(으)ㄴ → 큰).² '큰일'은 "중요한 일"이나 "집안의 큰 행사"를 의미한다. 그러니까 단어가 되면서 구 구성인 '큰∨일'의 의미 즉, 일이 크다는 의미에서 다소 멀어졌다.

'큰일'과 '큰∨일'은 의미 외에도 다음의 방법으로 구분할 수도 있다.

---

2 '큰'이 '크다'의 활용형이기 때문에 사전을 검색하면 '큰'은 없고 '크다'만 검색된다. 활용형은 사전에서 표제어로 등재하지 않는다.

'큰'을 '작은'으로 대체했을 때 말이 안 되거나 어색하면 '큰일'이고,
'작은'으로 대체해도 의미가 자연스러우면 '큰∨일'이다.

'큰일이 났다.'에서 '큰일'의 '큰'을 '작은'으로 대체하면 '작은일이 났다.'인데, '?작은일이 났다.'는 의미가 어색하다. 반면 '가치가 큰∨일'에서 '큰∨일'의 '큰'을 '작은'으로 대체한 '가치가 작은∨일'은 여전히 의미가 자연스럽다.

---

(2) **그중**

• 책장의 책에서 **그중** 한 권을 골라라.

• 사과 세 개를 사서 **그중**에 하나를 먹었다.

• 아는 사람들 가운데 **그중** 가장 믿을 만한 사람이 누구이냐?

'그중'은 "범위가 정해진 것 여럿 가운데"의 의미인데, 구 구성인 '그∨중'의 의미에서 상당히 멀어진 상태는 아니다. 그러다 보니 '그∨중'처럼 띄어 쓴 오류가 다른 것들보다도 더 빈번하게 나타난다. '그중', '그때', '이때'는 모두 '지시 관형사∨명사'의 구 구성에서 단어가 된 것들인데, 이처럼 지시 관형사가 명사를 수식하는 구 구성에서 단어가 된 것들은 원래 구 구성의 의미에서 크게 멀어지지 않은 특징이 있다.

---

(3) **한번**

• 말 **한번** 잘했다.

• 그까짓 것, **한번** 해 보자.

• 우리 집에 **한번** 놀러 오세요.

• 언젠가 **한번**은 볕 들 날도 오겠지.

• 그 맛은 **한번** 먹으면 멈출 수 없다.

명사 '한번'과 '한∨번'도 의미로 구분할 수밖에 없다.

'두∨번', '세∨번'이 아닌 '한∨번'의 의미일 때는 '한∨번'이다.
횟수의 의미가 분명하지 않을 때는 '한번'이다.

'관형어∨명사'의 구 구성에서 단어가 된 것들 중에서 원래의 구 구성의 의미에서 멀어진 것도 있고, 여전히 구 구성의 의미를 많이 가지고 있는 것들도 있다. 그런데 이때 상당히 멀어졌는지 조금 멀어졌는지에 대한 판단이 사람마다 다를 수 있어 얼마나 멀어졌는지를 명확하게 말하기는 어렵다.

단어에 따라서는 (4)의 '한눈'처럼 원래의 구 구성의 의미에서 상당히 멀어진 것도 있다. 단어 '한눈'에는 구 구성이었던 '한∨눈'의 의미 즉, 하나의 눈이라는 의미가 전혀 나타나지 않는다.

(4) **한눈**
- 그는 그녀에게 **한눈**에 사랑에 빠졌다.
- 정상에 오르니 주위가 **한눈**에 들어왔다.
- 진품인지 아닌지 **한눈**에 알아볼 수 있다.

위에서 '큰일'의 '큰'이 형용사 '크다'의 어간 '크-'에 관형사형 어미 '-(으)ㄴ'이 결합한 활용형이라고 하였다. '크다'가 높은 빈도로 쓰이는 형용사이니까, '크다'의 활용형 '큰' 역시 높은 빈도로 쓰이고 있다. 또한 '그중'의 '그', 그리고 '한번'의 '한'도 여전히 관형사로 왕성하게 쓰이고 있다. 위의 표의 단어들이 이미 단어임에도 불구하고 띄어 쓰는 오류가 빈번하게 발생하는 이유가 바로 이 때문이다.

(5)는 '크다'의 활용형 '큰'의 예이고, (6)은 관형사 '그', (7)은 관형사 '한'의 예이다.

(5) 큰∨

- 큰 소리로 떠들다.

- 그는 큰 업적을 남겼다.

- 그것은 가치가 큰 일이다.

---

(6) 그∨

- 그때 그 시절.

- 그 나물에 그 밥.

- 그 마음 변치 말자.

---

(7) 한∨

- 책 한 권.

- 한 사람, 두 사람, 세 사람.

- 두 번 세 번 하지 말고 한 번만에 끝내자.

- 술 한 잔에 추억을 담고, 두 잔에 우정을 담는다.

4.8. '할∨만하다', '할만하다', '할∨만은∨하다'

띄어쓰기와 관련하여 어려움을 겪는 예 중의 하나가 보조 용언(보조 동사, 보조 형용사)의 띄어쓰기이다. '만하다'는 보조 형용사로 하나의 단어이다. 단어이므로 당연히 붙여 쓴다. 그런데 '할∨만하다'로 써야 할지, '*할∨만∨하다(X)'로 써야 할지, 즉 '만하다'를 붙여 써야 하는지 띄어 써야 하는지에 대해 많이 묻는다. 이와 관련된 결론부터 먼저 정리하면 다음과 같다.

할∨만하다

할만하다

할∨만은∨하다

위의 세 경우만 맞는 띄어쓰기이다. 세 경우 외에는 모두 틀렸다. 그러니까 틀린 사례를 굳이 복잡하게 머릿속에 담아 두지 말고, 위의 세 사례만 정확히 기억해 두자. 여기서 주의할 것은 '할만하다'도 맞춤법에 맞는다는 사실이다. '할∨만하다'로 띄어 쓰는 것이 원칙이지만, '할만하다'처럼 붙여 써도 허용된다. 즉 '할∨만하다', '할만하다' 둘 다 맞춤법에 맞는 표기이다.

그래도 틀린 예가 궁금한 사람을 위해서 틀린 예를 보이면 아래와 같다. 아무튼 틀린 예를 자꾸 보다 보면 괜히 친숙해지니까, 아래의 틀린 예는 스쳐 지나가듯 보고 위의 맞는 예를 반복해서 보기 바란다.

* **할∨만∨하다.**(✕)

* **할∨만은하다**(✕)

* **할만은∨하다**(✕)

* **할만은하다**(✕)

다음은 '만하다'와 같은 양상을 보이는 보조 용언들이다. 참고로 품사는 마지막 2 개 '척하다', '체하다'만 보조 동사이고, 나머지는 모두 보조 형용사이다.

- 이 책은 **읽을∨만하다/읽을만하다.**
- 맞춤법은 **쉬운∨듯싶다/쉬운듯싶다.**
- 비가 **올∨듯하다/올듯하다.**
- 이제는 **성공할∨법하다/성공할법하다.**
- 큰일 **날∨뻔하다/날뻔하다.**
- 나쁜 사람은 **아닌∨성싶다/아닌성싶다.**
- 나쁜 뜻은 **아닌∨성하다/아닌성하다.**

- 내가 가만히 **있을∨성부르냐/있을성부르냐**[1]?

- 그는 너무 **잘난∨척한다/잘난척한다.**

- 알면서 **모르는∨체하다/모르는체하다.**

　지금까지 살펴본 보조 용언들은 모두 '만은∨하다', '듯도∨하다', '성은∨싶다'처럼 중간에 보조사를 넣어 많이 사용한다. 이때는 반드시 띄어 써야 한다. 보조사가 결합한 상태로 '*만은하다(×)', '*듯도싶다(×)', '*성은싶다(×)'처럼 붙여 쓰면 틀린다.

　'할∨만하다'의 띄어쓰기를 '*할∨만∨하다(×)'처럼 틀리게 되는 이유가 바로 보조사가 중간에 들어간 '할∨만은∨하다'의 띄어쓰기가 간섭을 하기 때문이다. '만하다'는 붙여 써야 하고, '만은∨하다'는 띄어 써야 한다. 그런데 띄어 쓰는 '만은∨하다'에 영향을 받아 '*만∨하다(×)'로 띄어 쓰는 오류를 범하게 되는 것이다.

　지금까지 위에서 살펴본 보조 용언들의 띄어쓰기는 모두 '만하다'와 같다고 하였다. 띄어쓰기만 같은 것이 아니라, 보조 용언 앞에 관형사형 어미 '-(으)ㄹ' 또는 '-(으)ㄴ'이 결합한 말이 온다는 점에서도 '만하다'와 같다. 이들 보조 용언은 관형사형 어미 '-(으)ㄹ' 또는 '-(으)ㄴ'이 결합한 용언의 활용형의 수식을 받지 못하면 비문이 된다. 왜 그럴까?

　그 이유는 이들 보조 용언이 형성된 어원적 사실에서 찾을 수 있다. '만하다', '듯싶다', '성부르다'에서 선행 요소인 '만', '듯', '성'은 원래 의존 명사이다. 그러니까 이들 보조 용언은 모두 '의존 명사∨용언'의 구 구성이었던 것이 단어로 변한 것이다. 의존 명사는 원래 관형어 즉, 용언에 관형사형 어미 '-(으)ㄹ', '-(으)ㄴ'이 결합한 관형어의 수식을 받는다. 그렇다 보니 단어가 된 뒤에도 여전히 용언의 관형사형의 수식을 받아야만 문장에 나타날 수 있는 것이다.

1　기본형은 '성부르다'이다. '될 성부른 나무는 떡잎부터 안다.'처럼 '성부르다'는 주로 '성부른', '성부르냐?'로 활용한다.

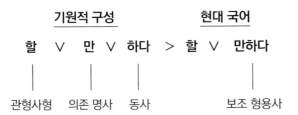

기원적 구성	현대 국어

맞춤법하고 싶은 맞춤법

보조 용언이라는 말 자체에서 알 수 있듯이 보조 용언은 혼자서는 못 쓰인다. 이러한 보조 용언들 중에는 '만하다'와 다른 행동을 보이는 것들도 있다. 그중에서 빈도가 높은 일부를 제시하면 다음과 같다.

싶다

마지아니하다/마지않다

버릇하다

재끼다

직하다

이들 보조 용언에 선행하는 말은 '만하다'류와 다르다. 즉 용언의 관형사형이 선행하지 않는다. 이들 보조 용언 각각에 선행하는 말은 다음과 같다.

- **'싶다'**는 '먹고∨싶다'처럼 **어미 '-고'가 결합한 활용형**이 앞에 온다.
- **'마지아니하다/마지않다'**, **'버릇하다'**, **'재끼다'**는 '바라∨마지아니하다', '먹어∨버릇하다', '잡아∨재끼다'처럼 **어미 '-아/어'가 결합한 활용형**이 앞에 온다.
- **'직하다'**는 '사실임∨직하다', '먹었음∨직하다'처럼 명사형 **어미 '-(으)ㅁ' 이 결합한 활용형**이 앞에 온다.

참고로 '직하다'는 '사실임직하다', '먹었음직하다'처럼 앞에 오는 말에 붙여 쓰는 것도 허용된다. 그리고 **'먹음직하다'**, **'믿음직하다'**, **'들음직하다'** 3개는 원래는 구 구성이었지만, 단어로 변한 것들이다.

5. — 표준어인지 비표준어인지 헷갈리는 맞춤법

5.1. 서울은 '메밀국수', 지방은 '모밀국수'

'메밀국수'와 '모밀국수'는 맞춤법의 문제가 아니라 사실 표준어의 문제이다. 〈한글 맞춤법〉이 적용되는 대상은 표준어이다. 즉 〈한글 맞춤법〉은 표준어를 대상으로 표준어의 표기를 이렇게 하라고 규정한 규범집이다. 그러니까 방언은 처음부터 〈한글 맞춤법〉의 대상이 아닌 셈이다. 그러면 표준어를 쓰지 않고 방언을 쓰면 맞춤법에 틀렸다고 해야 하나?

'메밀'은 많은 지역에서 '모밀'이라고 한다. 표준어를 정할 때 '메밀'과 '모밀'을 후보군에 올려놓고서, 둘 중에서 '메밀'만 표준어로 정하였다. 그래서 '모밀'은 표준어의 지위를 얻지 못하고, 방언으로 분류된다. 엄밀히 말해서 '모밀'이라고 쓰면, 그것은 방언을 쓴 것이지 맞춤법에 틀린 것은 아니다. 그러나 맞춤법의 대상이 표준어인데, 표준어가 아닌 말을 쓴 것은 결과적으로 맞춤법에 틀린 셈이 된다. '모밀'이 표준어가 아니니까 '모밀국수' 역시 표준어가 아니고, 표준어가 아니므로 맞춤법에 맞지 않다.

표준어	방언
메밀	모밀
국수	국시
메밀국수	모밀국수
칼국수	칼국시
밀가루	밀가리

국숫집에 가면 '칼국수'가 아니라 '칼국시'로 표기된 집이 심심찮게 보인다. '국수'를 방언에 따라서 '국시'라고 하는데, '국시'인 지역에서는 '칼국수'도 '칼국시'이다. 그리고 '국수'를 '국시'라고 하는 지역에서는 '밀가루'도 '밀가리'라고 한다.

이처럼 표준어가 아니어서 어문 규범에 맞지 않은 어휘 중에서, 높은 빈도로 사용되는 어휘들을 좀 더 살펴보기로 하자. 표에서 방언 어휘들은 표준어가 아니고, 표준어가 아니므로 맞춤법에 맞지는 않다. 하지만 맞춤법에 맞지 않다고 해서 방언이 표준어에 비해 가치가 떨어진다는 말은 절대로 아니다. 문화적으로는 오히려 방언이 훨씬 더 가치가 있는 경우가 많다. 단지 어문 규범의 관점에서 방언은 맞춤법에 맞지 않은 것으로 분류될 뿐이다.

표준어	방언
상추	상치
무	무우
갈치	칼치
고추	꼬추
호두과자	호도과자
도긴개긴	도찐개찐

현재 40대 이상의 화자들은 '개발새발', '두리뭉실', '짜장면' 같은 말들은 표준어가 아니라고 배웠던 세대이다. 당시에는 '괴발개발', '두루뭉술', '자장면'만 표준어였다. 그래서 이들 단어는 당시 표준어를 묻는 시험 문제에 단골로 나오기도 했다.

하지만 지금은 '개발새발', '두리뭉실', '짜장면'도 표준어의 지위를 얻었다.

복수 표준어	
괴발개발	개발새발
두루뭉술	두리뭉실
자장면	짜장면

어문 규범도 실제 언어 현실에 비해서는 느리지만 그래도 언어 현실을 반영하여 수정·보완하는 작업을 하지 않는 것은 아니다. 이러한 과정 속에서 '개발새발', '두리뭉실', '짜장면'이 '괴발개발', '두루뭉술', '자장면'과 함께 복수의 표준어로 인정되었다.

5.2. '서슴지' 말고 출입을 '삼가' 주세요!

흡연을 삼가 주세요.

서슴지 말고 전화 주세요.

얼핏 '*삼가해 주세요(X)', '*서슴치 말고(X)'가 맞는 거 아닌가 하고 살짝 의심이 드는 사람이 있을 듯도 하다. 특히나 '삼가다'는 워낙에 '*삼가하다(X)로 쓴 문장을 자주 접하다 보니 더 그럴 수 있다. 노출이 많이 되면 많이 될수록 친숙해져서, 노출 효과로 인해 틀린 것이 오히려 맞는 것처럼 생각되는 현상이다.

국어에는 '공부하다', '일하다', '생각하다'처럼 '명사 + 하다' 구성의 단어들이 많다. 그러다 보니 '삼가다', '서슴다'도 정확하게 기억하고 있지 않으면, 순간적으로 '*

삼가하다(×)', ‘*서슴하다(×)'가 맞는다고 생각하기 쉽다. 하지만 '*삼가하다(×)', '*서슴하다(×)'는 표준어가 아니고, 그래서 맞춤법에 틀린 표기이다.

'삼가다', ‘서슴다'의 활용 양상은 아래와 같다.

맞는 표기	틀린 표기
삼가다, 삼가고, 삼가지 삼가니, 삼가야, 삼갈	*삼가하다(×), *삼가하고(×) *삼가하니(×), *삼가하여(×), *삼가할(×)
서슴다, 서슴고, 서슴지 서슴으니, 서슴어, 서슴을	*서슴하다(×), *서슴하고(×) *서슴하니(×), *서슴하여(×), *서슴할(×)

'삼가다'는 빈도가 꽤 높은 단어인데 비해, ‘서슴다'는 빈도가 그렇게 높은 단어는 아니다. ‘서슴다'는 주로 ‘서슴지 않고', ‘서슴지 말고'의 구성으로 쓰이는데, 그래서 ‘서슴다'와 관련된 오류도 ‘서슴지 않고', ‘서슴지 말고'를 '*서슴치 않고(×)', '*서슴치 말고(×)'로 잘못 쓰는 경우가 가장 많이 나타난다.

(1)은 ‘삼가다', (2)는 ‘서슴다'가 쓰인 예문들이다.

----

(1) **삼가다**

㉠ 당분간 문밖출입[1]을 **삼갈** 것.

㉡ 매사에 말과 행동을 **삼가야** 한다.

㉢ 쓸데없는 오기는 **삼가는** 게 좋다.

㉣ 나는 오늘부터 밤늦게[2] 야식 먹는 것을 **삼가기로 했다**.

----

1 ‘문밖출입'도 현재 〈표준국어대사전〉에서 단어로 등재되어 있다. 품사는 명사이다.

2 ‘밤늦다'가 하나의 단어이다. 원래는 ‘밤(이) 늦다'의 구 구성이었지만, ‘밤∨늦다'가 하나의 단어처럼 빈번하게 쓰이면서 단어가 된 것이다. 품사는 형용사이다.

(2) **서슴다**

ㄱ 거짓말을 **서슴지** 않고 한다.

ㄴ 그는 불의에는 **서슴지** 않고 나섰다.

ㄷ **서슴지** 말고 하고 싶은 말 전부 해 봐.

ㄹ 그는 조금도 **서슴을** 것 없이 행동했다.

5.3. *닭계장(×)' 말고 '닭개장' 먹자.

　　예전에 중화요리 식당 메뉴판에서 틀린 표기를 찾으라고 하면, 누구나 어렵지 않
게 '짜장면'을 찾았다. 거의 대부분의 사람들이 '짜장면'이라고 함에도 불구하고, 표
준어는 '자장면'만 고집하고 있었다.[1] 그래서 표준어가 언어 현실과 맞지 않다고 비판

1　'짜장면'은 한자 '작장면(炸醬麵)'에서 온 말이다. 그러니까 기원적으로는 한자
　어이다. 〈한글 맞춤법〉은 한자어에 대해서는 된소리 표기를 하지 않는 것을 원
　칙으로 한다. 이러한 이유로, 그리고 당시 표준어 사정 위원들 대부분이 한자에
　익숙한 국어학자들이었던 사실이 더해져서 '자장면'만 표준어로 인정하고, '짜

할 때 단골 메뉴로 올랐던 단어가 '짜장면'이기도 했다. 그런 상황이다 보니 많은 사람들이 '짜장면'이라고 쓰면서도, '짜장면'이 표준어가 아니라는 사실도 알고 있었다. 그러다가 2011년에 와서야 국립 국어원에서 '짜장면'을 '자장면'과 함께 복수 표준어로 인정하였다. 비로소 '짜장면'이 비표준어라는 억울한 신분에서 벗어나 중화요리 식당 메뉴판에 떳떳하게 자리 잡게 되었다.

한식 식당 메뉴판에도 맞춤법에 맞지 않은 표기가 여전히 보인다. 가장 쉽게 찾을 가능성이 높은 것이 '*육계장(X)', '*닭계장(X)'이다. 그런데 최근에는 맞춤법에 맞게 '육개장', '닭개장'[2]으로 쓴 곳이 많아졌다.

음식 중에는 '개장국'이라는 것이 있다. 지금의 젊은 세대에서는 다소 생소할 수도 있고, 비호감일 수도 있는 음식일 듯하다. '개장국'은 말 그대로 개고기를 야채와 함께 끓인 국이다. 그런데 '개고기' 대신 '소고기'를 써서 끓인 국이 '육개장'이다. 그러니까 **'육개장'은 '개장국'의 '개장'을 그대로 둔 상태에서, 소고기를 뜻하는 '육(肉)'을 덧붙여서 '육개장'이라고 명명한 것이다.** '육(肉)'을 덧붙여서 '개'가 아니라 소고기로 끓인 국이라는 의미를 나타낸 것이다. '닭개장'도 같은 구조이다. 개고기 대신 닭을 써서 끓였다고 해서 '닭개장'이다. **'닭개장'에도 여전히 '개'가 그대로 남아 있지만, 앞에 '닭'을 덧붙임으로써 닭으로 끓인 국이라는 의미를 나타낸 것이다.**

개장국
육개장　　*육계장(X)
닭개장　　*닭계장(X)

'육개장'보다는 '닭개장'의 표기를 잘못 쓴 경우가 더 많다. 그 이유는 추론컨대 한

장면'에 대해서는 배타적이었다.

2　'닭개장'은 아직 〈표준국어대사전〉에 정식으로 표제어로 등재되어 있지는 않다. 〈우리말샘〉에는 표제어로 올라 있다.

자 '계(鷄)'의 간섭 때문으로 보인다. '鷄'의 훈과 음이 '닭 계'이니까, 이 '계'에 유추되어 '*닭계장(✕)'이라고 생각하는 경향이 있다.

'*육계장(✕)', '*닭계장(✕)'과 같은 틀린 표기가 생기는 근본적인 원인은 물론 발음 때문이다.

> 개장 [개장]
>
> 계장 [개장]
>
> 게장 [개장]

위에서 보듯이 '개장', '계장', '게장'의 표기는 서로 다르지만, 발음은 [개장]으로 같다.[3] 이때 발음이 같다는 것은 현실 발음이 같다는 뜻이다. 표준 발음은 물론 표기와 같이 각각 '개장[개장]', '계장[계장]', '게장[게장]'으로 서로 다르다. 표준 발음과 현실 발음 간에는 차이가 나는 것이 꽤 있는데, 이 경우도 이러한 사례에 해당한다.

표준 발음은 '이 단어는 또는, 이 표기는 이렇게 발음한다.'고 인위적으로 정해 놓은 발음일 뿐이다. 물론 현실에 실재하는 발음 중의 하나이기는 하지만, 그렇다고 표준 발음이 다수의 사람들이 하는 발음이라는 것을 보장하지는 않는다. 그렇기 때문에 표준 발음과 현실 발음이 서로 다른 경우가 많다. 특히 젊은 층의 경우에는 [ㅔ] 소리와 [ㅐ] 소리를 구분하지 못하고, [계] 발음도 표준 발음처럼 실제 [계]로 하는 경우는 드물다. 상황이 이렇다 보니 [육깨장], [닥깨장]을 듣고, '닭 계(鷄)'를 떠올려 '*육계장(✕)', '*닭계장(✕)'처럼 잘못 표기하는 일이 생기는 것이다.

여기서 누군가가 '개장국'이 개고기로 끓인 국이니까, 소고기로 끓인 국은 '소고기장국'이나 '육장국' 그리고, 닭으로 끓인 국은 '닭고기장국'이나 '닭장국'이라고 하지

---

3   국제음성기호(IPA)를 활용하여 [개장]의 정확한 발음을 나타내면 [kɛɟaŋ]이다. 현재 대부분의 국어 화자는 [ㅔ] 발음과 [ㅐ] 발음이 변별되지 않고 같은데, 변별되지 않는 그 발음을 IPA로 [E]로 나타낸다.

왜 헷갈리게 '육개장', '닭개장'이라고 하느냐고 물을 수 있다. 단어가 만들어지는 데에는 특별히 어떤 이유가 있어서가 아니라, 우연히 임의적으로 만들어진다. 이를 언어의 자의성이라고 한다. 이러한 언어의 특성을 이해하면, 이제 질문에 대한 대답도 스스로 찾을 수 있을 것이다. 그 대답은 '특별히 이유가 없고, 그냥 사람들이 그렇게 암묵적으로 사용함으로써 그렇게 된 것이다.'이다.

참고로 '장국'은 소고기로 끓인 국인데, '장국'의 '장(醬)'이 간장을 뜻한다. 그러니까 '장국'은 간장을 기본으로 해서 고춧가루를 넣지 않고 끓인 맑은 국이다. 그래서 '장국'을 '맑은장국'이라고도 한다. '개장국'은 각종 야채를 넣고 끓이는데, 고춧가루를 푼 것도 있고 고춧가루를 풀지 않은 것도 있다. '육개장', '닭개장'은 고춧가루를 넣어 얼큰하게 끓인 국이다. 그러니까 고춧가루를 푼 개장국에서 개고기 대신 '소고기'를 넣은 것이 '육개장'이고, '닭고기'를 넣은 것이 '닭개장'이다.

5.4. 아니요, 내 탓이 아니오~!

가끔 제자들이나 지인들한테 '예'가 맞는지 '네'가 맞는지, '네'라 하면 틀린 것 아니냐는 질문을 받는다. 왠지 '예'라고 해야 할 것 같고, '네'라고 하면 표준어가 아닌 듯한 느낌을 받는 사람들이 꽤 있는 듯하다.

결론부터 말하면, '예'라고 하든 '네'라고 하든 상관없다. 둘 다 표준어이고, 둘 다 맞다. 그리고 [예]라고 발음하든 [네]라고 발음하든 둘 다 표준 발음이다.

(1) ㉠ A: 잘할 수 있지?

   B: **예**, 잘할 수 있어요.

     네, 잘할 수 있어요.

   ㉡ 아빠, 이번 주말에 여행 가요, **예**?

   아빠, 이번 주말에 여행 가요, **네**?

'예'라고 할 때와 '네'라고 할 때 어감의 차이는 있다. '예'가 '네'에 비해서 격식적이고, '네'가 상대적으로 덜 격식적인 느낌을 준다. '예'든 '네'든 청자가 나보다 높은 사람일 때 쓰는 말이다. 이때 상대방이 어렵거나 덜 친근하다고 느낄 때 '예'를 많이 쓰고, 상대방이 가깝다고 느끼거나 친근하다고 여길 때 '네'를 많이 쓴다.

'예'와 '네'는 성별에 따른 쓰임의 차이가 있다고 알려진 것 중의 하나이다. '네'는 남성보다는 여성에게서 좀 더 많이 나타난다. 상대적으로 남성은 '예'의 비율이 좀 더 높다. 친근감의 정도에 따라서 요즘은 [넵] 또는 [옙]이라고 말하는 경우도 쉽게 들을 수 있다. '넵'은 '네'보다 더 가깝다고 느낄 때 그리고, '옙'은 '예'보다 더 가깝다고 느낄 때 쓴다. '넵'과 '옙'의 관계는 '네'와 '예'의 관계와 평행하다. 실제 표기상으로도 '넵', '옙'으로 쓴 경우도 볼 수 있다. 하지만 아직 '*넵(×)'과 '*옙(×)'은 비표준어이다.

맞춤법과 관련하여 자주 틀리는 것은 '아니요'이다. 여전히 '아니요'와 '아니오'를 헷갈려 하는 사람들이 많이 있다. 특히 (2㉠)의 경우 '아니요'가 아니라 '*아니오(×)'가 맞는다고 우기는 사람도 없지 않다. 아무튼 (2㉠,㉡) 모두 '아니요'가 맞고, '*아니오(×)'는 틀렸다.

(2) ㉠ 다음 물음에 '예', '**아니요**'로 답하시오.

   다음 물음에 '예', '*아니오(×)'로 답하시오.

   ㉡ 네가 이렇게 했지?

> **아니요**, 제가 하지 않았습니다.
>
> *아니오(×), 제가 하지 않았습니다.

물음에 대한 대답으로 '예'의 반대말은 '아니요'이다. '예/네'의 반대말로 '*아니오(×)'는 틀린 말이다.

'예/네'의 반대말은 '아니요'. '*아니오(×)' 아님.

'아니요'를 '*아니오(×)'라고 잘못 생각하는 데는 그 나름의 이유가 있다. 그것은 형용사 '아니다'의 어간 '아니-'에 '하오'체 종결어미 '-오'에 결합한 '아니오(아니- + -오)'가 간섭을 하기 때문이다.

---

(3)　　㉠ A: 이번 일은 당신 책임이지 않소?

　　　　　 B: **아니요**, 그 일은 내 탓이 **아니오**.

　　　㉡ 당신이 아무개 씨 **아니오**?

　　　㉢ 이 물건 당신 것이오, **아니오**?

'아니오'에서 '-오'가 종결 어미이니까 (3)에서 '아니오'는 서술어이고, 서술어이기 때문에 항상 문장의 맨 마지막에 온다. 다시 말해 '아니- + -오 → 아니오'의 '아니오'는 문장의 처음이나 중간에 올 수 없고, '예'나 '아니요'처럼 독립되어 쓰일 수도 없다.

일상의 언어생활에서 '하오체' 높임을 쓰는 경우가 점점 드물어지고 있다. 장년층이나 노년층 화자들에서 서로 비슷한 연배끼리 여전히 '하오체' 높임을 사용하고는 있지만, 젊은 세대에서는 낯선 표현이다.

아무튼 결론적으로 다시 한번 정리하면 '예'가 아닌 경우, 즉 묻는 말에 부정의 대답을 할 때는 항상 '아니요'이다. '하오체' 종결어미가 결합한 '아니- + -오 → 아니오' 는 '예'라고 대답할 수 있는 자리에는 절대로 나올 수 없다.

5.5. 시험은 치르고, 마음은 추스르고.

시험은 '치르는' 것이지 '*치루는(×)' 것이 아니다. 또한 집에는 '들르는' 것이지 '*들리는(×)' 것이 아니다. 그런데 일상의 언어생활에서 시험을 '*치루고(×)', 고향 집에 '*들리는(×)' 것을 쉽게 접할 수 있다.

시험을 치르다.   시험을 *치루다(×).

고향 집에 들르다.   고향 집에 *들리다(×).

'*치루다(X)', '(집에) *들리다(X)'[1]처럼 맞춤법에 틀린 표기이지만, 일상에서 높은 빈도로 자주 접하다 보니 노출 효과로 인해 맞는 표기라고 잘못 생각하는 단어들이 있다. 이런 단어들은 표준어 즉, 맞춤법에 맞는 표기를 기억해 두는 것 외에는 딱히 방법이 없다. 틀린 것은 가능하면 보지 말고, 맞는 것을 반복해서 보면서 친숙해지는 것이 좋다.

표준어가 아닌 '*치루다(X)', '(집에) *들리다(X)'와 같은 단어들이 특별히 잘못되거나 틀린 어떤 이유가 있어서 표준어가 되지 않은 것은 아니다. 단지 현재 표준어 규정과 맞춤법이 비슷한 여러 형태가 있을 때 대부분 그중에서 하나만 표준어로 정하였기 때문에 표준어의 지위를 얻지 못했을 뿐이다. 이유가 어찌 되었건 이런 경우에는 표준어인 것만 머릿속에 넣어 두자. 어차피 표준어가 아닌 것에 눈길을 줄 이유가 없다.

'치르다'를 써야 할 자리에 '*치루다(X)'로 잘못 쓰는 경우가 많지만, 표준어에 '*치루다(X)'라는 단어는 없다. 즉 어문 규범상으로는 '치르는' 것은 있어도, '치루는' 것은 없다.

- 시험을 **치르다**.
- 잔치를 **치르다**.
- 큰일을 **치르다**.
- 중도금을 **치르다**.
- 정신없이 아침을 **치르고** 출근했다.

1 　'들리다'는 동음이의어가 많아서 더 헷갈려 하기도 한다.

- '감기가 들리다, 귀신이 들리다'의 '들리다'.
- '듣다'의 사동사 '들리다' : 소리가 잘 들리다.
- '들다'의 사동사 '들리다' : 친구에게 가방을 들리다.
- '들다'의 피동사 '들리다' : 다리가 번쩍 들리다.

'들르다'도 정말 많이 틀리는 단어 중의 하나이다.

- 가는 길에 잠깐 집에 **들러**.
- 학교에 **들렀다** 갈게.

위 문맥에서 '집에 *들려(×)', '학교에 *들렸다(×)'로 표기하는 오류를 자주 본다. 기본형이 '들르다'라는 것만 정확히 기억해도 틀리는 일이 없을 것이다.[2]

사용 빈도가 높은 단어는 아니지만 오류 빈도가 높은 것으로 '추스르다'도 있다. '추스르다' 역시 '*추스리다(×)'로 잘못 표기하는 경우가 많다. '추스르다' 역시 '*추스리다(×)'라는 단어는 표준어에 없다.

- 옷매무새를 **추스르다**.
- 몸부터 **추스르고** 나서 출발하자.
- 이번 사태를 잘 **추스르는** 게 중요하다.

'*치루다(×)', '(집에) *들리다(×)', '*추스리다(×)'처럼 잘못된 표기임에도 자주 쓰여 익숙해지다 보니, 잘못된 말인지 인식하지 못하고 쓰는 단어들을 추가로 제시하면 다음과 같다.

---

2   '들르다'의 활용에 대한 자세한 내용은 '☞3.15. 수도꼭지 좀 잠가. *잠궈(×)' 참조.

표준어	잘못된 말
부조	*부주(✕)
역할	*역활(✕)
봉숭아	*봉숭화(✕)
절체절명	*절대절명(✕)
배롱나무[3]	*베롱나무(✕)

---

3   한자어 '백일홍(百日紅)'의 순우리말이다. '백일홍'은 나무 전체를 지칭하기도 하고, 꽃만을 지칭하기도 한다. '배롱나무'의 '배롱'을 '백일홍'의 발음에서 즉, [배길홍]에서 [배기롱] → [배이롱] → [배롱]으로 보는 설명도 있다. 하지만 이는 일종의 민간 어원이다. 개연성이 전혀 없지는 않지만, 학술적으로 증명된 것은 아니다.

5.6. [회쑤]는 '횟수'인데 [개ː쑤]는 왜 '개수'야?

사이시옷 표기는 모든 사람에게 항상 어려운 문제 중의 하나이다. 그런데 한 가지 사실을 정확히 알아도 상당 부분 고민을 덜어 준다. 한자어는 원칙적으로 사이시옷 표기를 하지 않는다. 사이시옷은 두 구성 요소 중 적어도 하나는 고유어로 이루어진 합성어에서, 후행 요소의 첫소리가 된소리로 발음될 때 넣는다.[1] 단 한자어는 후행 요소의 첫소리가 된소리로 발음되더라도 사이시옷을 넣지 않는다.

그러나 역시 예외가 없지는 않다. 한자어이기는 하지만 (1)의 6개는 예외적으로

---

1   사이시옷 표기와 관련된 맞춤법에 대해서는 '☞3.1. '갈비찜'은 '갈비찜'인데, '갈빗국'은 왜 '*갈비국(×)'이 아니지?' 참조.

사이시옷이 들어간 것을 표준어로 삼았다. '찻간', '곳간', '뒷간'처럼 '간'으로 끝난 것이 3개이고, '숫자', '횟수', '셋방'이다.

---

(1)

찻간(車間)[차깐/찯깐]　　**곳간**(庫間)[고깐/곧깐]　**뒷간**(退間)[퇴ː깐/퉫ː깐]

숫자(數字)[수ː짜/숟ː짜]　**횟수**(回數)[회쑤/휃쑤]　**셋방**(貰房)[세ː빵/섿ː빵]

---

(1)의 6개의 단어만 기억한다면, 적어도 한자어일 때는 사이시옷을 넣을지 말지로 고민할 필요가 없다. 다시 한번 말하지만, 한자어는 원칙적으로 사이시옷을 넣지 않는다.

이제 (2)의 단어에 사이시옷이 없는 것에 대해 설명할 수 있으리라 생각한다. (2)의 단어는 후행 요소의 첫소리가 된소리로 발음된다. 하지만 (2)의 단어들은 두 구성 요소가 모두 한자어이다. 그래서 사이시옷을 넣지 않는다.

---

(2)　**개수**(個數)[개ː쑤]

　　초점(焦點)[초쩜]

　　사건(事件)[사ː껀]

　　마구간(馬廏間)[마ː구깐]

'개수(個數)'는 한자어이면서 예외인 (1)의 6개에 해당하지 않으므로 사이시옷이 없이 '개수'로 표기한다. 사이시옷이 있는 '*갯수(X)'는 틀린 표기이다. 같은 이유로 사이시옷이 들어간 '*촛점(X)', '*삿건(X)', '*마굿간(X)' 역시 틀린 표기이다. 표기상 사이시옷을 넣지는 않지만, 발음은 후행 음절의 첫소리를 된소리로 발음하는 것이 표준 발음이다.

그러면 여기서 질문 하나, 왜 '소수점'에는 사이시옷이 들어가지 않는데, '최솟값'에는 사이시옷이 들어갈까?

---

(3) **소수점**(小數點)[소ː수쩜]

---

(4) **최솟값**(最小-값)[최ː소깝/췌ː솓깝]

'소수점'에 사이시옷을 넣지 않은 것에 대해서는 이제 설명하지 않아도 알 것이라 생각한다. 두 구성 요소가 모두 한자어이기 때문이다. 문제는 '최솟값'인데, '최솟값'의 경우 '최소(最小)'는 한자어이지만, '값'은 한자어가 아니라 고유어이다. 그리고 후행 요소인 '값'의 첫소리가 된소리로 발음된다. 사이시옷을 첨가하는 기준이 합성어이면서 두 구성 요소 중 적어도 하나는 고유어이고, 후행 요소의 첫소리가 된소리가 될 때이다. '최솟값[최ː소깝/췌ː솓깝]'은 이 기준을 충족시키므로 사이시옷을 넣는다. 같은 이유로 (5)의 단어도 사이시옷을 넣은 것이 맞다.

---

(5) **횟집**(膾집)[회ː찝/훼ː찝]
　　　전셋집[傳貰집][전세찝/전섿찝]
　　　고양잇과(고양이-果)[고양이꽈/고양읻꽈]
　　　갯과(개-果)[개ː꽈/갣ː꽈]

---

(5)의 단어 역시 두 구성 요소 중 하나는 고유어이다. 즉 두 구성 요소 모두 한자어는 아니다. 그리고 후행 요소의 첫소리가 된소리로 발음된다. 그래서 사이시옷을 넣는다.

마지막으로 이제 '전셋집[전세찝/전섿찝]'은 사이시옷이 들어가는데, '전세방[전세빵]'에는 왜 사이시옷이 들어가지 않는지 설명해 보자.

'전세집'과 '전세방' 모두 후행 요소인 '집', '방'이 [찝], [빵]으로 된소리가 된다. 하지만 '전셋집(傳貰-집)'은 두 구성 요소 '전세'와 '집' 중에서 '집'이 고유어이다. 반면 '전세방[傳貰房]'은 두 구성 요소인 '전세'와 '방'이 모두 한자어이다. 그러니까 '전셋집'은 사이시옷을 넣고, '전세방'은 사이시옷을 넣지 않는다.

저자 소개

신승용

서강대학교 학사, 석사, 박사

국립국어원 〈표준국어대사전〉 사전 편찬 편수원
'남북한 언어 비교 사전' 용역 사업 수행
서강대학교 대우전임강사
이화여자대학교 BK21 연구교수
영남대학교 사범대학 국어교육과 교수(2004~현재)

주요 저서
『학교문법산책』(2010), 『국어음운론』(2013), 『국어학개론』(2013), 『문법하고 싶은 문법』(2020, 신승용·안윤주 공저), 『더 문법하고 싶은 문법』(2021, 신승용·안윤주 공저) 외 논저 다수.

안윤주

경북기계공업고등학교 국어교사(현재)
영남대학교 학사, 석사
영남대학교 국어교육학과 문법교육전공 박사과정 재학 중(현재)

미래엔 국어 교과서 교사용 자료집 집필(2017~2020)
(사)미래교실네트워크 이사(현재)
대구 거꾸로교실 전문학습공동체 운영위원(2016~현재)
대구중등협력학습지원단(2017~2021)

주요 저서
『문법하고 싶은 문법』(2020, 신승용·안윤주 공저),
『더 문법하고 싶은 문법』(2021, 신승용·안윤주 공저)

맞춤법하고 싶은 맞춤법

초판 1쇄 발행 2022년 4월 11일
초판 2쇄 발행 2024년 6월 18일

지은이   신승용 안윤주
펴낸이   이대현
편집   이태곤 권분옥 임애정 강윤경
디자인   안혜진 최선주 이경진
마케팅   박태훈 한주영

펴낸곳   도서출판 역락
출판등록 1999년 4월 19일 제303-2002-000014호
주소   서울시 서초구 동광로 46길 6-6 문창빌딩 2층 (우06589)
전화   02-3409-2060
팩스   02-3409-2059
홈페이지   www.youkrackbooks.com
이메일   youkrack@hanmail.net

ISBN 979-11-6742-297-2 03710